风华南苑

杭州临平南苑街道
新乡贤联谊会 编

西泠印社出版社

序　一

◆王金财

我是土生土长的南苑人，对家乡的一山一水、一草一木都充满了感情。不论是在原余杭区工作期间，还是在杭州市工作期间，时时刻刻关注南苑的发展变化，也为家乡经济社会发展和改革开放取得的每一点进步而感到欣慰。

南苑是一方人杰地灵的宝地，具有显著的区位优势，说它是新临平区或者老余杭区改革开放的前沿阵地也不为过。近年来，在习近平新时代中国特色社会主义思想的科学指引下，在中共杭州市委、市政府和中共临平区委、区政府的坚强领导下，南苑街道班子团结带领南苑上下，围绕打造一流善治之地持续发力，锚定高质量发展，强化“双招双引”，推动产业转型升级，聚焦共同富裕，补齐民生短板，努力让群众共建共享发展成果，在建设“数智临平·品质城区”的进程中，发挥着越来越重要的作用。

2021 年 10 月 18 日，南苑街道成立新乡贤联谊会，我欣然接受邀请出席了成立大会。那天，乡亲旧邻、新朋老友汇聚一堂，听乡音，叙乡情，言乡愁，话乡事，大家都兴致勃勃，仿佛有说不完的话。当然，聊得最多的还是家乡未来的发展这个话题，大家纷纷为聚集力量、汇聚人才、群策群力助力南苑经济社会发展出谋划策。

成立仅一年多时间的新乡贤联谊会，在街道党工委、办事处的关心支持下，依托红联弘贤馆这个新阵地，聚拢乡贤人才，细分专业资源，梳理服务需求，服务街道的中心大局工作；助力推动经济发展、基层治理、乡风文明建设、公益活动等，工作开展得有声有色、可圈可点。

半年多前，新乡贤联谊会商定编撰一本内容为讲述古今南苑故事的书，我认为这是发挥新乡贤联谊会特长、服务南苑中心大局的一个有益尝试。南苑具有悠久的历史，南苑的发展变迁，特别是在党的十八大以来取得的发展成果，是临平、是杭州发展的一个缩影、一个鲜活的案例。把这些故事真实地记录下来，能更加有力地激发奋进新时代、建设新南苑的强大动力。在临平区有关领导的大力支持下，在许多热心人士的指导帮助下，依靠全体参与人员共同努力和无私奉献，本着对南苑历史负责、对老南苑百姓负责的严谨态度，我们完成了《风华南苑》一书的编撰工作。

《风华南苑》的内容丰富而精彩。书中关于临平湖、上塘河、古海塘的历史追溯，让人领略了南苑的厚重底蕴；关于明因寺、元帅庙会、翁梅滚灯的薪火传承，让人感受了南苑的灿烂文化。书中的围垦故事、知青岁月，叙说了当年创业的艰辛；关于西道口、迎宾路的变迁记述，勾起了一代人的乡愁记忆；关于社区子丑寅卯的实录，则勾勒出了基层善治的许多故事；关于城市化、楼宇经济、艺尚小镇、未来社区的篇章，展现出了新时代、新征程南苑蓬勃发展的良好态势。书中还记述了一大批乡贤人物的事迹，从他们的人生经历、创业历程和不懈奋斗中，体现了南苑人大爱、友善、奋斗的人文精神，读来令人赞许和感动。

我认为，《风华南苑》是新老南苑人了解南苑的一个好窗口，是传承文化、凝聚乡情、共谋发展的一个好载体。这本书的编撰出版，是传承南苑历史文脉，推进乡风文明建设的一项重要成果，可喜可贺。同时，我也期待新乡贤联谊会今后能有更多这样的成果奉献给家乡人民，造福桑梓，泽被后人。

是为序。

2022 年 12 月 28 日

序　二

◆应世明

闻悉新乡贤联谊会要编撰出版一本内容为讲述古今南苑故事的书，这是宣传南苑、服务南苑、发挥南苑新乡贤特长的一件益事。作为现任南苑街道党工委负责人，我与其他南苑人一样感到由衷的高兴，并对编撰人员表示衷心的感谢！

南苑街道成立于 2001 年 8 月，是原余杭区建制最早的街道之一，位于杭州市东北部。街道北起上塘河，南至临平区乔司街道和乔司农场，东临嘉兴市海宁许村镇，西与乔司、星桥接壤，面积 28.03 平方千米，是临平新城核心区块。目前，街道下辖 31 个社区，实有人口近 30 万人，其中，常住人口 10.3 万人、流动人口 15 万人、人户分离近 5 万人。

南苑交通便捷。高铁、沪杭高速、杭浦高速穿境而过，是杭州市融沪接杭第一站，一小时通达上海。街道有杭州地铁 9 号线 4 个站点，正在建造的地铁 3 号线延伸段也将贯穿街道东西。东湖高架、望梅高架与杭州主城区无缝对接，高速通行。正在建设中的运河二通道，将健全街道水路交通网络。

南苑商贸发达。近年来，街道持续擦亮都市工业、楼宇经济两块金字招牌。街道共有 3 个工业园区、91 幢重点楼宇，入驻企业 3000 余家。时尚产业是街道的支柱产业，艺尚小镇、工业互联网小镇位于街道境内。其中，规上工业企业 33 家，规上服务业企业 181 家，2022 年新增上市企业 1 家、省级研发中心 4 家、省专精特新中小企业 3 家、省级工业互联网平台 3 家、省级科技孵化器 1 家、省级中小企业公共服务示范平台 1 家、国家高新技术企业 39 家、浙江省科技型中小企业 115 家、市级研发中心 3 家、市级雏鹰计划企业 13 家、市级科技孵化器 1 家、市创新型中小企业 43 家。省级服装创新综合体“时尚 E 家”平台被列入首批省级高质量发展建设共同富裕示范区最佳实践名单，《探索工业用地有机更新一体化开发运营新模式　打造都市产业新社区》实践案例成功入选杭州市争当浙江高质量发展建设共同富裕示范区城市范例最佳实践。街道是临平区的消费中心，共有银泰城等 5 家商业综合体。

南苑配套完善。街道教育、医疗、养老等配套完善，资源丰富，功能齐全，拥有 36 所学校、4 家医院、9 个社区卫生医疗站点、51 家酒店（其中标准五星级酒店 3 家）。街道注重打造高品质民生服务网络，成功创建首批未来社区——龙兴未来社区；打造“一老一小”精品民生服务，构建“15 分钟品质文化生活圈”。

南苑是一方人杰地灵的宝地，具有显著的区位优势，说它是新临平区或者老余杭区改革开放的前沿阵地也不为过。近年来，南苑街道紧紧围绕我区“数智临平·品质城区”建设总目标，提升站位，抢抓机遇，努力将南苑打造成为临平区产业发展“创新高地”、融杭接沪“城市客厅”、宜居宜业“幸福之地”、实干作为“标杆表率”,全力争创一流善治之地,不断提升南苑社会经济发展质量与速度。南苑街道先后获得全国暖心工程先进社区服务中心、全国青少年普法教育活动先进单位、省级G20维稳安保先进集体、省特级综合文化站、省科普示范街道、第三批省级社区治理和服务创新实验区、省级五星级街道食安办等荣誉称号。2022年,街道财政总收入19.75亿元,同比增长2.1%;地方财政收入9.79亿元,同比增长8.6%,财政总收入总量位列全区第一。

乡贤文化是中华优秀传统文化的组成部分,是扎根于家乡的母土文化。2015年和2016年,中央一号文件两次将“乡贤文化”列入农村思想道德建设中,指出:“创新乡贤文化,弘扬善行义举,以乡情乡愁为纽带吸引和凝聚各方人士支持家乡建设,传承乡村文明。”乡贤文化的精神底蕴不仅对社会主义核心价值观落地生根有重要意义,而且就社会价值而言,也有利于促进乡村治理现代化。南苑街道的乡贤“生于斯,长于斯”,与家乡形成了一种永久性的联系,因而从内心里生发出一种无法抹去的故土情结。他们在力所能及的范围之内,为南苑街道的发展贡献着自己的力量。

南苑有着悠久的历史文化,是国家级非遗项目滚灯的发源地。滚灯在800多年前已在南苑乃至杭州一带普及,经历代民间艺人和群文工作者的挖掘整理、加工提高,逐渐形成了自己鲜明的时代风格。滚灯既有江南舞蹈的秀美俏丽,又有民间体育杂技的刚劲健美。1997年,滚灯在全国第六次万里边疆文化长廊建设现场会暨浙江“东海明珠”大型文艺晚会上荣获金奖,此后在省、地级的比赛中频频获奖，并在全国性、国际性的各种大型活动开幕式上表演。1999 年 10 月 1 日，滚灯代表浙江省参加了国庆联欢晚会，先后三度在中央电视台第一套节目中展示风采，2000 年荣获全国第十届“群星奖”优秀奖，2008 年应邀在奥运会开幕式进行了表演。

南苑街道的民间文化丰富多彩。钱塘的“元帅庙会”已经被列入第三批浙江省非物质文化遗产名录，并入选第二批浙江省传统节日保护基地。早在明清时期，每年农历五月十六日，南苑一带都要举行元帅庙会，来自南苑、乔司、九堡的数百名表演者参加踩街表演。他们以圆照禅寺为起始点，途径钱塘、高地、天万各社区，路线总长度 15 千米，整个活动持续 8 个小时。巡游队伍有幡竿、香炉、高跷、龙灯、台阁等，鼓乐齐鸣，鞭炮震天，队伍浩浩荡荡，轰动整个临平。

南苑有举世闻名的古海塘遗址。浙江的海塘，东汉时已有修筑，当时为土塘。唐玄宗开元元年(713)，筑捍海塘 124 里，欧阳修《新唐书》有记载，但没有说是土塘还是石塘，这 124 里海塘，在盐官县境。唐朝时期的临平，分属钱塘、盐官两县。临平海塘最早的修筑，可能就在此时。后梁开平四年(910)，吴越王钱镠改用石筑海塘，记载明确。临平人姚光晋《铁幢歌》说：“冯夷退舍三百里，长堤如虹障江水。”钱镠的筑塘，在杭州候潮门外，杭州城的格局奠基于此。南苑街道有明确记载的修筑海塘，始见于《国榷》；南苑的海塘遗址，始于宋元，一直延续至清代，主要分布在钱塘、天万、万常社区一带。古海塘是我们祖辈遗留下来的宝贵财富，不仅反映了古代水利工程的建设水平，更体现了沿海一带先民与潮水抗争的围垦精神、潮涌精神。南苑不仅是古运河上塘河的必经之地，还是运河二通道的必经之地。南苑古海塘堪称海洋文明与运河文化的一大交汇点。

一方水土养一方人，古代南苑大地，同时沐浴着海洋文明与运河文化，既有海洋的大气、包容，又有运河的灵动、通达。南苑的乡贤作为社会的组成部分，在实施乡村振兴战略的大背景下，是一股可以依靠的力量。乡贤大都注意人文修养，做事先做人，做人先立德，有的更是有着深厚的国学功底，乡贤文化如星光般璀璨。在新时代，我们南苑街道的乡贤正被赋予新的历史内涵，成为当下各社区社会治理和经济发展的重要资源，在乡村振兴的方方面面发挥着不可替代的作用。

乡贤的大量回归，有助于破解镇街凋敝的核心问题。乡贤或居于街社，或经常回乡，同时带动周围的邻里朋友回乡居住、创业、生活。他们成为安定人心的“带头人”，解决了街社发展人才、人力这一关键因素，使街社不断走向繁荣，可以为乡村振兴提供充足的人力资源。

乡贤有思想、有作为，有的本身就是企业家，在街社现代工业、农业、旅游业、电商等产业发展方面有所专长。发挥好乡贤的资源、人脉、资本等优势，让他们把先进的发展理念和优秀的项目带回家乡，建设家乡，同时为街社的产业布局，居民、农民增收项目出谋划策、出资出力。也可以发挥那些事业成功“新乡贤”的学识专长、创业经验的优势，建立村务决策智囊库、创业导师团等。

乡贤事业有成、眼界开阔、社会经验丰富且有为民情怀，乡贤回归，有助于构建公平公正的街社治理秩序。同时，乡贤热衷邻里事务，成为调和邻里矛盾、社会矛盾的“老娘舅”，他们下贴民心，上连政府，成为基层矛盾的缓冲地带，可以有效地为社会“减压”。

乡贤以德行著称乡里，遗爱在民间，身教在乡里。他们身上蕴含着见贤思齐、崇德向善的力量。他们示范榜样、教化乡里、感化村民，弘扬“爱国爱乡、乐于奉献”的中国传统文化，践行社会主义核心价值观，对于改善村貌、环境卫生状况、邻里关系，树立好的家风家德，具有直接的引领作用。

乡贤是本乡本土有德行、有才能、有声望而深受本地民众尊重的贤人。在历史进程中，乡贤始终是乡村社会建设、风习教化、乡里公共事务的主导力量。新时代乡贤们正在南苑充分践行着正义、公益、服务精神，是大家有目共睹的。

“慈母手中线，游子身上衣。临行密密缝，意恐迟迟归。谁言寸草心，报得三春晖。”殷实的乡贤资源便是一笔宝贵的财富！南苑乡贤联谊会把乡贤载入书中，让他们流芳百世、名垂青史，体现了老百姓对德高望重的乡贤的充分认可。

是为序。

2023 年 3 月 6 日

目录

时代高标

乡贤人物

桑梓风情

南苑之名（代前言）

◆王伟明

南苑，这方水土过去不称南苑。2001 年 8 月，临平镇建制撤销，设南苑街道，才有了这一地名。至今 21 年，正青春年少、风华正茂。

地名是一种标识、符号和记忆，也是一种情怀。北京有南苑，远近闻名，是元、明、清三代皇家苑囿，又称南海子，范围很广，覆盖南四环到南六环，永定河故道穿越而过，名胜古迹众多，有许多传说故事。各地喜欢“南苑”，天津有南苑公园，上海有南苑街区，武汉有南苑社区，广东有南苑校区，邻近的海宁有南苑路，等等。有人说，临平取南苑之名太“泛”，处处“撞名”，可我觉得一个城市少了“南苑”似乎缺了什么，东西南北中，没有“南苑”不像一个城市。

南苑之名，因位于临平之南而得，1992 年乡镇撤扩并“大临平镇”时，属城南办事处。南苑具体位于上塘河南岸，东界海宁许村镇，南邻乔司农场，西连乔司街道、星桥街道，北为临平街道、东湖街道。区域面积 28.03 平方千米，由上塘河南岸部分老城区、原翁梅乡和原双林乡新安、长树、东湖 3 村，以及原星桥乡苏家村组成。2001 年 8 月,辖姚家、大园、翁梅、红联、西安、新丰、高地、五科、联盟、联胜、天万、万常、新安、长树、东湖、苏家等 16 个村,新城、保障桥、东安、河南埭等 4 个社区,总人口 44632 人。2003 年 9 月,村规模调整为新丰、西安、联盟、红联、联胜、高地、翁梅、钱塘、天万、万常、苏家、新安、东湖、长树等 14 个村。2006 年 12 月,改称社区。2010 年 12 月,组建时代、文仪、水景社区。2016 年 9 月,组建龙兴社区。2017 年 4 月,组建康城、新梅社区。2017 年 12 月,又建临城、洋头坝社区。临平新城的艺尚小镇就在南苑。2020 年 7 月,调整保障桥、新丰、联盟、西安、红联社区规模,建立叠华、汀城、艺尚社区。2020 年,下辖 29 个社区,户籍人口 93628 人,常住人口 14.4 万人,流动人口 157118 人。2022 年 7 月,又组建临云、怡景社区。

翻看南苑的行政区域图,遥想当年烟波浩渺的临平湖。临平湖湖塞湖开,沧海桑田,如今平野沃土。据史料记载,几千年来,南苑地名和归属经常在变。秦王政二十五年(前 222),境内建县,始属钱唐县;唐贞观四年(630)属盐官县;五代后梁龙德二年(922)属钱江县;北宋太平兴国四年(979)属仁和县;民国元年(1912)仁和县与钱塘县合并为杭县,属杭县。1958 年 4 月,杭县建制撤销,改属杭州市郊区;1959 年 3 月改属半山联社;1960 年 1 月改属钱塘联社;1961 年 4 月, 撤销钱塘联社,恢复县建制,以余杭为县名,属余杭;1994 年 4 月余杭撤县设市;2001 年 3 月余杭撤市设区;2021 年 4 月,原余杭区调整为余杭、临平两区,属临平区。

同一方水土,不同的归属,叙说着悠悠的岁月。南苑东北的新安、长树、东湖 3 社区原属双林乡。双林乡以境内双林村而得名，是由1950年从东安乡析出的7个村组建的，1956年又与东安乡和新塘乡、禾丰乡的一部分合并，仍称双林乡。这些乡、村的地名植入安、树、湖、林、禾、丰、塘，字字体现风物地形和人们美好的祈盼。南苑西的苏家社区原属星桥乡，星桥乡名以驻地星桥村而得，俗称新桥，民国时属忠义乡。1951年6月，忠义乡改名星桥乡；1956年，西安乡、良熟乡、和睦乡的部分及星桥的部分合并为星桥乡；1985年5月，苏家社区改属临平镇，后与上塘河南岸临平镇的河南埭社区一起归属南苑。南苑的大板块是翁梅乡。民国时，杭县翁埠乡与乐梅乡合并，各取一字称翁梅乡。1950年10月，翁梅乡析出部分另建天万乡。1951年6月，又从上述两个乡分出部分另建仓前乡（当时，今属南苑的河南埭属临平镇，苏家村隶属西安乡，东安、长树、东湖、新安、新丰、西安、联盟7个村隶属东安乡，红联、联胜2个村隶属翁梅乡，五科、大园、高地、姚家、天万5个村隶属天万乡，翁梅、万常2个村隶属仓前乡）。1956年，翁梅乡、天万乡、仓前乡和西安乡的部分包括南河村（葡萄树畈）、桂花树下、曹家埭、裘家桥、运芳桥、郭墓庙、孙家埭、竹管井、王家畈等村以及三元乡的新万村合并为翁梅乡。全乡南北最长距7.5千米，东西最宽距4.7千米，总面积19.54平方千米。1958年，分属临平人民公社翁梅管理区和九堡公社仓前管理区。1961年，翁梅、仓前2个管理区分别从临平公社分出，合并建立翁梅公社。1984年4月，实行镇社分设，恢复乡建制，为翁梅乡。当时翁梅乡东界海宁许巷乡，南连乔司镇，西接星桥乡，北为临平镇和双林乡。1985年6月，星桥乡苏家村和双林乡东安村并入临平镇。1989年6月，双林乡长树、东湖、新安3个村并入临平镇。1992年5月，撤销翁梅乡建制，并入临平镇。2001年8月，撤销临平镇，建立临平、南苑、东湖街道。

“舟过临平后，青山一点无。大江吞两浙，平野入三吴。”这是元代诗人吴景奎途经临平也是途经南苑时留下的诗句，写出了南苑独特的区位。如今的南苑是杭州融入上海的东北门户、长三角城市群的中心。往日棉麻、蚕桑、稻麦之平野，今朝高楼鳞次栉比、霓虹闪烁、车水马龙，汇聚着八方才俊。烟波浩渺的临平湖早已远去，而秦时的陵水道，后称古运河的上塘河依然满载着悠悠的宋韵文化依境而过。筑塘捍海的古海塘虽已隐没在田野，却依然遥望着气势磅礴的“钱江潮”，诉说着钱塘儿女勇立潮头的豪迈。清宣统元年（1909）八月全线贯通的沪杭铁路，1932 年上海至杭州第一条跨省公路，均穿境而过，曾是南苑的骄傲。这是一方热土，如今风华正茂的南苑，正意气风发大踏步向前走。南苑大地上沪杭高速、沪杭高铁、杭浦高速、运河二通道、艺尚小镇、理想大厦、时代广场、余之城、欢乐城、大剧院、亚运场馆、中国江南水乡博物馆等等，崛立起现代都市的风范；南苑人展望未来，惕厉新征，建设“数智临平·品质城区”，正构筑着新的梦想，孕育着新的辉煌。

风华南苑

南苑溯源

NAN YUAN SU YUAN

古海塘记忆

◆袁明华

我终于走通了杭州古海塘全程:东至临平区南苑街道钱塘社区十五堡里姚家东侧(杭州、嘉兴两地界碑),西至西湖区转塘街道狮子社区狮子山麓东岳庙。

综合史料记载，如今呈现在东岳庙大门右侧的古海塘遗址,就是钱塘江北岸古海塘的西至点,也可以说是钱塘江古海塘的起点,处在钱塘江河口的底端。假如把钱塘江河口看作一个扇面,从底端顺着扇面向两边追踪,南岸古海塘可伸展至宁波镇海,北岸经之江路、复兴路,转秋涛路,再转杭海路,顺着老杭海路主脉一路往东北,经外翁线、翁金线至嘉兴平湖金丝娘桥,仅浙江境内,两岸合计实际长度(除去山体)就可达376千米。

认知到这一点的刹那间,"捍海长城"这一概念便深深地烙在了我心底。

东汉以降,这漫长的筑塘御潮史

钱塘江古海塘的实际总长度还远不止这个数,我们眼下无

法确切统计出钱塘江古海塘的实际总长度。但从史料记载可以看出，东汉以降，至少自吴越王钱镠开始，直到清朝乾隆年间，在漫长的筑塘御潮史上，海塘都是举国之力通盘考虑的。

试图走通杭州段古海塘全程的起因，是运河二通道的开挖撞上了古海塘。这再度引发了考古界、政府的热切关注和高度重视，进而引发了媒体和社会大众的热议。

所谓“运河二通道”，是指沟通京杭大运河与钱塘江的两条三级航道：一通道从塘栖邵家坝通往钱塘江三堡船闸，系升级改造；二通道则是新辟航道，从临平区北端博陆码头一路向南，沿杭州与嘉兴两地的边界带，穿 320 国道、沪杭高铁等交通线路，通往钱塘江八堡船闸。

回头想，南北纵向开挖的二通道工程撞上东西横亘的古海塘是必然的，只不过当年的“横亘”历经沧海桑田早已隐没于地下。撞上了，发掘了，古海塘再次出现在世人面前，人们才大吃一惊，顿成网红。

眼下大运河早已丧失了原有的漕运功能，临平段古海塘也早已退居二线成为文物，但运河二通道撞上古海塘之后，临平区政府决议建设海塘遗址文化公园。这与二通道北端大运河国家文化公园建设遥相呼应。在我看来，一个古海塘，足以成为临平文化的压舱石。

御潮古海塘，捍海世无双

说到钱塘江古海塘，必说钱塘江涌潮。

在文人墨客眼里，“八月十八潮，壮观天下无”，基本都指向激赏的一面，无数文人墨客为之折腰，留下了数不胜数的名篇佳句。钱塘江涌潮、南美洲亚马逊涌潮和印度恒河涌潮并称世界三大涌潮，自当引以为豪。

但要放在古代，在两岸老百姓心目中，人们更愿意把它叫作“罗刹江”。罗刹之名，佛教中指恶鬼，梵文原意罗刹鬼，“食人血肉，或飞空，或地行，捷疾可畏”。

“之江”之“之”并非天生使然，自2500年前钱塘江涌潮形成开始，在渐成规律的每天两潮的冲刷之下，钱塘江主槽一直摇摆不定，时而南迁，时而北侵，几乎每时每刻都在发生着变化。历史上最大的变

迁发生在明清之际,史称“三亹(音门)变迁”,在位于九堡的杭州海塘遗址博物馆内可以看到相应的模拟影像画面。

在走通杭州古海塘全程的日子里,我一直在跟朋友们强调一点,假如没有这一条古海塘,也许就不可能有今天杭州城市的模样。

如今杭城轮廓的基本面,是五代吴越国定都杭州后,以举国之力筑塘捍海才得以稳固下来的。钱镠嫌杭州太小,一再扩城,头号敌人就是潮患。为对付潮患,吴越国终于发明了“竹笼石塘”。因为竹材会腐烂,寿命也不会太长,吴越国的“竹笼石塘”也许同样逃脱不了屡建屡坍的命运。

“报与龙王并水府,钱塘且借作钱城。”我们从钱镠的《筑塘》诗可以感受其深切愿望。钱镠坚定不移地实施保境安民策略,吴越国得以日益繁荣,全国的经济重心随之逐步转移到南方,出现了“天下大计,仰于东南”的局面,出现了“辇越而衣,漕吴而食”的实情,民间也出现了“苏湖熟,天下足”的谚语。钱塘江河口两岸政治、经济、文化得以空前发展,这也为南宋偏安江南奠定了厚实的基础。

这样的影响惠及元、明、清诸代,与钱塘江潮患抗争的伟大的筑塘工程也一代代传承了下来。而杭州城也在这样的抗争中与潮为谋,不断扩张,不断强盛。

有一部分杭海路就直接叠压在古海塘之上

我是沿着杭海路往东寻找的,因为在儿时模糊的记忆中,杭海路基本等同于古海塘。

杭海路为什么如此蜿蜒?路基为什么筑得那么高?

清朝古海塘顺当时的钱塘江岸建设,民国的杭海路顺清朝

古海塘建设，因此岸线有多蜿蜒，古海塘就有多蜿蜒，杭海路同样就有多蜿蜒。有一部分杭海路干脆就直接叠压在古海塘之上。

杭海路筑得高高的，因为杭海路除了解决交通运输问题之外，同时还承担了抗击钱塘江大潮的重任。杭海路也就成为守护百姓生命和财产的一道重要防线。

作为抗日战争全面爆发之前建成的我国第一条跨省市国家干线公路，当年杭州到上海的唯一公路，一路诸多神话般的故事和传说，足以写成一部大书。一路往东，行至南苑街道钱塘社区东侧，右转下拐往南不足一里，便撞见了杭州与嘉兴的界碑。界碑正好立在古海塘塘基上，这里正是杭州段古海塘的东至点。

界碑往东是海宁许村翁家埠——一条狭长而杂乱、破败的小街，街名就叫“古海塘”，往西便是临平区境地。阳光击打在熟悉而又陌生的古海塘塘面，蜿蜒于农田中央，视野可及一千米余。空气中氤氲着浓郁的悠远气息，特别神秘，我仿佛找到了前世的宝贝。

古海塘路面用1.5米长的石条整齐铺排，条石之间嵌有非常规律的“夹头”。敲打材质，应该是铁锭，是沙漏形的铁制榫头。沙漏形榫头，也称银锭榫，因形似银锭而得名，也称蝴蝶榫，形似蝴蝶，可惜大都被撬走了。每两块石条拼接处基本上都有两个被挖空的凹槽，充塞了泥巴和污物。

这就是传说中明朝黄光升首创，到清朝发扬光大的“鱼鳞大石塘”了。

在钢筋混凝土大塘出现之前最牢固、最有文化内涵的石塘

东汉以降，近2000年来，钱塘江两岸人民修堤筑塘从未间断。从最初御潮力极低的土塘，发展为柴塘、土石塘、竹笼石塘、大石塘，建筑结构日臻完善。在现代钢筋混凝土大塘出现之前，鱼鳞大石塘是最牢固，也是最有文化内涵的。

我所走通的杭州古海塘全程，特别是临平区南苑境内原汁原味保存下来

的部分,包括乔司监狱月牙湖海塘,乔司吴家行政村牛角自然村辖地运河二通道发掘出来的那一段,乔司胜稼村红星嘉园对面、杭海路1309号九乔饭店背后那一段,中国算力小镇丰收湖边上那一段,都是此类鱼鳞大石塘。

杭州海塘遗址博物馆介绍说，这一条海塘修建于明清时期,那是比较笼统的说法,其实民间说法“乾隆皇帝造的”也没错。

在历朝历代大小帝王中,爱新觉罗·弘历的故事,因其身世之谜、与海宁盐官的关系以及诸多民间传说,充满了传奇色彩,但说与钱塘江海塘结缘之深，对海塘建设的重视程度之高,恐怕只有与之相隔千年的钱镠有得一比。我们从爱新觉罗·弘历留于人世的25首海塘诗也可窥其心迹。其中乾隆四十九年(1784)是他用情最深的一年,这一年他写了8首。“筑塘图久计,射弩罢雄心”(《赋得南坍北涨》),其愿望与钱镠如出一辙。

历史记载可以明确查到,乾隆六下江南,最后一次在乾隆四十九年。正是这一年,乾隆在进一步了解并切身感受到海宁鱼鳞大石塘的优势后,即指令拨库银500万两,用于往杭城方向修建鱼鳞大石塘。石塘直抵转塘,予限5年,陆续修筑,以期海疆永庆安恬。这从立在翁家埠元帅殿前的乾隆御碑可以得到证实。

照此推算，临平区境内发现的鱼鳞大石塘，其历史当在230年左右。我们在寻找中发现的“铁榫头”,便是清朝鱼鳞大石塘的重要表象之一。“铁榫头”是海宁人俞兆岳的发明。俞兆岳于雍正五年(1727)奉命修筑海塘,次年被擢升为通政参议,全权总理塘务,是一个清正廉洁的好官。他从木工的龙凤榫头得到启发,广招铁匠,锻打铁榫,在条石上凿出凹槽,嵌入铁榫

连接固定。与此同时，海塘迎水面、背水面，上下左右，将铁锭、铁锔、铁箫、铁榫等能利用的都利用起来。修筑者制定形制标准，让条石之间紧紧勾连。为了防止渗水，修筑者用莺萝捣汁和灰再掺糯米汁层层灌砌，迎水面进一步用桐油、石灰、麻绒搅拌舱缝。自此，层层叠叠、状如鱼鳞的大石塘，从明朝黄光升传递到清朝俞兆岳手里，提升到了一个登峰造极的境界。

当时我在微信朋友圈发了一条消息：谁会去撬走这样的榫头呢？没想到小小一段文字，竟引发了一连串的猜想，还进一步引发了《千字文》字号碑、神奇图案和镇海铁牛的探寻。

汉字碑相当于现代公路上标志里程的大小桩吗

我的同事，家住南苑街道钱塘社区外姚家十五堡的来伟明、戴娜夫妇，那几日受我影响，似乎格外兴奋。

高高抬起的杭海路南坡下，清粼的姚家河顺杭海路而蜿蜒。河对岸一长溜民居，背对着姚家河。杭海路、姚家河、民居，像三条平行线，由东向西铺展，感觉颇为幽秘而神奇。几乎家家户户屋后都建有石堍，石板从古海塘下铺到水面。那时没有自来水，淘米、洗衣、洗菜都要下到屋后的石堍上去。

来伟明告知，古海塘条石上刻有阿拉伯数字，还说有汉字碑，听老一辈人说的。那么，这是不是相当于现代公路上标志里程的大小桩呢？

不知道是不是当年乾隆皇帝命人所为，钱塘江古海塘，用《千字文》里 1000 个不重复的汉字字序做里程碑，确实是一个伟大的创举。

临平境内找不到，杭州全程找不到，便自翁家埠往东，追到嘉兴许村镇红旗村王塘坊。因为偏远，因为相对落后，这里的古海塘，尽管塘面面目不堪，塘身还是比较完整的。

不经意间，一缕斜阳“啪”的一声击中了竹林中露出地面的两块“五字号”碑头！次日午后，当地朋友又发现了“此字号”和“及字号”两对。

由此可推想，我拍到的只露了个头的一对“五字号”也是如此组合。

一块是“鱼鳞工”，另一块是“柴工”。

“鱼鳞工二十丈”，“鱼鳞工”指的是修筑海塘的工程是鱼鳞石塘，“二十丈”是指两块字号碑之间的里程，大约相当于现在的66.66米。

那么，“柴工二十丈”的“柴工”是指柴塘。

很显然，这并列的两块碑，一块是为石塘立的，另一块是为柴塘立的。

在临平运河二通道古海塘考古发掘点，你可以看到建于不同年代的鱼鳞石塘和柴塘出现在同一视野中，可以目击两者的区别。对于绝大多数人而言，第一次看到柴塘，确实也是令人震撼的。

对照《千字文》计算，可知“及”为第142字、“此”为第146字、“五”为第151字，按照间距66.66米观察，实地情形也是相对应的。按照东西向排列顺序可推算，最西边的“及”字号距离《千字文》首字“天”字号9467米，可以基本认定起点在翁家埠，而不是杭州一堡，更不是转塘。因此可以进一步推断，当年《千字文》字号碑的确立，确实是分段分级布置的。

这样布置的好处，显然是便于管理。一旦发生决堤险情或其他紧急事件，只要告知字号碑，就可迅速而准确无误地抵达事故发生地进行处理。

"堡"的分布和建设,其情形大抵也是如此。如此推想,如今杭州有八堡、九堡,海宁也有八堡、九堡,也就不那么令人费解了。

这些图案是用来镇海、祭祀、祈祷的吗

钱塘江边的堡是清雍正八年(1730)起,仿黄河的河防体制所建立的营汛组织,是军队驻防的地方,其职能是守卫海塘。据史料记载,至乾隆四十九年(1784),钱塘江北岸共设七汛九十四堡,驻防兵力超过千人,一直保持到光绪三十四年(1908)塘制改革。之后,设立"海塘工程总局""海塘巡警局"和"塘工议事会"三套机构的管理模式。再到后来,这些职能就交到了浙江省钱塘江管理局手里。

那么,为什么后来又用"堡"作为地名呢?其情形估计与《千字文》字号碑的确立大体相似,堡房所在与字号碑所在原本肯定是有地名的,但那些地名范围比较广,一旦发生急情,需要多

方支援，必须知道确切位置，不如干脆以“堡”为地名来得方便。

随着时间的推移，堡房附近人口增加，像杭州的七堡、九堡渐渐发展成了集镇，原属军队编制专用的堡也就被用作了行政地名。

有趣的是，来伟明后来又告知，条石上还有图案，他拍到了一个小龙头，听说还有个大龙头，没找到。

于是我再次前往，深度探寻，发现还有其他各种不同内容的图案。由东往西行至天万社区段，靠姚家河一侧，杂乱无章、肆意疯长的植物几乎淹没了塘顶，左侧则是下沉四五米的农田。就在这一段中心，我扒开条石上覆盖的湿漉漉的腐叶，一个至今看上去依然非常清晰的图案赫然入目，占据了半块条石。可我怎么也看不懂，这方面的知识太贫乏了。

乔司监狱陈列馆邹雨龙先生也发来一个图案，我同样也解读不了。

发给几位专家级的朋友看，他们都说看上去很有意思，可惜不知怎么解读。后来，出生于乔司农场，曾在老盐仓海塘上住过三年的南师大教授黄征提供了基本的解读。他说，天万社区一图，下部是香炉，上部是锁。锁，寓意锁住蛟龙，锁住波澜。邹雨龙一图，下部是香炉和蜡烛，上部是两面旗帜，表示勇士抗击潮水。古代有健儿手持红旗在潮头戏弄的记载。

这样的解读尽管还是比较粗浅，总觉得那把锁看上去不像是锁，另藏玄机，而那两面旗帜，旗上的图案各异，自然另有深意，但解意指向应该是对路的，不外乎镇海、祭祀、祈祷之类。

那几日很多朋友得知我在探寻古海塘，各种消息纷至沓来，民间对古海塘的关注度不断升温，微信朋友圈一时被满满的回忆刷屏。

退休老干部沈妙忠回忆说："我们小时候，乔司监狱总部段（十三堡）月牙湖边有一头大铁牛，传说是用来镇海潮的。"铁牛现在去了哪里，多方打听无果。

老一辈水利人周潮生先生考证，钱塘江海塘用镇海铁牛始于明万历三年（1575），明、清两代先后三次共铸铁牛 28 座。其中乾隆年间铸 10 座，分置于仁和、海宁境内的海塘和塔山坝上，每座重 3000 斤。抗日战争胜利后只剩 3 座，"文革"期间尽毁。盐官观潮景区内海塘上的两头气势雄伟的大铁牛，系 1987 年 6 月重铸，浙江海宁机床厂承铸。看腰部所铸《铁牛铭》："唯金克木蛟龙藏，唯土制水鬼蛇降。铸犀作镇奠宁塘，安澜永庆报圣皇。"据此可以判断，此铁牛是乾隆年间所铸铁牛的仿制品。

"东南形胜，三吴都会，钱塘自古繁华"的背后，先人们用勤劳与智慧修筑的这一条海塘，给我们留下了许多弥足珍贵的物质遗产和精神财富。

经代变迁说南苑

◆王　庆

说南苑街道变迁得从临平湖说起，如同杭州城与西湖。

临平湖，其名最早见于三国吴赤乌十二年(249)，“《吴录》曰：六月戊戌，宝鼎出临平湖”(《三国志·吴书·吴主传第二》裴松之注引《吴录》)，故又名鼎湖。稍后的史书说它“今在仁和县界，去城东北四十八里”(《资治通鉴》注)，“周十里，吴志赤乌十二年宝鼎现，因呼为鼎湖(《祥符图经》)”。临平湖又名东湖，是因它在临平山之东。《元和志》有载：“临平湖在盐官县西五十五里。今仁和县东北五十四里有临平山，湖在山东南五里。”唐李吉甫写于宪宗元和年间(806—820)的《元和郡县图志》明确指出：“临平湖在县西五十里，溉田三百余顷。”今南苑即处湖之底也。

临平湖在形成之后的数个世纪，其范围并不稳定，几度遭受海侵，如在三国“天玺元年，吴郡言：临平湖自汉末，草秽壅塞，今更开通”。临平湖在汉末已“草秽壅塞”，至天玺元年(276)再度开通，且有故事相传，可知此前临平湖已经历几番“壅塞—开通”的循环，即一时潮汐退去现出了临平湖，即所谓“湖开”；

一时海侵淹没了临平湖，即所谓“湖塞”。南朝陈至德二年(584)，“仲冬朔夜，其镇平沉为湖，约方九里许，居民惊骇”。临平湖再次遭到海侵，连城镇也被淹没，转而成为濒海地区。据《临平记》载：“贞明元年冬十一月，陈临平湖开。”“孙皓丙申之岁，临平湖开。”这是江潮退去又两例。宋宣和七年(1125)，临平湖溢，建妙华庵以厌之。这是受江潮入侵的一例，亦是湖开、湖塞的注释。章鸿钊《杭州西湖成因一解》：“记载之有西湖，虽若始于汉，然其时必随潮出没，潮上而湖没，潮下而湖见，殆犹在若无若有之间。”这个说法也适用于临平湖。

不仅在汉、晋，直至唐、宋，临平湖的湖开、湖塞仍在继续。唐时，杭州湾又发生显著变化。由于湾口拓宽，进潮量加大，外海湖流直逼澉浦，折向曹娥江口，受阻折北，射向海宁，因此海岸受冲击增强，海岸大涨、大塌达 10—20 千米。为防江水冲击侵蚀，自东汉初，便开始用土石筑钱塘堤，隋、唐均历经修筑。吴越天宝三年(910)，钱镠《筑塘疏》上说：“民为社稷之本，土为百物所生，圣人云‘有土斯有财’，此塘之不可不筑二也。”于是在江边筑捍海石塘，用“石囤木桩法”，考古发现钱氏捍海石塘属“竹笼石塘”结构。海塘基础宽 25 米左右，塘堤高约 5 米，面宽 10 米。外坡用“竹笼沉石”和 4 排木桩固定基础，用长近 10 米的巨木横向捆扎，再用木桩卯住，形成整体，外立“滉柱”六重交错布列，以抗击汹涌潮水的冲击，堤身外再抛石护岸。内坡用木桩、竹篱笆、苇席构成挡土墙，并以巨木横向加固。临平湖完全与江海隔离，成为一个内湖，其成形当在此时，即钱镠筑海塘以后，形成一个约有 3000 亩大小的湖泊。白居易任杭州刺史时，曾经提议决开临平湖，沈谦在《临平记》中引《钱塘湖石函记》的记载：“钱塘湖，一名上湖，周回三十里，北有石函，南有石笕，凡放水溉田，每减一寸，可溉十五余顷，每一复时，可溉五十余顷。自钱塘至盐官界，应溉夹官河田，须放湖水入河，从河入田，脱或不足，即更决临平湖添注官河，则有余矣。若官河干浅，但放湖水注河，可以立通舟楫。”

北宋时临平湖仍为大湖，“波流浩大，每见漂荡。而运河百里，尤辇运省觐之冲，甃叠永和”。江潮冲击对当地影响虽有减少，但仍时有发生。由于自然环境变迁，加之人类活动加剧，临平湖也常因海患而成了“寒浪落时分作荡，新流涨处合作湖”的水乡泽国。

元末起义割据江浙的吴王张士诚，开武林港至江涨桥的新运河后，自长安经临平到杭州的旧河道就不再是主运河，自然影响到临平湖的“运道所经”，面积日益减少。正如沈谦所说：“元末多塞为田亩，佃为鱼池。迨夫弘治间，日益淤塞。”“洲中只见风樯出没而无莲花矣。”明中叶时，临平湖淤塞加剧。湖址在镇东南海宁的姚家埭村与杭县的破箬帽、界牌头两个自然村交界处，即今海宁许巷乡胜利村和临平南苑东湖村之间。到了明永乐十一年(1413)，江堤又圮，“临平湖溺死者甚众田庐漂没殆尽”。说明临平湖距钱塘江很近，加上江上堤塘不够牢固，若遇大风巨潮，便泛滥成灾。因而，修筑海塘仍为当务之急。清康熙五十九年(1720)，海宁、仁和一线海塘受到岸崩塘毁的威胁，成为清代防守、修筑的重点。是年，首次在仁和县兴筑鱼鳞石塘，从此修筑不绝。现存的钱塘江海塘(北岸临平段)为清中期修筑，大体呈东西走向，西至乔司街道胜稼村与江干区九堡交界处，东至南苑街道钱塘社区与海宁市许巷镇翁家埠交界处，总长约8000米。除个别路段因建造房屋或修建公路等被破坏或被掩埋入地下以外，基本保存完整。这一段又被称为“乔司海塘遗迹”。南苑街道万常社区新万村16号民宅前海塘塘面的一块铁锭上发现“钦工”二字，说明这段海塘由朝廷主持建造。

明成化《杭州府志》称：“旧称湖大三千余亩，今久塞，人家多佃为桑田鱼池。”明嘉靖《仁和县志》卷二《封畛·山川》：“临平湖在县东北五十四里长乐乡，周围十里。湖中有白龙潭。”“今湖多淤塞，为田亩鱼池。”

清初，顾祖禹所撰《读史方舆纪要》指出临平湖方位与大小：“在盐官县西五十五里，溉田三百余顷。”清康熙《仁和县志》卷之三《山川》：“临平湖在县东北五十四里长乐乡，一名鼎湖……湖有四闸，周十余里……今久塞，人家多占为桑田鱼池。(白龙)潭不通湖，无复风涛之险，而湖也不通运河矣。”清乾隆《杭州府志》记载了湖的大致方位及作用：“湖在山东南五里，唐宋时，湖水皆直至山下，南宋为运道所经。”乾隆二十三年(1758)，浙江巡抚庄有恭在讨论浙江水利时，提出“杭州临平湖……有关田畴大利，应设法疏挑，或召佃垦种，再体勘办理”，可见其时临平湖多已淤塞。至20世纪上半叶，临平湖已经完全淤塞为平陆，只是“清溪波动菱花乱，稻香风里过临平”了。

据上述介绍，可以看出临平湖的变化：远古时，波流浩大，每见漂荡，还处在与杭州湾相通的浅海湾之中。秦汉时，联贯成一的大湖逐渐分解成临平湖、槎渎、诏息湖、泛洋湖、西湖等单个湖泊，它们之间距离都在十里左右，而这些湖泊旧本合为一流，其水都与江河相通，其范围并不稳定，几度遭受海侵，潮上而湖没，潮下而湖见。唐时，湖在临平山东南五里，周回十里，湖大3000余亩。吴越筑捍海石塘，临平湖始与江海隔离，成为一个潟湖。宋代，江潮冲激仍时有发生，临平湖也常因水患而成为“寒浪落时分作荡，新流涨处合作湖”的水乡泽国。明中叶，临平湖淤塞加剧，浮沙壅塞，小旱辄涸。而至明末清初，已为桑田鱼池，也不与上塘运河相通了。清朝至民国初，还留有一片大小不一的池塘，成为塘漾棋布、河港交错的典型江南水乡。从中亦可得出南苑街道与临平湖的渊源。

临平湖最具宋韵当在南宋初叶，且看诗人笔下的临平湖岸风光及农家生活情景。杨万里于绍熙二年（1191）作《过临平莲荡》四首："莲荡层层镜样方，春来嫩绿斩新黄。角头一一张芦箔，不遣鱼虾过别塘。""莲荡中央劣露沙，上头更著野人家。篱边随处插垂柳，檐下小船萦钓车。""朝来采藕夕来鱼，水种荷花岸种芦。寒浪落时分作荡，新流涨处合成湖。""人家星散水中央，十里芹羹菰饭香。想得熏风端午后，荷花世界柳丝乡。"咸淳至祥兴年间（1265—1279），牟巘所作《赠东皋讲师》有句云："时枕苕溪作归梦，临平一路藕花风。"生活于宋末元初的汪元量所作《吴江》有诗句称："回首尚怜西去路，临平山下有荷花。"张艾《解语花》词有句："临平归路，花无数，应认汀洲倦旅。"蔡伸《清平乐》词云："彩舟双橹，六月临平路。小雨轻风消晚暑，绕岸荷花无数。"上述诗词可作证，直到宋末元初，今南苑街道境内的临平湖仍然保留着"荷花无数满汀洲"的美景。

光绪三十四年（1908），商办苏杭铁路杭州至海宁长安段建成，在临平设站，临平渐成交通枢纽。该线路在南苑街道，再之后，作为富庶江南区域经济的一部分，高度发展了农、副、工相结合的商业经济，它们与交通、运输、贸易的发展过程相互配合，使南苑持续成长。所谓沧海桑田，观此即可信矣。

之于湖畔人物，临平人对褚无量较熟悉，常拿其认真读书不为外界所打扰的故事教育孩子。无量幼年时，家滨临平湖。相传一日大雷雨，临平湖上乌云翻滚，白浪滔天，状如龙斗，里人倾巷往观，而无量读书似若不闻，众人皆觉得稀奇。后有临平湖读书堆胜迹，即为无量年轻时读书之地。要是读书台还在的话，倒是可以做些文章的。

说临平南苑街道还得说说上塘河，如同临平街道与上塘河的关系。

南苑街道系平原地区，河道纵横，主要河道有上塘河、乔司港、洋头坝港、五一港、赭山港和王家畈港。上塘河贯穿全境，又系南苑街道、临平街道的分界线。

秦汉时，上塘河（时称“陵水道”，又俗称“秦河”）就已经作为杭州区域内有史以来第一条人工疏浚的河道，被用于漕运了。秦始皇在公元前 210 年出巡东南时的路线，就是从咸阳出发，到云梦，而后乘船顺长江东下，经江苏丹阳入今苏南地区，再循着内河，经今湖州、临平，过上塘河和皋亭山的阼湖，到达钱唐（杭州）。《史记·秦始皇本纪》有载：“十一月……过丹阳，至钱唐。临浙江，水波恶，乃西百二十里从狭中渡。”《钱唐记》：“去邑十里有诏息湖。古老相传，昔秦始皇巡狩，经途暂息，因以诏息为名。亦曰御息湖。在今仁和县东北十八里。”是否经过今临平区南苑之故地，虽无明确文字记载，但完全可以推断出。

隋时为江南运河南端，终于柳浦。唐代称为夹塘河，贞观八年（635）于海宁筑长安坝，而成上河。其源出西湖，亦为西湖泄水之道。上塘河的运输和灌溉，对今南苑一带也有着重要的影响。同时，当年这里一大片滩涂，受潮水的涨落，农民利用海水晒盐，形成大规模的盐田和热闹的盐市。朝廷在临平置盐监，即盐务所，制盐人应为官厅所特许者。《新唐书》载“杭州余杭郡……有临平监、新亭监盐官二”，又称“嘉兴、海陵、盐城、新亭、临平、兰亭、永嘉、大昌、候官、富都十监，岁得钱百余万缗，以当百余州之赋”。当时今南苑地域之盐业对朝廷财赋起着相当重要的作用。唐代中后期,在发展盐业的同时,也加快了农业开发。唐张祜《寓居临平山下三首》其一:“三月平湖浪欲齐,绿杨分映入长堤。田家起处乌龙静,酒客醒时谢豹啼。溪槛正当莲叶渚,水泾新麦稻苗畦。人间谩说多歧路,咫尺神仙洞欲迷。”据诗中所述,临平湖滨已有农业经营。

宋代浙西运河,走上塘,经半山、星桥、临平,过长安而入大运河。北宋端拱元年(988)临平、乔司建镇,执政者为保境安民,于元丰年间(1078—1085)和南宋绍定二年(1229),先后筑起白龙潭堤和永和堤。“永和塘在仁和县永和乡,地接古鼎湖白龙潭,俗谓之三里险。水势涨溢,一遇卯风震荡,则数百顷中瞬息湮没,乡民患之。绍定己丑,邑士范武倡为义役,捐财以助修筑,塘成,岁无水患,邑宰范光命名曰永和堤。”(南宋《咸淳临安志》)许应龙《永和堤记》:“运河有塘,衣带潮水,自帝都东北桥镇薄吴头楚尾,绵亘千余里。关提封者六州,带主管者十县,仁和首当其一。邮递辇运,幢幢旁午。惟永和堤阻鼎湖、白龙潭之险,卯风湍流,夤夕鼓荡,一有线溜,则膏腴数百顷瞬刻就浸,系欲经久不拔,是岂一日一人之力哉!邑有范、任二君倡为义役,乃悉心讨究,谓土力娄溃于戒也,于是率众僦工,筑以石,桩以松,迄咸二百五十丈,为钱数千缗,范君为费,独当什伍,董视犒赍尤详焉。”两塘的兴建,尤其永和塘的筑成,自海宁长安的运河航道始由上塘河西去而抵杭州,漕运往来,客船络绎,成为漕纲运输的主要通道;稳定了上塘河以南的陆地面积,使今南苑一带逐渐兴起。

此外,熙宁五年(1072),杭州通判苏轼因盐事火急,督开赤岸至长安坝7000余丈。据嘉靖《仁和县志》卷二载:“赤岸河去城东北三十五里，赤岸南自运河入通高塘、横塘，西接蔡官人河，东北达施何村河。施何村河去城东北四十五里，桐扣山通里外沙河，北达方兴河，方兴河去城东北六十里。临平镇东通海宁县长安坝。”此运盐坝与今上塘河走向类同。运盐河的开凿使临平的发展与杭州城市发展的联系更加紧密。

明洪武年间(1368—1398)筑德胜坝，其南始称上塘河。嘉靖《仁和县志》：“上塘河，南宋运道，俱自长安入艮山水门，抵东新河而上，此其故道也。上塘河，旧名运河，一名长河，一名夹塘河，西德胜桥抵长安坝，南通外沙河、后沙河与蔡官人塘河，东达赤岸河、施何村河、方兴河，两岸田土，何止千顷。”至1969年开通德胜坝，上塘河起点改在施家桥，终于海宁盐官。

在元末明初张士诚开浚新开河以前，上塘河是连接大运河进入杭州的唯一通道，南来北往的船舶如过江之鲫。尤其是南宋时，杭州成为南宋王朝政治、经济、文化的中心，上塘河自然就是南北纽带、漕纲运输的主要通道。南苑的兴盛自然离不开这条水道。

河似画，桥似虹。悠悠上塘河上古老的石拱桥，至今风韵犹存。

桂芳桥始建无考，旧名茆桥。桥身拱券内有元、明、清修葺纪年石刻3条，表明岁月漫漫。除现存南北向桥外，原先还有一座东西向的桥与之配伍。相传东西向的桥先建，桥下有闸门可启闭，用于泄上塘之水于下塘。稍后河南埭人丁兴旺，渐成闹市，才建如今南北向拱桥，并将其桥墩建在东西向桥面之上，故称“桥墩复桥”，俗名“桥里桥”。《临平记》引万历《杭州府志》云：“宋时，里人徐宣与弟寅、垓同太学数十人，伏阙上书攻贾似道。后同登进士，垓居榜首。乡人号曰‘一门三秀’。更其桥曰‘桂芳'。"20 世纪 80 年代,临平扩建东大街时对桂芳桥进行了修葺,将东西向桥改小。1991 年维修时,在桥顶建攒尖顶重檐桥亭,复制《重建桂芳桥记》碑于亭内。2019 年,桂芳桥桥体出现裂缝,拱券发生变形,便拆除碑亭,修复如初。

桂芳桥之东尚有一座古桥,名曰"龙兴",旧志中也写作"隆兴"。始建年代不详,宋天禧年间(1017—1021)修缮,清乾隆二十七年(1762)重建。宋宣和七年(1125),因东湖水泛滥,便在桥畔修建一座小庙以示抗御, 名曰 "妙华"。 绍兴十二年(1142),金国归放 17 年前于旧都汴京俘虏的宋高宗生母韦太后,与之同时随行归还的,还有客死北国的宋徽宗及其皇后郑氏、高宗皇后邢氏的灵柩。八月廿一日辛巳,高宗至临平奉迎,在妙华庵内见到母后喜极而泣。宋代徐梦莘创作的史学著作《三朝北盟会编》中记录了这个场景:"车驾临平,奉迎太后,上初瞻慈容,喜深感极,泪湿龙绡。"高宗亲自出行迎母,一来尽了孝道,二来宣扬议和成果,因此置办得格外隆重,整个随行队伍浩浩荡荡,千万人马把临平小镇围挤得水泄不通,人头攒动,场面极为壮观。据《续资治通鉴》载,此行"用黄麾半仗二千四百八十三人"。其侍从人数之多,礼仪规格之高,震动朝野。

上塘河上还有一处有趣的古迹,叫"河底通河",俗呼"河里河"。原西茆桥南北堍,上塘河底有一石笕,南接曹家渠,北达龙王塘,使曹家渠水可泄于下河,而不与上塘河水纠缠。据说是当年河北华严寺的和尚自以为是,不许河南明因寺尼姑的污水排入上塘河,而促使出家女人们想出的办法。这当然是茶余饭后的戏说笑谈。石笕其实是古代一项有价值的水利工程。临平上塘河石笕最早见于文字者为"宋宁宗庆元元年冬十一月重修临平石笕"(沈谦《临平记》卷一)。乾隆《杭州府志》:"曹家渠,渠在临平镇西南，甃石为笕于运河之下，泄渠水暗注下河，俗呼河底河，灌田计三千七百亩，宋时以赐佑圣观，故至今观中纳税。”《仁和县志》：“临平曹家渠笕法最妙。盖南来之水，欲向北流入下河，而东西水横亘其中，并入则易溢，并泻之则易涸。欲令自入下河，而于横水无所损益，乃于横河底作一直隧，隧之南际建石闸，视水满浅以为启闭，南来从闸归隧暗渡，而横河自流隧上，无所混合。横河之北为塘，分上下河高低之界，隧道北际乃从塘下泻水。真良法也。但隧道甃砌须极周密，少有渗漏便泻上河之水，而害大矣。崇祯十四年大旱，凿石笕泄水，里人陶子昂献策，修之如故。”如何修理呢？《浙江通志》有载：“截运河两岸水戽干，以猪肝杂瓦灰捣烂合缝，不半日如故，至今犹坚也。”800 多年来，历代都对它进行整修，至今仍有遗迹。它和桂芳桥、龙兴桥一起，保护了历史的真实，也保护了生活的延续。

临平湖变奏曲

◆丁少华

不少临平人有着临平湖情结,但一百个人脑海里有着一百个临平湖。探索临平湖的前身今世,虽然颇费心思,却是很有意思。

山南山北皆为湖

有资料显示,一万年以来,临平所在的长江三角洲地区可以明显区分为若干凉暖交替的时期。公元前 5500 年前后,平均气温开始升高,海平面大幅上升,临平山的周边可能就是烟波浩渺的海湾。到了公元前 4000 年左右,海侵时期结束,临平一带的平原相继成陆,潮起潮落,泥石俱下,山下慢慢堆积起了土丘,出现了河流湖泊。到了新石器时代,这里开始有人居住,横山、茅山、玉架山出土的马家浜、良渚文化时期的各类文物可以印证。此后又出现几次海侵与海退的交替。那时的临平湖可能就是临平山周边的大片钱塘江滩涂。与钱塘江相连的湖泊,时常湖开湖塞,即海浸淹没临平湖,潮退现出临平湖,湖面大小因海侵、海退相去甚远。

钱塘江曾经连通临平山周边湖泊的观点可以从位于临平山北的玉架山遗址和茅山遗址等考古发现中得到印证。茅山遗址出土的独木舟距今约4500年，盐分含量极高，文物部门为修复和保存独木舟，在脱盐处理上煞费苦心。玉架山遗址发现的6个环壕，其实就是取周边之土垒起来的6个土堆，用于先民居住和墓葬等，应该就是为了防御钱塘江潮水侵袭。

历史上，临平湖颇受关注，史料上有不少临平湖的记载。传说"此湖塞，天下乱；此湖开，天下平"，于是就有了临平之名，大概这也是临平湖名称的来历。因为海侵，临平湖形成之后的范围并不稳定，一时潮汐退去现出了临平湖，所谓"湖开"；一时海侵淹没了临平湖，就是"湖塞"。既然湖况关乎国运，后世不乏借助临平湖开湖塞谋事造势之人。赤乌十二年(249)六月，临平湖水消退后竟现出一尊宝鼎。这绝对是喜事一桩，临平人奔走相告。于是临平湖又称鼎湖。公元276年，临平湖开，预示天下太平。好事成双，湖开时，还挖出了一个石函，石函里有一方刻着"皇帝"字样的印章。这当然是一个大吉大利的征兆，吴国便把年号改成了"天玺"，并大赦天下。太康年间，也就是公元280年至289年的某一天，临平湖的湖岸倒塌，却蹦出了一只石鼓。但无论怎么敲打，就是没有声音。皇帝问右光禄大夫张华，张华叫人取四川的桐木刻作鱼形来敲打，果然数里之外都能听到鼓声。

《三国志》所载临平湖在汉末因草秽壅塞，即是海退时期发生的现象。南朝陈至德二年(584)冬，受海潮冲击，临平镇周边方圆九里沉没，以致人心惶惶。

海塘隔断江与湖

到了秦汉六朝时期，临平一带的农业和手工业得到发展，吸引了外来移民加入。随着人口的增长和经济的发展，改善人居环境和发展条件的相关水利工程渐次拉开。

江南运河的开挖，可能划定了临平湖的北边界。公元 610 年，隋炀帝下令开挖的八百余里江南运河贯通。江南运河在临平穿境而过，宽十余丈，俗称上塘河。开挖时的土石可能在河的两岸高高堆起，临平湖水至此只到达河的南岸。此时的临平湖可能就是钱塘江北岸至上塘河之间的大片低洼地段，主要集中在现南苑、乔司街道区域内。为避免两岸水系隔断，到了宋代，在上塘河底用甃石砌了一条暗渠，俗称“河里河”，以灌溉下河良田。事实上，上塘河慢慢成为临平人居和业态的分界线。上塘河南是农民的天地，他们在此挥洒汗水，播种希望。而上塘河北临平山南的狭长地带则商贾云集、庙宇众多。

海塘的建造，应该锁定了临平湖的南边界。面对海潮肆虐，沿江百姓纷纷筑塘抗争。据现在发掘的考古资料，居住在这一带海边的先民，利用海上风浪形成的自然堆积物防潮，并进一步用土堆堤，以防海潮。《水经注》引《钱唐记》云：“东汉防海大塘，在县（钱唐县）东一里许。”唐代，杭州、盐官等地已有海塘。五代后梁开平四年（910）八月，吴越王钱镠在通江门、候潮门外创筑竹笼石塘。宋代筑塘的重点仍在当时的钱塘、仁和县境内，先后有 21 次。康熙五十九年（1720），在海宁创筑条石纵横叠切、外形似鱼鳞的重型海塘，称鱼鳞石塘。清帝弘历六下江南四临钱塘江，在海宁、仁和一线建成各类海塘，规模空前，从而使仁和、海宁一线海塘有了近百年的安谧。临平区运河二通道建设中发现的两条独立并行的鱼鳞石塘和柴塘就是乾隆年间的一段。事实上,海塘隔断了钱塘江与临平湖的水系流动,临平湖转而成为内湖,临平的生产和生活条件随之改善,人口也慢慢开始向上塘河南岸迁移。至于临平湖为什么又叫"东湖",地方志上有两种说法:一说因为湖在临平山东南,故名;一说因与杭州西湖相对,故称"东湖"。本人推测,两者皆有可能。

风光旖旎在南苑

隋代大运河的开凿以及唐代捍海塘的重修,对临平一带的发展具有转折性的作用。此后的临平湖锁定在了临平山南,主要分布在现临平区南苑街道区域内。千百年来,美丽富饶的临平湖养育了千万子孙,醉倒了文人墨客,促成了一方大业,在江南大地书写了浓墨重彩的辉煌篇章。

临平湖是风光旖旎的大湖。有关临平的史料中有不少赞美临平湖的佳作。《皋亭志稿》记载了以临平湖光山色为主的"东湖十景",其中的"白洋渔唱"展示了临平湖碧水荡漾、渔民撒网捕鱼、游人泛舟湖上的情景;"苏村桃李"描写了临平西南苏家村(现南苑街道苏家社区)桃李争春之景。唐代大诗人顾况《临平湖》云:"采藕平湖上,藕泥封藕节。船影入湖香,莫冲藕柄折。"展示了临平人湖中划船采藕的画面。宋代沈括《雨中过临平湖》:"绿蒲浅水清回环,浪头雨急声珊珊。画桡惊起远近雁,宿霭欲乱高低山。败蓬半漏野更好,短缆数断迟转闲。溪翁此日乘浩渺,搔首坐哨烟云间。"描绘了一幅雨中临平湖的美景。

临平湖是物产丰饶的富湖。由于临平湖曾经淹没在海平面以下,加上后来的海水回涌,导致土壤中盐分含量较高,成了天然的盐场。周边百姓靠海吃海,以盐业谋生。到了唐代,对盐业实行专营，制盐业成了朝廷税赋的重要来源。公元 630 年，临平改属盐官县，并设置盐监，成为当时浙江的“十监”之一。五代以后，海潮的影响开始减少，湖区的面积日益缩减，农业的发展，蚕食了广袤的临平湖。有了海塘的庇护，塘内的上地口趋珍贵。人们纷纷在临平湖区垦田造地，植桑种稻。南宋时，临平人口激增，各业兴旺，市场繁荣。到了明代，临平成为著名的蚕丝、棉麻集散地。清代，临平周边几乎户户种桑树，家家有丝车，丝绸业得到发展。至明末清初，临平湖只有 3000 余亩，位居临平镇东南 5 里与海宁市许村交界处，猜测可能在现南苑街道临东路一带，即现龙兴寺与临平净水厂之间。可惜后来淤塞加剧，到了民国初期，临平湖只留下一片沼泽，最终发展成了一方沃土。

新时代再生了华丽的临平湖。为提升城市品位，改善生态环境，顺应百姓呼声，2015 年，我区在临平新城高铁广场北侧开挖东湖。新东湖水面近 200 亩，周边为开放式生态公园，依水而建的区文化艺术中心，犹如浮泛水中，与东湖公园美景交相辉映，一场场大型歌剧、舞剧、交响乐在此上演。无独有偶，同年，海宁市在接壤临平的许村开挖了龙渡湖，湖面开阔，算得上主动融入杭州、接轨临平的力作。不少海宁朋友把它说成是临平湖。不管怎么说，在昔日临平湖的东西两侧，一对漂亮的姊妹湖争奇斗艳，竞相绽放，实乃幸事。

海际平陆浅说

◆王跃建

在很久很久以前，临平连同杭州都是一片汪洋，因为那时这里同杭州湾是相通的，或者说是杭州湾的一部分，同处在一片海江的浅湾之中。

那时皋亭山、黄鹤山以及临平山以西的诸多小山，都浸泡在浅海之中，形成一个个小岛，像"千岛湖"那样矗立在水中，只是岛没有那么多而已。于是，就有了大禹治水舟枕山、秦皇南巡缆船石等传说。

不难想象古时的临平方圆数十里，广袤的水域洋洋千顷，蔚为壮观。江海中有岛屿，岛上树木郁郁葱葱，住在这里的人大多以渔为业，可能还晒点盐。他们日出而作，日落而息，过着简单平凡的生活。那时的临平山，叫作"晾网山"，是渔民的家园。这些把渔网晾晒在山上的人，可能就是临平最早的居民。

皋亭山浅海湾的消失，是一个渐进的过程，如果一定要划个时间段的话，大约是从公元前300年的战国时期开始的。千百年来因受杭州湾潮汐的影响，涌潮夹杂着大量泥沙不断灌入钱塘江进而推向临平山，在这里受到临平山的阻挡（临平山西北成陆较早，故出土了良渚时期的独木舟)，而当退潮时泥沙会少量沉积，就在这潮起潮落之中，临平山南渐渐形成了陆地的雏形。而这雏形是以泥沙堙塞，水面被隔断，出现一个个潟湖开始的。

杭州的西湖就是一个潟湖，1800 多年前的秦汉时期，由钱塘江湾的一部分逐渐冲积为沙洲而成。曾经的临平湖也是一个潟湖，只是没能保留下来而已。当时还没有“临平”这个地名，临平的出现是在三国孙吴时，即吴赤乌十二年(249)六月，“宝鼎出临平湖”。当时临平属于钱唐县，范围大约是皋亭山以东的星桥、小林、乾元、亭趾、双林一带，而翁梅、乔司、九堡、下沙则尚在海水的怀抱之中。

就这样，临平在“潮退为陆地，潮涨沉于水”的自然现象中徘徊，但历史上总不乏喜欢搞事的人。吴天册元年(275)，有人在临平湖发现了一个石匣子，里面有一块上刻“皇帝”字的小石头，于是好事者就把这事告诉了当朝皇帝孙皓，这位孙权大帝的孙子当机立断，次年改元为天玺，且大赦。改元就是改年号，算是一等的国家大事，可见临平湖也是影响过天下大事的。就在天玺元年的八月，自东汉末年就已淤塞的临平湖突然开了，出现大片水域。于是就有人牵强地说成“湖塞天下乱，湖开天下平”，搞点国之祥瑞出来，拍拍皇帝的马屁，只可惜改元“天玺”之后不到四年，这位昏庸暴虐的皇帝就玩完了。

实际上，临平湖出现“湖塞”之际，就是临平最初成陆之时。“湖开”则是钱塘江大潮的特殊现象，狂风作用下的潮水所形成的巨大漩涡，将已经淤塞的陆地从底部搅沉于水，使之又成一片汪洋。若干年后因泥沙的淤积又变成了陆地，就这样“湖开”“湖塞”周而复始地运动着。

这种运动的方向主要是由自然的力量所决定的。随着泥沙的不断淤积，“湖塞”的面积越来越大，时间越来越长，临平湖逐渐萎缩，这意味着临平的成陆运动在向前推进，而历朝历代的修塘护堤则加速了这一进程。

史书上有记载的江堤修建有10多次。最早是在唐大中年间（847—860），钱塘县令杜子烈因大潮毁坏民居而始筑长堤。五代后梁开平四年（910），吴越王钱镠带领民众修成塘堤，留下了“钱王射潮”的神话，今人为其塑像并立于钱塘江南岸。北宋元丰年间（1078—1085），杭州有位姚姓通判，在临平白龙潭始筑永和塘，但10多年后仍决口。政和二年（1112），时任兵部尚书的张阁至杭州，闻悉钱塘江潮危及民生，奏请朝廷修筑江堤，后使江水向东南退10余里，但仍多次复决。到了嘉定八年（1215），也就是南宋定都杭州80多年后，仁和县令赵希言现场督役，亲自捧土投石，修筑了重堤，才使永和塘不再复决。

到了元末，临平湖大多已成田地和鱼塘，而到明中叶的弘治年间（1488—1505），临平“镇南一望，沙土接天，湖水与山相去五里”。明清期间也多次修筑过海塘。明洪武、永乐、万历年间修过，清康熙、雍正、乾隆年间也修过。一次次修筑江堤，一步步向东南推进，临平的陆地也就越来越稳固了。

去年在临平新发现的海塘，应该是乾隆五年（1740）由浙江巡抚卢焯奏请朝廷修建的，直到乾隆四十二年（1777）才完工。在临平境内长约8千米，西面从上城区的九堡进入临平区的乔司，经南苑街道东出海宁许村翁家埠。海塘有两条。北面是石塘，由十多层石条“鱼鳞状”铺砌而成，高6米多。南面为柴塘，与石塘平行，相距20多米。这条临平古海塘是杭州目前发现规模最大、结构最完整、价值最高的古海塘。

现在的海塘则是20世纪70年代临平部分公社（乡镇)的数万民工,历时十年在海涂上围垦而成的,堤长7.2千米,围地10万余亩。这块名叫下沙的土地,20世纪90年代划归杭州市江干区管辖,现在属于新设立的钱塘区。

回望临平的成陆史,不由地使人想起“沧海桑田”四个字。是啊,曾经的茫茫江海,如今已成为高楼林立的都市。自然界是如此,人世间又何尝不是如此呢?

风华南苑

文化根脉

WEN HUA GEN MAI

烈兮秽兮明因寺

◆张兆君

据《临平记》卷一“陈后主陈叔宝至德二年冬十一月，临平镇沉为湖。御史胡敏请建佛寺，从之”条下注：“按宋《咸淳志》，陈后主至德二年(584)仲冬朔夜，其镇平沉为湖，约方九里许，居民惊骇。郡以事闻，后主怪之，欲命有司以民力实之。御史胡敏奏称：‘陵谷变迁乃气运不尝也。世道失修或致亏损。臣闻西方圣人有无为自治之道，宜建梵刹，募选国中真静福厚女妇自愿出家者若干人，度为尼镇压之可也。’后主从其请，遂命召选，得二百八十九人钦度为尼。仍敕冬官(掌工程制作的官)于镇之西南(即今龙王塘路直南藕花洲大街一带)崇建宝刹，克日用成。雕楹绣桷，炫耀林谷，金铃宝铎，应响霄汉，玉毫金相，崇奉如式，绾以修垣，荫以嘉木，俨然成一化境。敕赐寺额，复给腴田二十七顷。内制金锦襕相袈裟，庄严华丽示镇。山门远近，闻者莫不望风瞻仰。”一本妖言奏词，竟建如此豪华寺院。胡敏不辅君以正，致财力伤民，也可说是陈叔宝的大谬。“寺成当在祯明间”(据胡濙《明因寺碑》)。

历来国亡，不外乎君主昏庸、国事不力、政事腐败、人事不当，陈也不例外。当边陲危急时，又自卖于佛寺为奴，还想借此来厌压这灭顶之灾。最终，于祯明三年(589)灭于隋。

约20年后，营建得如此庞大富丽的明因寺，毁于隋大业九年(613)七月兵燹中。

明因寺废墟在风雨飘摇中躺了百余年，方于唐开元二十二年（734），由顺天翊圣皇后赐金20斤重修一新。寺又风光了110年，又在唐武宗李炎会昌中(约845年)“毁天下寺观四万余所，明因咸灰烬矣”(胡濙《明因寺碑记》)。

明因寺废墟又无声无息地沉睡了219年后，因信徒谣传明因寺废墟上“屡有祥光灵响，众募起复。于宋英宗治平元年(1064)，三修明因”。虽规模不及官修雄伟，却引起了“雅长于翰墨”的宋徽宗赵佶于崇宁四年(1105)为寺写了“守内真除，外妄修觉，慧悟真如”12字，赐之明因；恭圣仁烈皇后也写了“众生自度，佛不能度。欲正其心，先诚其意。无视无听，抱佛以静。罪从心生，还从心灭”32字，并揭于华严宝阁(胡濙《明因寺碑记》)。

又在过了约230年的元至顺间(1330—1333)，皇太后非常青睐明因寺，她效仿宋恭圣仁烈皇后，“赐金三十斤，彩缎若干匹，重立碑石，轮奂再新，檄举嘉禾无相观大师以主之”。

田汝成《西湖游览志余》中载：“元代临平明因寺，尼刹也。豪僧往来多投于寺，每至，则呼尼之少艾者供寝，寺主苦之。于是专饰一寮，以贮尼之淫滥者，供客僧不时之需，故名曰‘尼站’。”佛门清纯却也不纯。

明因寺既为元时淫秽之所，皇太后缘何赐金缎于明因？而太师蔑里乞氏伯颜(与元世祖忽必烈时丞相伯颜同名)竟送甥孙女撒八出家于明因寺为尼，是“喜慕出家”，沦为尼妓？这绝不是伯颜之心愿。实为伯颜自身“纵逆极矣，以甥孙女之远太后，犹赐金缎，岂非权焰震赫所致哉？”故趁机让心爱的外孙女离开太后免遭杀身之祸，这倒也不无道理。

临平里老相传，清中期明因寺建筑规模宏伟，有金刚韦陀等众多佛像，大雄宝殿十分高大……它不知毁于哪一年。

虽明因寺沦为豪僧寻乐之处近百年，秽污了佛门，然民族英雄文天祥被元相伯颜执于明因寺，留下了英雄的足迹，将万古流芳。

铙鼓声喧列画旗

——钱塘村的元帅庙会

◆虞　铭

钱塘元帅庙会起源于南宋时期。相传有一位秀才舍身救百姓，大家为感谢他的救命之恩，尊他为瘟元帅，把他死的这一天（农历五月十六日）定为元帅庙会的迎会日来纪念他。元帅庙会在临平一带流传，至今已有800余年的历史。

每年的农历五月十六日，临平乡民抬着瘟元帅神像以穿村的方式进行活动。队伍的前面由“掮炉子”开路，然后是会旗，后面有龙灯、马灯、狮子灯、滚灯、白神班、大纛、抬阁、采莲船、拜香经、焰凳、敲鼓亭、铜棒、铜铳、大刀、彩旗，以及全副銮驾。元帅神像的八乘大轿两边簇拥着众多人护驾，轿后面由二人抬着一瘟坛。各支队伍到接风台要交换帖子，并要表演一番。迎神赛会结束，这只瘟坛将被扔到钱塘江里，象征瘟疫已被消除。

一

钱塘村所隶属的杭州市临平区南苑街道，地处临平山南、钱塘江北，正是历史上著名的临平湖遗址所在。明末清初临平著名诗人沈谦月夜泛舟临平湖，这样写道："烟涛暗拥，远岫微露，深幽无极。谁忽把、纤阿推上，皓彩团团生几席。吹锦烛、正徐开画舫，莫奏中流哀笛。喜寂寞、鱼龙夜静，上下水天俱碧。宝鼎今日犹争唱，赤乌人、尽去无迹。叹尔汝、一杯相劝，青盖如烟何处觅。唤不醒、醉临春千尺，降作佛奴何益。便痛剪、娇娥云髻，怎救胭脂狼藉。 词客为欢，且游赏、漫辞涓滴。羡沙边鸥鹭，不管人间今昔。露下翠幕轻寒隔。山玉颓无力。拥绣被、早是鸡鸣，斗柄垂垂堪摘。"(《宝鼎现》)

在1956年围垦之前，钱塘江故道一直在乔司、翁梅、翁埠一线。原来的翁梅乡(南苑街道)在钱塘江、上塘河之间，种植麻桑，沿江为众多盐场。

15世纪运河改道，塘栖市镇的迅速崛起，有了坚实的经济实力为背景，市镇的奢侈风尚蔓延。"天下之势，大抵其地奢则民必易为生，其地俭则其民必不易为生也。"(陆楫《蒹葭堂杂著》)明中叶以后，江南社会财富逐渐积累，百姓生活由俭朴走向奢侈。到万历时代日趋明显，以后愈演愈烈，直至康乾盛世依然如此。江南市镇的奢侈风尚，集中反映在迎神赛会的活动中。

清代同治中兴，社会得以恢复元气。甲午战争未久，浙江省近代民族工业革命在杭州的拱宸桥、塘栖镇开始，余杭、钱塘、仁和一带蚕桑种植提供了机械化缫丝工业的后盾。余杭农民以瓜果、蚕桑等经济作物为主要收入来源，生活水平得到提高。清末著名国学大师俞樾曾寓居临平三十年，寓所距离临平北大庙(元帅行宫)很近。俞樾自幼参加临平庙会，观看滚灯表演，他在诗中写道："年年史埭度元宵，笑倚楼头兴最饶。青白两龙才过去，滚球灯又到潘桥。"这见证了封建时代临平元帅庙会的余晖。

二

旧时天开河一带，今属钱塘社区，有众多小庙，不以村落为聚，而以姓氏为中心——咸水庙（方、顾、王、吴、倪），范家庙（范），吴郭庙（吴、郭），屠曹庙（屠、曹），东新庙（褚）、夹村庙（沈、高），双忠庙（吴）。双忠庙里，祭祀南宋名将吴玠兄弟，吴家后人世代居此。乔司有吴家车。

南北咸水庙，旧时分为两处，南咸水庙在下沙，北咸水庙在十五堡。民国时退江，下沙南咸水庙神像迁到十五堡北咸水庙，合称南北咸水庙。

庙中祭祀土地神，问当地老人为何如此称。老人说是当地水咸的缘故。我认为，祠庙之名，一般以祭祀的神为名，如关帝庙、文昌阁、妈祖祠、火神殿等，此咸水庙应该是元帅庙的别称。

古时的咸水庙，在五科村（旧称天许）。距离古海塘约 600 米，庙门朝南，占地 2—3 亩。大门后有戏台，这个戏是演给菩萨看的，所以对着大殿。咸水庙供奉土地神，大殿上是土地菩萨和土地娘娘。东西厢房，两廊四班，供奉活和尚、死和尚、夜叉之类。最后一个僧人叫阿明师父。

1966 年，咸水庙毁，办五科小学。1985 年左右，由汤昌甫与顾双法、方子林、赵荣福发起并重建咸水庙。他们与赵祖生、王德寿、曹洪林、吴浩富、方子林、顾双法等人一起，挑土填塘，和泥砌砖，自己动手建造了咸水庙三间平房，恢复了香火。前为土地殿，后为大雄殿，当时没有戏台。

1993 年，第一次恢复元帅庙会时，用的菩萨是翁家埠的，称“杭海元帅庙会”。2004 年，由沈四海发起，姚家村的张兴牛捐资 5000 元钱，沈四海、沈纪生、张阿花、时友福到萧山雕刻了元帅菩萨神像。

南北咸水庙中有财神殿（掌管财富）、文昌殿（掌管科举）、元帅殿（掌管健康）、土地殿（掌管土地）、地藏殿（掌管死后）、饭子殿（不详），还有戏台、广场、厨房、斋房，功能齐全，俨然就是一个乡村的“市民中心”。

在临平镇区，以前有规模更大的元帅庙（东嘉忠靖王庙）和元帅庙会。据民国姚虞琴的《临平记再续》记载：“东嘉忠靖王庙，在临平市西。按《杭州府志》：羊市街旌德观有忠靖王庙，祀唐温琼，宋敕封忠靖王。其祀神缘起，见宋濂《温忠靖王庙堂碑》。又《杭俗遗风》云：相传神温姓，五月十七诞辰，十六出会，名曰收瘟。本庙仪从咸备，又有助会，其目有高跷、炉子、龙灯、幡竿、清吹仙童、猎户马夫、抬阁、船灯、侍卫、小高跷十样景拜香各式故事，均以小孩装扮。是日，食物无不昂贵，小经纪者皆得利焉。往时临平会事与省垣正同，会期凡三日，且有夜会，姑

摭此志风俗焉。”可惜,在临平镇区的庙会习俗,没能保留下来。

三

古代,老百姓搞庙会、迎神赛会等活动,屡遭各朝政府禁止。杭州一带的元帅庙会曾经是相当热闹的,清代钱塘诗人梁玉绳看了元帅庙会后写了《杭城赛神东嘉忠靖王尤盛以逐疫也戏作》这首诗,可见一斑:

江城五月多炎熇,溽暑薰蒸疠所伏。
一国之人走若狂,岁岁迎神事驱逐。
巡行县鄙示周知,观者骈阗如蚁簇。
铙鼓声喧列画旗,云仙导引乘丹毂。
府史分曹半孺童,篴舆坐拥司文牍。
执戟郎趋武卫森,华裀吏捧衣冠肃。
亦有行厨备绮筵,玉杯象箸肴野蔌。
绣盖新张色样鲜,珊瑚翡翠围文縠。
大纛高牙取次搴,朱幡十丈连云矗。
宝鼎龙文健独扛,众中贾勇夸贲育。
负载婴儿百戏陈,随身傀儡持竿木。
或崩厥角稽首齐,千夫顶礼偕匍匐。
或支双臂虿钩悬,香爇旃檀燎肌肉。
左右威惊对簿严,于思睅目皤其腹。
小部笙歌入耳清,两行宫监移丝竹。
舞袖轻裾接媵嫱,氤氲夹道炉烟馥。
迤逦传呼仙仗来,神容睟穆临黄屋。
吁嗟巧力各自呈,尽瘁驰驱无怨讟。

媚神惟欲迓神庥，疾疫潜除还降福。

我闻神异本天生，照夜光芒下魁宿。

但修明德神所歆，底用奔忙恃巫祝。

首先，明清以来江南所谓“天下之财赋在吴越，吴越之奢莫甚于苏杭之民”。每次迎神的活动，“争巧尚力，靡耗千万”，清代的余杭知县龚嵘、浙江巡抚杨昌浚，都曾严行禁止，以节民财。

其次，迎神赛会的治安问题成为地方政府的头痛事情，常常出现踩踏伤人事故，有时无良乡民也会借机生事。清代，杭州元帅庙会迎神队伍里，竟然有人穿黄马褂、戴孔雀翎，浙江总督李卫看到后大怒，下令永远禁止迎神。

再者，迎神队伍中的五通（五猖），是古代官府明令禁止的淫祀；而大量女性抛头露面、出入会社，也与儒家传统伦理相违。

民国，北伐胜利之后，提倡新文化运动，改良风俗。南京国民政府禁止神祠邪祀活动。1930 年，国民党中央执行委员会秘

书处又发布《神祠存废标准》，规定祀奉先哲的祠庙，佛教、道教、回教、基督教等宗教寺庙、清真寺、教堂一律保存，但对于东岳大帝、龙王、城隍、土地等山川土地之神，以及魁星、文昌等古神类的信仰，则认为“古代崇祀之神，今多讹误，或为释道两氏所附会，失其本意”，“以现代之潮流考之，均无存在之价值”，要求地方行政长官，合于淫祠性质之神，一律从严取缔。凡烧香跪拜、冥镪牲醴等旧节，均应废除。进香朝山、抽签礼忏、设道场放焰口等俗，尤应禁止。

中华人民共和国成立后，寺观庙宇大都被改成学校、仓库，宗教活动渐渐平息下去，钱塘元帅庙会活动全部停止。“文革”结束后，当地民众出于对瘟元帅的崇拜，又开始自发恢复。这在当时没有得到有关部门的许可。

四

元帅庙会在南苑这片土地上已有800余年的历史，祖祖辈辈相传，直到“文化大革命”时才停止了活动。20 世纪 80 年代，翁梅乡民开始集资重建咸水庙。1993 年，翁梅和翁埠的乡民顾双法、方友根、翁松法、冯金良、方志林五位老人组自发恢复“杭海元帅庙会”，当时参加的人只有 100 多人。2004 年开始，翁梅开始单独举办庙会。到 2019 年，总共举办了 21 届大小规模不一的元帅庙会。

2006 年，国家对非物质文化遗产保护提出了具体要求，南苑街道十分重视非遗的保护，由政府出面举办了多次大规模的大型庙会，钱塘元帅庙会的规模越来越大。

钱塘元帅庙会，作为一项群众自发组织、广泛参与的盛大活动，采用由众多的民间艺术队伍护送元帅踩街的方式进行。每年农历五月十六日，清晨 5 时，随着鞭炮阵阵、鼓乐奏响，踩街活动开始，由掮炉子、大纛、大刀队、白神班、马灯、舞龙、舞狮、火神会、神枪、抬阁、滚灯、采莲船等数十支队伍组成的“长龙”，逶迤数里，经过十多处表演点。一个个气势昂昂，衣着鲜艳，轮番上场展示各自的拿手好戏和民间绝活，旗幡、刀枪、掮炉、马灯、狮龙，诸般戏具，尽皆施呈，令人应接不暇。加之锣鼓喧天、笙箫聒耳，好似阵风撼动千竿竹，又好似钱塘江午夜潮，以至观者欣喜若痴，手舞足蹈，多了些平日未有的疏狂。演出队伍所到之处，士女喧阗，各村各户盛情欢迎，其中还有海宁、桐乡、九堡、下沙等地的群众慕名而来。至下午 4 时许，队伍来到圆照寺，方才结束了这一年一度的盛会。

元帅庙会活动已经成为民间艺术生存发展的重要载体，施展才艺的主要舞台，深受百姓喜爱。传统庙会时衰时兴，虽有迷信色彩，但更多的是弃恶扬善、弘扬民族精神的一面。作为民俗文化的集中展示，百姓的情感得以发泄。

近年来，元帅庙会的又加入了秧歌、舞剑、舞扇、腰鼓等项目，经塔队、济公队、彩旗队、秋千队、洋鼓队和铜鼓乐队等队伍。迎会的队伍越来越壮大，参加的人数从几百人发展到几千人。这项活动深受群众的喜爱。但元帅庙会中的有些传统项目，如踩高跷、镗叉等后继无人，大多数表演队伍的组织者中，有的年岁已高，需培养年轻的接班人。

研究发现，元帅庙会的白神队的前生是目连戏，李三娘挑水，出自元代杂剧。由于长时间没有学界的收集和整理，以讹传讹了七十年，再不厘清就失去本来面目了！

元帅庙会的表演角色，在古时是悲剧人物，用来教化百姓，惩恶扬善。但流传到现在，许多人物像个小丑，服装喜剧化了，表演娱乐化了，渐渐失去了古时的教化功能，仅仅是一场传统杂技表演的“嘉年华”。

五

临平自古民间崇拜相当丰富。除了传统的东岳、关帝、妈祖以外,塘栖崇拜水南娘娘、安溪崇拜金龙四大王、五杭崇拜吴王、临平崇拜伍子胥、塘北崇拜马鸣王、超山崇拜蚕花五圣,还有崇拜张老相公、周幽王、刘猛将等的地区。

在古代受医疗条件所限,每到农历五月中旬,因气温上升,水源、食物引起的消化道传染病开始盛行。当时的医疗水平比较差,大规模、快速传播的传染病(如霍乱)会带来很高的死亡率,这是百姓所最为担忧、恐惧的。

整个迎神赛会的高潮之处是瘟气全部收入甏中后,将瘟甏抛至钱塘江中。临平乡民坚信,瘟元帅所到之处,瘟气全部收入甏中,瘟疫不再蔓延,可以保佑一方平安。

而临平乡民世世代代对瘟元帅的崇拜,反映了当地民众对健康生活的向往。800 年来,瘟元帅就是青面睁目模样。其实,不管面凶面善，要紧的是惩恶扶善、主持正义。温忠靖王是由地地道道的人上升为神的，折射和反映了民间的神信仰，“神”实是人，由于他生前为人民做了好事，死后人民敬仰他，纪念他，祭祀他，体现并传承着一种惩恶扶善的人文精神。

吴越人信鬼好祠，自古而然。为了驱邪求安，祈求苍天赐福，他们举行了种种敬神、娱神的诸如“撒滚灯”“跳白神”等表演化的祭神活动。

在迎神赛会的各种表演中，那些在阳间为非作歹的恶人，在阴间得以审判，反映了人民“善有善报，恶有恶报，不是不报，时间未到”的愿望。

在迎神赛会中，民众得到了自我的教化，灵魂得到了升华。

翁梅滚灯的前世与今生

◆肖　金

汪妙林珍藏着一张50年前的黑白老照片。

照片里的汪妙林，站在高高的板凳上，将一只直径1.8米的滚灯腾空甩起。

所谓滚灯，就是一种用竹篾编成的大型圆球体，中间挂有一个竹编小球，小球里又有灯烛。大滚灯直径六七尺，小的直径一两尺。各人根据体力大小，选择不同的滚灯，边走边舞。

滚灯舞动起来滚滚向前、烛光飞舞，煞是好看。

在杭州市临平区城南原翁梅乡一带，这个滚灯，据传已经有800多年的历史。

翁梅乡在钱塘江北岸，古时常有海盗入侵。他们烧杀抢掠，无恶不作。平时，乡民们用滚灯锻炼身体，一旦海盗袭来，乡民们用滚灯号召大家抵抗。海盗见了，以为是新发明的武器，纷纷逃窜。

南宋诗人范成大的诗作《上元纪吴中节物俳谐体三十二韵》中曾对滚灯作如下描绘："掷烛腾空稳，推球滚地轻。"可见南宋时滚灯已流传甚广。

汪妙林家是舞滚灯的世家，他祖父就是四里八乡舞滚灯的高手。抗战胜利那天，汪妙林父辈的兄弟几个，就带着全村的青壮年组成滚灯队，在乡间游行。各式滚灯左右盘旋、上下翻飞、灯光闪耀、气势激扬，用来庆祝胜利再合适不过了。

直到20世纪60年代，舞滚灯还是翁梅一带普及性很强的乡村文体娱乐活动。

以后，由于时代的原因，滚灯一度在民间销声匿迹。

20世纪80年代，当时在钱塘江北岸最有影响力的“元帅庙会”得以恢复，各乡各地都要出一个当家节目。

翁梅人想到了滚灯，想到了汪妙林。

走在踩街的队伍里，汪妙林和身边的一群年轻人，举着滚灯，拉开阵势，翻跃腾挪，把几十个百斤重的大滚灯舞得令人眼花缭乱。

汪妙林精湛的技艺，让滚灯大放光彩！

当时县文化馆的领导说：“抓紧抓紧，我们要把滚灯恢复起来。”

汪妙林和朋友们就组建了临平第一支民间滚灯队。

临平滚灯能在汪妙林手里“复活”，绝不是偶然。跟着祖、父辈耳濡目染，他自己也练得一手绝活：用牙齿叼着滚灯像流星锤一般舞起来，叫珍珠吐丝；双手撑跳过滚灯后，迅速用手反举，叫白鹤生蛋……9套27式，数他舞得最是出神入化。

到了1996年，滚灯队受邀参加在杭州柳浪闻莺举办的中日传统文化节暨民间艺术大串演。那一年，汪妙林已经51岁了。但他依然一口气完成9套27式，短短3分钟里，舞得日本客人连连竖起大拇指。

当时县文化馆新的舞蹈干部罗倩萍是个“川妹子”。她觉得，舞滚灯不能光拼蛮力，要让它更轻巧、更活泼、更好看。

于是罗倩萍开始了创新。先改工艺——罗倩萍通过竹编工艺，在绒布和锡箔纸中间再植入一个红心球；又改舞步——以往表演滚灯，都是男生“挑大梁”，罗倩萍把水乡女子灵秀的“插秧步”融入进去，增加女生和小滚灯的数量；再改伴奏——过去伴奏，大多是锣鼓喧天、鞭炮齐鸣，她找来江南丝竹当配乐，一下子，临平滚灯更有“江南韵味”了；再加内容——保留“霸王举鼎”“蜘蛛吐丝”“金蛇缠身”等经典造型外，新增了许多时尚元素。

这一改，临平滚灯成为融体育、舞蹈于一体，集力与美于一身的民间艺术项目。

1999 年国庆节，临平滚灯代表浙江省赴京参加新中国成立 50 周年庆典，在天安门广场亮相。

第二年，临平被命名为浙江省民间艺术（滚灯）之乡。到 2006 年，临平滚灯又被列入第一批国家级非物质文化遗产代表性项目名录。

跨入千禧年，临平滚灯开始跨出国门，走向世界。

这一亮相，就是世界第二大狂欢节——尼斯狂欢节。

2001 年，西湖博览会邀请尼斯民间舞蹈工作者来访。他们看到参与狂欢的临平滚灯，便发出邀请。3 年后，临平滚灯正式“滚”出国门。5 场表演、6 千米巡游，一路掌声、欢呼声不断。法国国家电视台新闻节目中特意播出了滚灯节目，当地许多报纸都刊发了现场照片和评论文章，称赞临平滚灯“极富民族魅力，代表东方色彩”。

更大的舞台在后头。

2008 年北京奥运会开幕式暖场表演，给了滚灯向世界展示风采的6分钟。

临平区文化和旅游体育局副局长戴园丽回忆说，接到奥组委发传真确认滚灯正式入选是在2008年6月20日下午6点钟。当天晚上，大家就投入了准备。

“北京奥组委对开幕式上的文艺表演提出的要求是‘三分钟三次掌声’。”戴园丽说，“我们就按照这个标准，没日没夜地改——音乐改了8稿、服装设计改了5稿……”

“奥运会表演要推陈出新，我们就在传统动作基础上增加了站在大灯上舞小灯这样的高难度动作，又专门模拟‘鸟巢’搭了一个440平方米的舞台。”戴园丽说。排练开始后，几乎每个队员都受过伤。最开始那几天，队里每天光买伤筋膏药就要花500多块钱。

每一份付出都有回报。音乐响起，队员们时而翻滚，时而列队，时而摆出造型，如同翻飞绚烂的花朵……

这是精彩绝伦、圆满成功的6分钟！随团摄影师周铭说，在按下最后一张照片的快门时，他突然觉得眼睛糊了，那是自己被家乡这支队伍的演出感动得哭了。

这些年，临平滚灯足迹遍布美国、比利时、日本、巴勒斯坦、以色列、新西兰、约旦、南非等数十国。每到一处，都播撒热情与自信，收获友谊和欢乐。

在美国，奥斯汀市市长看完表演，竟然决定推迟公务，他说要先同队员们合个影。在南非，艺术团踏着鼓点，和当地民众手拉着手，不少观众反复问：“明年还来吗？”在巴勒斯坦，演员们离开时，还有不少观众追着要社交工具账号。在以色列国际民俗艺术节上，滚灯艺术团吸引了10万余人次观看，随后又在特拉维夫等7座城市巡演。艺术节董事会主席盛赞：“滚灯艺术团是本届艺术节最棒的团队，艺术节因为有了你们的参与而变得特别。”

汪妙林今年 78 岁了，虽然已经告别舞台，但滚灯依旧是汪妙林心中最深的牵挂。汪妙林把更多精力花在了临平滚灯技艺的挖掘、整理和传承上。

“空下来的辰光，也会耍几把。”

汪妙林在家门口的道地上“耍几把”过了瘾，就把滚灯抛给了身旁的儿子汪荣华。

汪荣华已经练了 10 多年。他爹评价他：不少高难度动作，都能做到位了。

但对孙子汪铭涛，汪妙林就高看一眼了：“这孩子耍滚灯，蛮有灵气的。”

看着滚灯在他们老汪家后继有人，汪妙林很开心。

让汪妙林更开心的是，有更多的年轻人，正喜欢上滚灯。杭州师范大学、浙江音乐学院、浙江农林大学都把他请去讲课。去大学是“客座”，但本地的临平第一中学，汪妙林去得很频繁。学校里有一个“魅力滚灯”社团，他是义务辅导员。

在汪妙林指点下，2019 年，这个滚灯社团受邀参加第十四届捷克布拉格国际民俗盛典。16 名学生作为文旅部选派的“中国代表团”，带着临平滚灯参加该艺术节盛典和相关国际交流活动，出访捷克及奥地利两个国家。

独特的中国风服饰、经典的《茉莉花》乐曲、灵动的动作表情等代表着“中国形象”，滚灯赚足了闪光灯。

汪妙林说，每当看到男孩子们抱着又重又大，直径 1 米多的滚灯在操场上奔跑、投掷，他脑海里就会浮现出年轻时自己日夜操练、闪转腾挪的“俏模样”。

“趁着我身体还行，就赶紧多教教他们。临平滚灯要传下去，还得靠年轻人！”

2022年年初，杭州办了场“云春晚”，汪妙林又登台了！

他和这帮年轻人一道，和着《临平滚灯舞起来》的热烈节拍起舞，大滚灯在他手中，依旧“虎虎生威”。

“跟他们一起跳，当年那股劲道又回来了！”

那一刻，这位78岁的老人笑得像个小伙子……

漫谈翁梅

◆郁震宏

翁梅,从前是一个乡,现在叫“南苑街道”,洋气,但年纪大的人,叫顺了,改口难,还习惯叫翁梅,我就是。我家湘漾里,到翁梅,不算远,电瓶车二十几分钟。我晓得翁梅,很早,我母亲的小外婆,就嫁在枣树下。枣树下,是翁梅的一个村坊,听名字,就很有画面感。这几年,城市慢慢覆盖了翁梅,曾经的枣树下,以及沈孟世、管家村、老虎浜、木梳庄、火车浜等等,这些村坊,大概都已经变成城市了吧?

翁梅,是翁埠、乐梅的合称,民国时这一带地方就设乡。杭县、海宁交界,许巷的胜利村、闵家桥一带,现在跟临平融为一体,高楼大厦,马路商店,你中有我,我中有你,外地人傻傻分不清,比如九漾华庭,隔一条小河港,十几米路,就是闵家桥土菜馆。九漾华庭的老底子是翁梅地盘,闵家桥则属于海宁了,但是去吃饭的人,临平人多,海宁人反倒少。这是交界地方的常态,但翁梅更加典型。

九漾华庭,从前是一片湿地,其实是临平湖的遗存,叫“九漾十三浜”，风水好。民间传说，九漾十三浜里有一块活地，葬牢了，会出丞相。民间传说当有所本，应该不会是空穴来风。我疑心，临平孙士毅的祖上，大概就葬在这里，孙士毅官至文渊阁大学士，封一等公，标准的“丞相”。孙士毅祖上本在许巷烂弄里，到他爹爹时才搬到临平街上，看起来两个县，其实三脚路。翁梅地界，老底子还有一个坟，马家坟，很出名，墓主是谁，说不清，我估计与马鸣镳有关。马鸣镳是乔司人，乾隆手里的进士，到台湾做过官，孙士毅是他的表哥。临平街上，有个马家弄，不知跟乔司马家是不是一支？

翁梅的“梅”，跟一座庙有关，梅墅庙，分为东西两座，简称“东梅庙”“西梅庙”。东梅庙面积大，老辈人讲，从前有 16 亩 8 分 2 厘 6 围缘。梅墅，古地名，宋朝就有，从文献记载来看，比附近的咸水庙、夹村庙、吴郭庙、范家庙都早，《临安志》说：“宝林庵，在临平镇梅墅。开庆元年(1259)，邑人闵道心建。”但不知梅墅是因姓得名，还是因树得名。倘若因姓得名，这个“梅”会是谁呢？汉朝的梅福，南朝的梅虫儿，似乎都有可能。我感兴趣的，还有闵道心，闵家桥这个地名，大概就因闵姓得名的。这样说来，闵家桥这个村坊，宋朝就已有了。

杭嘉湖风俗，老了人，要上庙。大麻人上吴王庙，沈士人上骆阳庙，翁梅人上梅墅庙。一个庙有一个庙的管辖范围，梅墅庙的庙界，气象大，跨着杭县、海宁两个县。据翁梅的老人讲，海界上的胜利、前进、红安，一部分到许巷三真庙，一部分到翁梅的梅墅庙，到梅墅庙上庙的，海界人、翁梅人，一半一半。庙界的范围，反映出一定时期的历史真实，也许在宋朝，或者更早的时候，许巷的西部，很可能与翁梅同属一个县。

翁梅地盘，有很多村坊，名字古怪，有趣，比如“沈孟世”，不知什么意思。还有一个仙家桥，其实是“西佳”的转音。武康有一支徐姓，家谱写到，祖上是从临平西佳桥搬去的。西佳，唐朝就有的古地名，吴越王钱镠手下的猛将吴公约，就曾经镇守西佳。

翁梅人的土话，更复杂，一个临平山，山北叫“临平山”，翁梅老人叫“晾网山”，或者“郎莽山”。到了翁梅地界，听人说话，大多是绍兴、萧山口音，给人一种跨过了钱塘江的错觉。王伟明、王国峰两位先生曾经邀集了十多位翁梅老人，我和姚水林老师去现场采访，收获很大。听老人讲，翁梅人的祖上，百分之七八十是萧山人，老底子“塌江”搬来的，这种情况，跟乔司、九堡一带差不多。迁到翁梅的萧山人，有俞、王、宣、任、张、徐等姓氏。

因为迁徙时间大多在清朝、民国时期，不太长远，比如我采访的徐宝康、张月芬两位，他们的祖上，从萧山头蓬镇迁到翁梅，分别为 1920 年、1938 年。加上萧山籍人口比重又大，所以翁梅土话至今还以萧山口音为主，比如说“那里”“那时候”，翁梅人说成“亨头”“亨辰光”；我，说“ng o”；我们，说“ng a”。老翁梅人土话，跟临平街上接近，比如我们，说“阿拉”。当然，翁梅土话，跟临平街上也有差别，比如临平老派土话，我，第一人称，说成“要吾”，翁梅人则说“十吾”。

翁梅人的组成，以本地、萧山为主，方言之间互相影响，比如“水”字，萧山人说“si”，临平本地说“sui”，与普通话接近。但因为翁梅一带萧山人比重大，本地人也受了影响，都说成“si”了，这个发音，与上塘河北的方言形成明显差异。当然，萧山人也会受到本地方言的影响。比如爸爸，萧山人叫“爹”，本地人叫“阿爸”；妈妈，萧山人叫“恩摩”，本土人叫“姆妈”。现在都叫“阿爸”“姆妈”了。经过长期的融合，翁梅逐渐形成了自己的特色，所以徐宝康（75 岁）、任桂花（74 岁）、张月芬（64 岁）都说："萧山人话，倷弗是萧山人。"当然，还有一些方言，至今还没有融合。比如茄子，本地人叫"茄儿"，萧山籍人叫"茄子"；谁，本地人叫"活人"，萧山籍人叫"嚯个"。各行其道，但不妨碍交流。

翁梅，还有其他地方迁入的，著名的例子，就是沈厚芳。民国时候沈厚芳从海宁杨家渡迁到翁梅，以行医为生，技术高超，属于百科郎中，什么病都看，在翁梅一带特别出名。倘若有时间，真可以模仿谭其骧先生的《湖南人来源考》，写一写《翁梅人来源考》，或者扩大一点，做一本《临平人来源考》，倒是很有意思的事。

风华南苑

世纪承接

SHI JI CHENG JIE

在高地办初级社的日子

◆张承模

1953年春，杭县县委继全县第一个农业生产合作社——双林乡江洪元农业生产合作社以后，决定在全县办12个试点社。其中乔司区要办两个:星桥乡南星村灯塔初级农业社和仓前乡仓前村初级农业社(现杭州市临平区南苑街道高地社区一带,当时属杭县乔司区仓前乡仓前村)。

我当时是团乔司区委书记，后来调任乔司区委组织委员，“分片包干”在仓前乡工作。区委确定我为这个农业社的办社干部,要我按照县委“只许办好,不许办坏”的要求,搞好试点。接受这一全新的工作,我是新奇又担忧。

当时办仓前初级社的许多事,掰掰手指头已经远去七十年了。在这漫长的农村经济制度变更的过程中,一个农业社兴衰的个案，充满了历史的沧桑感，其中有许多当事人的辛苦、欣喜、忧愁、困惑,五味杂陈。

仓前乡仓前村位于钱塘江北岸,属钱塘江冲击地,土壤为半沙土,开垦历史近200年,地理位置北邻沪杭铁路,东毗海宁县,离临平约5千米。仓前村当时共有农户154户,其中贫农和中农139户，共有耕地1081亩。1953年，该村种植面积安排是络麻475.5亩、甘蔗226.9亩、花生31.5亩、小米28亩、番薯33亩，春季作物有大小麦、油菜、紫云英，主要副业有蚕桑、湖羊和土织麻布。仓前村没有水稻，整个乡还是有不少水稻的。现在的翁梅，当时分为翁梅乡、仓前乡和天万乡三个小乡，每个乡只有六七个村，还分分合合，大概到1956年前后才调整为大翁梅乡。我这个人喜欢记日记、笔记，本子一直保存着，现在翻点数字出来，人家很稀罕，于我倒并不太难。

合作化的基础和背景

新中国成立前，仓前村农民终年辛劳，不得温饱。当地流传着这样一首民谣："一条裤子六根筋，倒拖鞋爿无后跟，戴顶帽子不见顶，吃了早顿无夜顿。"这是当年农民惨苦生活的写照。

1950年，实行了土地改革。土改以后的仓前村农民在生产和生活方面还有诸多的困难。由于这里是以产麻为主的经济作物地区，生产季节性特别强，单家独户生产遇到了许多困难。劳动力忙时不足，闲时有余。在农具方面，小农具铁耙、刮子、茅刀等各户都不缺，但作为常用的运输工具——羊角车（即独轮车），多数农户买不起，只能借用或租用，至于大、小水车就更难了。缺生产资金是又一大困难，络麻、甘蔗在施足土肥以后，需用商品肥料较多，每亩麻类需用2张半豆饼，60斤化肥（合旧币35万元），作种子的甘蔗每亩需30余万元（旧币），这些对土改后不久的农民来说，是一个不轻的负担。

最初的合作形式是互助组

上述情况说明，仓前村农民有组织起来克服生产困难的需求。开始，不少农民自发地搞个别的“拌工”，后来组织了拌工组。全村参加拌工组的有112户。再后来就是临时互助组和常年互助组了，参加农户分别占到30%和66%。

当年仓前乡全乡办得最好的常年互助组有三个，其中就有万常村的费子福互助组、三戴村的沈里金互助组，还有就是仓前村后来发展到初级农业村的沈洪喜互助组。

互助组是不是一切都好？也不是，它碰到了不少问题，如户与户之间的农活安排问题、劳动力强弱和出工多少、不同农活优劣程度的计工问题等。如剥络麻当天剥不完，次日就会干枯难剥，再加删苗施肥、上沟泥等农活，早做一天与迟做一天差异明显。遇到此种情形，大家都想争先，矛盾就出来了，有人形容它是“石臼上的鸡蛋，狗头上的油盏”，经不起风吹雨打。

全乡庆模大会给毛主席写信

1952年，仓前全乡农业生产获得了好收成。年底召开了全乡庆模大会，有285个生产先锋、模范和村干部参加。在乡政府道地上，事先由8位男子汉排成一字形，人人双手操铳(旧时火器)，由乡农会主任顾礼根宣布大会开始，只听得一声“放铳”，8支铳点火齐鸣，全体代表和早已站立在道地周围的群众热烈鼓掌，气氛十分热烈。

开会期间，乡里有人提议，我们能否将乡里这次大会的情况给毛主席写一封信，做个汇报？这真是一个大胆的建议。那信由谁来写呢？大家让只读过一年简师、被称为“小知识分子”的我来写，我说：“让我试试看吧！”我在会场一角马上动笔写起来。

信中报告了在毛主席关于“增加生产，厉行节约，支援中国人民志愿军抗美援朝”的伟大号召下，全乡发展生产、改善生活的情景。此时，全乡农民参加农业互助组的已占总数的90%。组织互助组以后，提前完成了生产任务，开挖了河沟，改良了土壤，全乡联合出资购置了仓前乡历史上第一台抽水机，还有10架大水车、36辆羊角车、9台喷雾器，还养了107头肉猪。信里讲的是仓前全乡的情况，当然更反映了其中的仓前村情况。

我将匆促写好的草稿在大会上读了一遍，并征求大家的意见，会场上发出了一阵热烈的掌声。这是给毛主席写信呀，那怎么寄出去呢？我们商量后寄给了《浙江日报》编辑部，请报社同志转寄到北京去。

1953年1月1日，《浙江日报》第5版果真将我们写给毛主席的信登了出来。这是我亲手写的文字第一次变成印刷体，后来第一次收到报社寄来的稿费，这对我、对大家都是一个惊喜！

办社过程

1953年春天，仓前农业生产合作社的筹建工作开始启动。

首先是广泛宣传教育，发动报名。重点宣传中共中央关于农村实行互助合作的两个决议，同时宣传办初级农业合作社的方针、政策和具体办法，主要强调自愿互利以及不准排斥中农和单干户的原则等。宣传形式是召开大会宣讲，还在活动场所盛家庵小天井里搭起了一个土广播台，用铁皮做了一只大喇叭，向全村反复宣讲。同时，以沈洪喜互助组为基础，进行入社报名；互助组长沈洪喜和团支部书记梅春法临时负责建立办社筹备组，开始“搭架子”。进而召开仓前初级农业社成立大会，宣布批准入社的社员名单。经批准入社的共有23户，其中包括一户羊头坝农户曹金奎。在筹委会领导下，选举产生合作社管理委员会和监察委员会，村团支部书记、共产党员梅春法当选为社长，曹金奎当选为副社长，原互助组长沈洪喜当选为监察委员会主任。

要求处理好入社的相关政策，主要是制订土地和劳动力分红比例、大型农具使用办法、少量树木入社计价、青苗估价折算、生产资金投资等具体政策。

初级社的喜与忧

初级社办起来以后，大伙都有一股新鲜感和光荣感，积极性高涨。社员们首先投入春花作物的培育管理，抓得很紧、很细，在科学技术和精耕细作方面超过了以往。办社第一年春季，作物就获得了丰收。

1953 年这一年，仓前初级社养了 38 张春蚕种，由于连日下雨不止，雨水过多，桑叶减产严重，一匾匾的蚕宝宝昂起头等蚕叶吃，而桑叶又供不上，如果过不了这一关，对刚刚办起来的农业社将是一个致命的打击。大家像热锅上的蚂蚁，急得团团转。在这样的情况下，我和社干部一起到乔司劳改农场借来了一辆大货车，冒雨外出购叶。

整整三天，大雨滂沱，我们先到嘉兴，又到平湖，冒雨求助。那里多数地方也缺，当了解到有的地方可以调剂一些出来时，我们真是喜出望外，把桑叶当成宝贝一样，这几担、那几担，死拖活拖地搬了回来。

在寻叶、买叶的那些日子里，我们几个人饱一顿、饿一顿，衣服被雨水浸透了，用体温去烘干，干了再湿，湿了再干，全然顾不了。回来后，我终因饱受风寒、劳累过度病倒了。当时的村妇女主任、养蚕共育室负责人梅桂英大妈拎着一篮鸡蛋到乡政府来看我。我怎么能收呢,这是她家自养的鸡生的呀!她家孩子又多,生活还是很拮据的。我见到她如同见到亲人,尤其是在生病时,至今难忘。她坐到我的床沿,把我被子掖了掖,慈祥地说:"小张啊,侬是为得阿拉社里几匾蚕宝宝拖倒咯……"还有一些社员群众也到乡里来看我,安慰我,鼓励我,不是亲人胜似亲人。这一场战斗把全社的社员都动员起来、团结起来了。"大眠眠出,状元考出",最后,蚕宝宝全部上了山,获得了办社以后第一个蚕茧丰收年。

这个社 1953 年由于新修了水利,选用了优良品种,推广了"任国栋工作方法",坚持适度密植等技术措施,络麻产量超过了往年。"台湾种"的亩产达到 400 多斤,品质也有提高,明显高于周边互助组,合作社的长处就这样显露出来了。

年底,我们总结出了初级社的"十大优越性",如能充分利用劳动力,把妇女和半劳力组织起来,人尽其才、物尽其用,推广科学技术,发挥土地潜力,提高产量等。合作社在增加社员收入的前提下提取了公共积累,以扩大再生产,还一次交足了农业税,带头完成了国家交给的各项任务等。

1954 年冬天,仓前初级社乘胜实行"扩社",扩大到吴郭村的部分农户,共 175 户。

农业社里活跃的文化生活

20 世纪 50 年代初期, 仓前村随着农业合作化进程的推进,农民文化生活日益丰富多彩,仓前农民俱乐部当时在乔司区办得小名气。

1955 年冬,杭县各乡村农村俱乐部汇集临平,举办文艺大汇演、大比赛，这是各个俱乐部大显身手的好机会。仓前俱乐部主任朱百囡从县里接受任务回村时，急得团团转。当时有文化、懂专业的人员实在找不到，人手少，又没有辅导老师，没有节目内容，无从着手。左思右想只能把当时负责仓前村施教区的翁梅乡中心小学老师叶玲玲聘为辅导员。但对这么一个刚出校门、稚气未脱的17岁小老师怎么放心得了？只能勉强凑凑数吧！大家群策群力，围绕主题、素材、演员、表演形式等一一商讨。大家想到，当时仓前农业合作社办得红红火火，这不是现成的最好题材吗？便一锤定音，就地取材，大胆地自编自导，自拉自唱，一出《歌颂农业生产合作化好》的歌舞表演出笼了。

从领舞到群舞，以青年团员张水虎、金珍珠为主角的六对男女小年轻登台了。场面相当热闹，节目主题鲜明、紧跟形势，又有独创精神，演员们歌声嘹亮、动作整齐、舞姿优美，处处洋溢着青春活力。服饰也统一了起来，小伙子清一色中山装（当时蓝色中山装是最时髦的装束），姑娘们穿着朵朵红花的对襟外衣，藏青色的裤子，辫梢扎个红绸蝴蝶结，长辫子一甩一甩的。她们虽然羞羞答答，却没有一点造作，每个动作的切换，结束时的造型，都引来台下观众的声声叫好。足足三个白天连晚上的农闲时间，比赛在临平戏馆落下帷幕。真是百花齐放，大家开了眼界，饱了眼福，交流经验，互相切磋学习，个个满载而归。评比揭晓，仓前村农民俱乐部摘得全县桂冠，《歌颂农业生产合作化好》获得第一名。这可把大家乐坏了，一面大红锦旗高挂在盛家庵的活动中心，这是大家为仓前农业合作社争的光。后来男女主角张水虎、金珍珠真的结成了“百年之好”。

想想当年还真是难得，新中国成立初，农村封建意识还很浓，大姑娘在外面抛头露面不多见，况且她们没有读过书，在民校只识了几个字，在本村俱乐部只参加一些小活动，这次外出参加这么大型的汇演，粉墨登场还是第一遭。有的爹娘还不肯把她们放出来，因为要自带被头铺盖在临平西苗行过夜，经过动员再动员才得到同意，这也是当时时代的局限。

民校与俱乐部

新中国成立了，贫苦农民在政治上当家做主，经济上翻了身，没有读过书的大批青年迫切希望摘掉"睁眼瞎"的帽子。在识字扫盲运动中，仓前农业合作社和仓前村不甘落后，他们的民校校址就设在村活动中心盛家庵。师资以小学老师兼职，后聘请了民校老师，识字课本是统一发的，内容都是贴近群众生活的常用字，学得会，记得牢。

当夜幕降临，汽油灯把盛家庵照得里外通明。学员们背着"嫁篰"陆续汇集到这里，他们双手不停地"接嫁"（将麻皮梳理成细条，一条条手工打结连起来，作织麻布时用的由梭子带动的纬线），嘴里跟着老师学唱革命歌曲。有时俱乐部还组织大家来个节目，跳个舞；有时读报，学政治，这都是青年们最开心的。等到学员到得差不多了，上课识字开始了，当然是男学员胆子大："毛主席、共产党、工人、农民……"喉音也响，女学员跟着，把宁静的盛家庵嚷得震天响，把村里的老年农民也吸引了进来，盛家庵夜夜都挤得满满当当，为了争取早日扫盲，人人兴致勃勃，个个热情高涨。一年四季风雨无阻，等到夜晚 9 时过后，村民大会才正式开始，乡驻社干部和村社干部有时讲时事，宣传合作化好处，宣讲络麻生产技术，有时传达上级指示，但都是以识字扫盲为先，会议随后，日复一日，夜夜如此。

有一批好的办社骨干

办农业合作社究竟靠什么？靠党的领导，靠广大社员群众的觉悟，而这些都要通过党、团员干部的模范行动来具体体现。下面这一群人至今仍在我脑海中留下印象。

梅春法：社长，村团支部书记，是1953年入党的中共党员。他既是一个好劳动力，又是村上唯一一个高小生。他中等个子，黝黑的面庞，身体结实，平时言语不多，办事精干，为人憨厚，性格乐观平和，老小和气。他当选农业社社长之后，就把二十几户人家的这副担子挑了起来，白天与社员一起劳动，晚上开会议事，几乎天天到深夜，从不叫累。对社里的事"合身扑"，得到了社员们的信赖。至于村团支部书记的工作，他仍兼着。记得我还同他一起到团省委参加了一次座谈会，由他汇报杭县仓前农业社的团支部工作。

在合作社巩固发展长长的进程中，梅春法总是把自己的命运同合作社紧紧地联接在一起，表现出特有的执着和韧性。他"听毛主席的话，跟共产党走"的信念从不动摇，遇到问题时也能积极应对。社会上掀起闹事和退社的风潮时，有两户社员要求退社，他就对他们说："入社自愿，退社自由，这是社章规定了的，我们可以同意，但你们自己一定要想清楚这件事。"后来，有一户退了社的社员又重新回来时，社里照样欢迎他。当然，梅春法所守护的这块农村阵地也不是一成不变。后来，他辗转到了公社机关，曾在双林公社管理区任代理书记。国家经济困难时期，他承担任务又被动员回到了大队。

沈洪喜：又名毛和尚，是一位优秀的互助组长，在全乡称得上冒尖。他不识字，但有管理才能，也打得开情面，在群众中威信很高。多数社干部会议在他家召开，熬夜到 12 点是家常便饭。他儿子还很小，媳妇去世得早，他又做爹又做娘，走到哪里儿子跟到哪里，一步也不肯离开他，大家叫他“沿壁子”。每夜开会，孩子总在他身上睡着，也真是可怜，但为了社务，他从无怨言。

沈寿根：又名毛法，农业社会计。他的工作量特别大，白天劳动不少做，晚上会议不少参加，但账目搞得很清楚，被称为“社里的红管家”。

梅桂英：村妇女主任，又是养蚕共育室负责人，她做到了以共育室为家，与蚕宝宝“同呼吸、共命运”。她工作责任心强，活动能力也强，讲话有号召力，办事干练，能顾全大局，全村男男女女都服她。

胡阿堂：家里贫穷，子女多，吃口重，一直住在一间“直头草舍”里。平时态度差（当地人称他“吃相难看”），开会好打头炮，跟人说话好像吵架一样，但为人正派、耿直，还常常为别人打抱不平，从不占公家半分便宜，是一个“说一不二”的硬汉子。

顾浩生：矮老头，典型的老农，劳动勤恳，讲话实在，开会次次到，也是一心为了“合作社好”。

盛炳荣：中年人，对农业社很热心，对自身利益看得不太重，评分时，很少为自己争工分，社里的事同他很有商量头。

陈志兴：青年团员，村团支部骨干，对公家事非常热心，完全丢开个人利益也办得到。为人诚实，吃得起苦，但缺乏主见，吃了亏自己还蒙在鼓里，被人称为“老实头菩萨”。

张水虎：小青年，青年团员，既是团支部骨干，又是合作社积极分子，也是民校和俱乐部的活跃分子，思维活跃，学习和工作都很努力。

金珍珠：小青年，女青年团员，是一个“身兼数职”的积极分子。

黄米娥：女青年，团支部骨干，她家在仓前村小星桥边开一爿小店，但任何时候有事叫她，随叫随到，要她开会发通知，从不误事，也从不拿报酬，口头禅是“这么一点小事嘛”！

他们的共同特点是工作勤恳、吃苦在前、以身作则、不计报酬、同社员联系密切，是村社的骨干，社员的贴心人。

“初级”升“高级”矛盾多

1955 年，作为老社的仓前初级社，经干部和社员讨论，并经上级批准转为高级农业社，入社农户增加到 536 户，但高级社取消了土地分红。初级社转高级社以后，工作要困难得多，突出的一条是许多中农认为“萝卜夹肉烧”，中农明显“吃亏”，情绪比较低落。其实，在初级社阶段有些问题已露头，但被“基本好”这一概括性总结掩盖和支撑着，到了高级社阶段，有些问题就表象化了。由于农业合作社内部固有的一些弊端，加之领导和管理工作跟不上，干部忙得团团转，社员吃大锅饭，“自留地上做脱力，集体生产出工不出力”的现象很明显。

就计酬方式来说，开始时沿用互助组的办法，似乎不行。后来想了许多办法，评定底分、死分活评、小段包工等，花样经常翻新，但总是找不到灵丹妙药。评分时有时争得面红耳赤，有时大家“吃闷酒”谁都不开口，有时不欢而散。几乎夜夜弄到十一二点甚至到凌晨 1 点，眼睛熬红了也无济于事，就算党、团员带头谦让，一次两次可以，长年累月，总不能用觉悟代替政策吧。从初级社到高级社，在管理上碰到的这类问题是最大的难题。

重读《中国农村的社会主义高潮》

1956年,毛泽东主席主持选编的《中国农村的社会主义高潮》一书出版发行,他亲自写了序言。全书分上、中、下三册,编入了176篇文章,90万字,全部来自基层。毛主席阅读后写"编者按语"的有104篇之多,可见细致入微,用心良苦。其中我们浙江就有8篇,如慈溪县五洞闸农业社就为全省干部群众所熟知。这是我很珍贵的一本藏书,在回顾农业合作化这段历史时总是去翻阅这本书,因为它浓缩了这么多农村基层干部的心血和广大农民兄弟在那段时间所做的一切,而我作为一个当年的"办社干部",对此特有感情。

再到仓前

具有里程碑意义的党的十一届三中全会揭开了中国历史的崭新一页,农村改革的序幕也由此拉开。半个世纪过去了,2010年3月13日这一天,我与老伴叶玲玲有机会再踏上年轻时为之奋斗过的这块熟悉而又陌生了的土地,我们的心情无比激动。春法、水虎、珍珠等当年的小伙伴,如今都已是饱经风霜、白发苍苍、儿孙满堂。数不尽的家常,让我们仿佛又回到了20世纪50年代激情燃烧的岁月。小星桥下的河水依旧在静静地流淌,但这里的一切已发生了巨变,不可与往昔同日而语了。现在小星桥属于临平区南苑街道高地社区的一个村落,生产结构发生了根本变化,人民的衣食住行日新月异,处处都呈现了生机勃勃、欣欣向荣的景象,表现出了改革开放的无限生机。

今年春节期间,我们夫妻在回忆仓前往事时,与当年高级社社长梅春法的大儿子梅金根通了电话,知悉当年办社至今健在的老人还有三位，一位是当年身兼数职的积极分子、青年团员金珍珠，一位是农业合作社团支部委员黄米凤，一位是社员徐根法。他们都已九十岁上下了，而今儿孙满堂、幸福满满。梅金根今年也七十多岁了，前几年他与家人去了“北上广”、“珠澳港”、海南、重庆、新疆、青海、台湾等地旅游，游遍了祖国的大好河山，还到过“新马泰”、日本等国。他说：“芝麻开花节节高，我们农民生活过得有滋有味，真是祖国强大，人民幸福啊。”

大家坚信，南苑的明天一定会更加美好！

消失的赭山港路

◆胡廷煌

你知道临平的赭山港路吗？你知道赭山港路在什么地方吗？你知道赭山港路在百年之前一分为二吗？你知道赭山港路是怎么消失的吗？这些疑问只有上了年纪的老临平人才知道。

赭山港路是临平南出的要道

临平有千年历史，在千年历史中，涌现出了不少有厚重历史的街路。赭山港路与北大街、西大街、东大街一样，是一条很有历史的老路，而且是一条伸向农村，南出临平的重要通道。

赭山港路南北走向，石板路面，北起里仁桥（今东湖立交桥下，上塘河南），南至午潮庙，长330米。北段东面临赭山港，西面为一至二层砖木结构、粉墙黛瓦的清式建筑，大都是居民住宅；南段为双面街，两边均为一至二层砖木或泥木结构的旧式建筑，大多是店铺。

赭山港路在午潮庙处突然向东打弯，爬上赭山港堤后，在近3米宽的堤塘脊背上向南延伸，是通向翁梅、乔司等地的通道。临平人南出，大多走这条泥路。《1953年临平镇示意图》标示“通翁梅乡”。1956 年 2 月，杭州 9 路公交车自乔司延伸到临平。也就是说，从那时起临平到杭州有了公路，这条塘路才渐渐失去了往日繁忙。

铁路将赭山港路劈成两路

1908 年（清光绪三十四年），商办苏杭甬铁路（沪杭铁路）杭州经临平至长安段通车，也就是这一年，赭山港路被铁路拦腰劈断，成为两路，并在两路中间设立临平铁路东道口。南段改名为东安路，北段依旧为赭山港路。赭山港路南起铁路东道口，北至里仁桥，长 177 米，宽 5 米，1988 年浇制水泥路；东安路南起午潮庙，北至铁路东道口，长 150 米，宽 3.3 米，1985 年浇制水泥路。《临平镇志》的《临平镇图》标明，东安路并不局限于午潮庙到铁路东道口，而是铁路东道口至翁梅的塘路统称为东安路。

铁路将赭山港路劈成两路，也就是说赭山港路和东安路已“分家”有 100 多年历史了。

中华人民共和国成立初，启悟小学就设在赭山港路上。

东安路成了被遗忘的道路

赭山港路劈成两半后，南段东安路却成了被遗忘的道路。

东安路沿街的陈旧店面房子是赭山港路遗存，居民大部分是城镇户口，房产和居民归属临平镇管理。然东安路之所以取名东安路，是因为这条路在双林公社东安大队地盘上，农居房穿插路中，农田包裹着这条路，农居房、农田归属双林公社管理。在“划地为牢”、层层管理的年月，东安路是临平镇上唯一一条双重管理的道路。

双重管理往往双重叠加管理或双重疏于管理。东安路上的相关事务，要么双方均去落实和督查，结果重复落实督查，当事人迎来送往两拨人，怨声载道；要么双方都以为对方会落实和督查，结果两头脱空，当事人“闷在锅里”，埋怨有关部门不重视；有些事务相互推诿、相互扯皮，弄得当事人无所适从，不知如何是好。时间一长，双方懒于管理，东安路成了一条被遗忘的道路。

由于被遗忘，在很长的时间里，东安路日复一日，“山河”依旧。

南段成为外来务工者一条街

20 世纪 90 年代初，双林乡(原双林公社)撤销，辖区归临平城区管理，一直闹心的东安路双重管理问题终于得到彻底解决，赭山港路和东安路迎来了发展机遇。

随着临平城区的不断拓展，外来人口的不断涌入，赭山港路和东安路开始繁华起来。赭山港路一直是条半边街，半边街有半边街的优势，各种餐饮业汇聚赭山港路，该路成了名副其实的美食半边街，尤其到了晚上，一桌桌吃夜宵的人们的谈笑声、吆喝声，和着菜香、酒香飘荡在夜空中，引得人们食欲大增。东安路成了外来务工者一条街：卖早点的、卖水果的、卖家具的、卖衣服的、卖酒水的、箍桶的、弹花的……各种迎合外来务工者需求的商品和手艺集聚在一起，熙熙攘攘的人流、挤挤挨挨的物流，形成了临平镇上一道繁闹的风景。

一直不被人看好的赭山港路和东安路，一直沉寂的赭山港路和东安路，尤其一直被遗忘的东安路，瞬间闹猛起来，使临平人不得不对两条路刮目相看。

赭山港路消失在东湖立交桥下

赭山港路和东安路繁华的背后弊端凸显，道路狭窄、交通阻塞、设施陈旧，脏、乱、差现象与临平副城形象极不协调。尤其是东安路南段，还停留在原始的泥路，更显狭小、陈旧、落后，成了城市难以掩饰的一道疤痕。随着临平城市建设的不断拓展，赭山港路和东安路已与现代化城市的差距越拉越大，建设和改造赭山港路和东安路迫在眉睫。

20 世纪 90 年代末开始，随着沪杭铁路的南移、东湖立交桥建成并投入使用、藕花洲大街东延工程全力推进、赭山港治理工程全面落实，赭山港路和东安路先后消失。赭山港路成了立交桥西匝道，东安路成了立交桥西匝道一部分和藕花洲大街一部分。

经过改造后，赭山港路和东安路消失了，城市疤痕也随之消失了，城市变美丽了。

历史成就了赭山港路的悠远历史，沪杭铁路成就了赭山港路的一分为二，经济社会发展成就了赭山港路的繁华和消失。赭山港路，是临平历史和发展的缩影，是临平城市长高、长大、变美的见证。

曹泥船:船厂与地名的故事

◆胡廷煌

什么是曹泥船?曹泥船派什么用场?曹泥船在什么地方?曹泥船有什么历史?一连串的问句,许多人也许答不上来,许多人也许会觉得很好奇。

答不上来与好奇是可以理解的,毕竟曹泥船“沉没”许多年了。笔者也是从答不上来与好奇中,查阅了一些资料才使曹泥船显山露水的。这才有信心向读者解答这些问题。

临平是水上交通的重要通道

临平在杭嘉湖平原北端,属水网地带,这给水上交通创造了得天独厚的条件。在交通落后的年代,临平主要依靠水上运输。临平是水上交通重镇,水上交通又给临平创造了生存和发展机遇。据《临平镇志》记载,明代以前,上塘河是杭州通往嘉兴的重要通道。也就是说,明代以前,临平就奠定了水上交通重镇的地位。

临平过去水上运输用的是牛拖船。牛拖船木质构造,宽体平底,一头或数头水牛拖着三四只或五六只船只,船只载着货物或旅客往返于临平与乔司等地。上塘河水浅时,牛拖船也会往返于临平与杭州艮山门之间。这些奇特的水上运输方式,是临平特有的,直到20世纪70年代初才停止运营。临平过去农用船主要是捻(罱)泥船。捻泥船吨位不大、船体平稳、船沿较宽,捻泥人站在船沿上,操纵长长的捻杆从河底夹起肥沃的河泥放入船舱,然后施用于桑地和农田。河泥是桑树和农作物的上好肥料。生产、出售、出租捻泥船的业主为曹姓,故临平人将捻泥船称为曹泥船。同时,将生产、出售、出租捻泥船的地方也称之为曹泥船。

中华人民共和国成立后,曹泥船厂也生产内河水上运输船,对临平的航运事业曾做出过积极贡献。

曹泥船是临平农民的重要农具

曹泥船厂在上塘河南,藉山港东,原沪杭铁路北,现在的东湖立交桥东下侧。曹泥船,不仅是造船、卖船、租船的地方,也是居民居住的地方。《1953年临平镇示意图》标注:曹泥船在藉山港东,北起里仁桥,南至戴家桥。

曹泥船厂创始于明代,是个历史悠久的手工作坊式的松散船厂,主要为临平一带农村生产捻河泥用的木船,后也生产水上运输的木船。曹泥船厂生产的捻泥或用于运输的木船大小合适、制作精良、质量上乘,适合临平一带农村需要。买得起船的农民买船,买不起船的租船。曹泥船厂以造船、卖船、租船的灵活经营方式,深受临平一带农民欢迎,生意一直不错,名气也随之不断扩大,经营场地也随之不断扩大。

曹泥船在发展中逐步"沉没"

中华人民共和国成立后，成立临平高级运输合作社，曹泥船厂业主成了合作社成员。进入合作社后，曹泥船厂在生产曹泥船的同时，开始生产内河水上运输木船。后体制几经变化，曹泥船厂也在拆、扩、并中几经变化，但它的经营方式却一直没变。随着陆上交通的发展，水上运输不再是唯一选择，曹泥船厂经营效益开始下滑；随着不同材质船只的兴起和机器动力船只的发展，木质和吨位不大的曹泥船逐步被淘汰。在多种原因的冲击下，曹泥船厂的造船、卖船、租船业逐步走向衰落，只能勉强维持生计。1984 年 4 月，亭趾租赁的最后一只用于航运的船只报废，曹泥船厂的造船、卖船和租船业宣告结束。

曹泥船厂从明代创业，一步步走向辉煌，又在辉煌中不善思变，一步步走向衰落，最后"沉没"在飞速发展的大海中。

曹泥船走向沉没的主要原因

有需求，才有市场。曹泥船厂的成功，是迎合了相当长一个时期经济社会发展的需要；曹泥船厂的消失，是错过了当时经济社会发展的需要。

随着铁路、公路等交通工具的发展，水上运输不再是人们的唯一选择，水上运输量大量下滑，曹泥船厂的经营业绩受到正面冲击。随着水泥、玻璃钢、铁质船只的兴起，内河运输船只在不断发展和变化。船只越造越大，载重量越来越大，曹泥船厂却仍然停留在生产小吨位木质船只的规模上，这种小农经济的小打小闹，跟不上时代发展步伐，必然会失去市场。内河船只动力也从人工、风力改成机器，速度大大提高，曹泥船厂虽然一度生产挂浆机船只,但缺少战略眼光,得过且过,总是慢一拍,滞后于别人,势必会被市场淘汰。船厂经营体制落后,跟不上时代发展步伐。曹泥船厂虽然有造船、卖船、租船的灵活经营方式,但缺乏现代经营体制和管理模式,沉睡在“大锅饭”的美梦中,与需求脱轨、与市场脱节,必然会在经济大潮中翻船“沉没”。

成也曹泥船,败也曹泥船。曹泥船的成功与失败,都是经济社会发展的必然结果。

曹泥船沉没后成了临平地名

曹泥船厂从明代创业,到 1984 年结束,有数百年历史。但在数百年中,曹姓业主都在家乡结婚成家繁育后代。成立临平高级运输合作社后,曹姓业主成了合作社成员,部分有了城镇居民身份,成了临平街上人。身份的改变,也改变了曹姓业主们的生存和生活方式,他们其中的一部分人开始在临平定居。部分曹姓业主们在临平经过数代繁衍后,人口逐渐扩大,原来的厂房大都改成了居住房屋,曹泥船成了居民居住地。在造船、卖船、租船业结束后,“曹泥船”成了临平一个实实在在的地名。

20 世纪 80 年代,曹泥船的房屋一律坐东朝西,从上塘河南起,一直到原沪杭铁路止。清一色的高大平房,上盖黑色土瓦,门面大多是木质排门;门前到赭山港是一长溜泥道地,曾经是造船和修船的露天工场。

《1953 年临平镇示意图》标有“曹泥船”地名,证明那时曹泥船不仅是造船、修船、租船的地方,而且也是曹姓居民居住的地方。笔者有个曹姓后代的同事,她家就在曹泥船。

20 世纪 90 年代末,曹泥船在东湖立交桥建设中淹没。

曹泥船在历史发展中崛起,在历史发展中"沉没",从一个侧面记录了临平发展和演变的过程。历史记录了曹泥船,是因为曹泥船对临平的经济社会建设做出过不俗的贡献;人们回忆曹泥船,是因为曹泥船曾经是他们居住和生活的地方。

南苑围垦故事

◆姚水林

今天的下沙属于杭州市钱塘区，是杭州城区东部著名的大学城和新兴产业园区。但是，1970 年，这里还属于临平，并且是一片钱塘江潮水肆虐的沙地滩涂。要不是临平 10 个公社的农民，用了整整 10 年时间，在这里完成了一项惊天地、泣鬼神的伟大工程——下沙围垦，下沙可能不会是今天欣欣向荣的样子。

下沙围垦是临平区历史上一次空前绝后的大水利、大生产运动。如果从 1953 年治理钱塘江北岸的坍江算起，下沙围垦前后实际上经历了 28 年的时间。在这段时间里，临平人民以大无畏的精神，用最原始的工具和人海战术，硬是从钱塘江汹涌潮水的吞噬里，用围堰的办法，跟潮水夺田筑堤造地共 10 万余亩。

钱塘江大潮举世闻名，历代文人墨客更是对它赞赏有加。但是，在沿江百姓的眼里，钱江潮带来的却是灾难。钱江潮不仅潮猛流急，而且夹带大量泥沙，加上昼夜两次周而复始，如果遇到大潮、台风、暴雨“三碰头”的极端气候，江潮、海啸加上钱塘江上游下来夹底搅的洪水一起袭来，钱江两岸的土地和人民就会厄运难逃。大水一来，堤岸坍塌，田地瞬间成片地坠入激流之中。大水过后，江槽改道，岸线崩退，两岸滩涂哀鸿遍地，人民流离失所。

1953 年前后，下沙地区再次面临坍江的厄运，仅翁家埠盐区，就有翁东、翁中、翁西等两个半乡坍沉，坍塌田地 2 万多亩，受灾群众 916 户 4087 人。1956 年 8 月，强台风裹挟钱江大潮又一次袭击下沙地区，七格、中沙等 5 个农业高级社全部被淹。下沙高级社社员戴阿正在潮水来袭时，身背 70 多岁的老母、手牵 2 岁多的儿子逃命，却不料儿子脱手被潮水卷走。

两次坍江灾害，给沿江人民造成了极大的生命和财产损失，新生的人民政府看在眼里，急在心里。人民政府在抢险救灾的同时，组织和发动乔司农场、下沙公社的农民，开始了艰苦卓绝的抛石堵口、筑堤围坝、保滩护岸的永久性工程。至 1965 年，钱塘江北岸的临平先后完成了一号大堤，筑堤 9700 米，围涂 15300 亩；二号大堤，筑堤 7650 米，围涂 13100 亩；三号大堤，筑堤 19640 米，围涂 33200 亩；四格围堤，筑堤 2229 米，围涂 1345 亩。至此，在钱江北岸，汹涌的钱塘江大潮终于被挡在了堤岸之外，乔司农场和下沙地区的人民不仅有了安身立命的土地，而且，随着江堤的不再游移，堤外又形成了大片滩涂，为以后的下沙围垦大会战创造了条件。

时间到了 1970 年，"农业学大寨"运动风起云涌，初尝筑堤围垦甜头又缺地少粮的下沙地区的下沙、九堡、乔司、翁梅四个公社的部分生产队，把眼睛盯在了江堤外大片淤积的滩涂上，他们开始自发地组织劳力，尝试进行小规模围垦，少则十几亩，多则几十亩。由于是自发行为，各生产队之间难免为争抢沙滩发生矛盾。其间，还因缺乏统一规划，块石等材料准备不足，加上急于求成，坝体不坚固等因素，每遇稍大一点的潮水，围圩就会被冲毁。

1971年2月，余杭县委成立了以副书记王祖庭为分管领导的围垦海涂联合指挥部，并把张承模同志调派到由下沙、九堡、乔司、翁梅4个公社组成的围垦指挥部工作。就这样，近2万民工参加的“四社联围”战役打响，当年就筑成四号大堤4764米，围地3630亩；次年再战，拿下五号大堤3412米，围地4283亩；再次年，一鼓作气攻克六号大堤5820米，围地3069亩。

四社联围，三战三捷。正在人们欢欣鼓舞，准备乘胜追击，取得更大成就的时候，1974年8月19日的一场强台风、暴雨、大潮“三碰头”灾难再次袭击下沙，新筑的四号、五号、六号大堤中的11538米大堤和圩内新围的万亩田地被冲得荡然无存，几年辛苦化作一片汪洋，满眼尽是凄凉疮痍。各公社指挥所，大队、生产队居住点，畜牧场，指挥部的渔业队及农具、家具全部被卷入钱塘江，逃出来的灾民在残存的堤岸上哭嚎，江面上漂浮着家什、农具和落水者挣扎着的身影……这场灾难不仅让几年围垦的成果付诸东流，而且又使下沙地区的人民付出了沉重的生命和财产代价。共计损失瓦房364间，卷走草舍3544间，被潮水卷往钱江对岸萧山的20多人中，遇难4人。

自四社联围开始，余杭县委已经直接参与了下沙围垦的组织和指挥工作。时任围垦总指挥的县委副书记王祖庭等一班人，面对潮水过后的惨状，承受着方方面面的压力。他们总结了三年围垦毁于一旦的教训：急于求成，抛塘石料跟不上工程进度。他们决心重整旗鼓再战一次。

围垦指挥部的意见得到了县委的支持，并根据围垦与治江相结合的工程要求，决定扩增参围单位，在前期4个公社的基础上，增加了星桥、小林、双林、亭趾、五杭、博陆6个公社。工地上十社连营，下沙围垦增加了以基干民兵为骨干的数万生力军，他们以军人的作风投入战斗，起早摸黑，你追我赶，仅用5天时间，就挑土45.4万方，修复被毁大堤2000余米……在他们的感召下，原先参围的4个公社的“老围垦”们也不甘示弱，2万多人参战，仅用7天时间，就完成了四、五、六号8902米被毁大堤，重新围涂10982亩。

下沙围垦历时十年，从“四社联围”到“十社连营”，经历了“五坍十三围”，共投放劳动力870余万工，围堤64130米，完成土方2100余万方，石方72余万方，取得了向钱塘江滩涂“夺地”46933亩的辉煌战绩。

如今的临平区南苑街道是以当初的翁梅公社为主体新成立的乡镇一级行政单位，因此，要讲南苑街道的围垦故事，也就要讲一讲翁梅公社的围垦故事。

1971年2月下旬，浩浩荡荡的围垦大军上了下沙海塘，远离海塘的翁梅公社的群众，都自带稻草、竹竿在沙滩上搭起了临时居住的又矮又小的草棚（称为“沙头舍”）。有的生产队还搭了供集体用的草舍，作为临时休息处，还能放一些生产工具。他们都自带粮食、蔬菜住在站立不直的小草舍里，吃的是冷饭、干菜、萝卜干，喝的是咸水。自此，他们开始了炎日无处遮阴、下雨无处藏身，晴天一身灰、雨天一身泥，日行几十里、劳动超工时（10小时）的围垦生活。

1971年农历二月初三、初四大潮日，潮水横冲直撞呼啸而来，又在海塘老堤（三号大堤）一撞而后形成了气势更大的“回头潮”，翁梅公社参与新围的四号大堤首当其冲，出现了随时都有可能被“奔通”、被冲坍的险情。在这生死攸关的时刻，翁梅公社抢险值班的人没有一个人退却，没有一个人逃跑，人人只有一个行动，紧提铁耙、土箕、草包，不时地堵住被冲破的缺口。

1971 年 3 月 9 日，又是农历三月初三，钱塘江大潮按时到来。傍晚，乔司护堤段有一个“小丁坝”被急水冲垮，同时冲出了一个深潭，情况危急。当时有 381 人在现场抢险，其中就有翁梅公社新谊大队的围垦人。新谊大队党支部委员翁敏正在扒土时，指甲都扒脱了，仍坚持不下火线。终于，27 个“天打洞”全部被补上，避免了一次重大损失和灾难。

在围垦过程中，建闸“抢底”最艰苦。4 月 3 日，参加抢底战斗的翁梅、九堡等公社的围垦人，奋战了一个通宵，计划一早“抢底”，却意外遇上了“抬沙土”，上午挖掉 60 厘米，下午反而抬高了 1 米，于是只能再挖一次。这一天他们分两班坚持日夜 24 小时连轴干。可是，随着底脚越挖越深，塌方也就越来越严重，不巧的是，其间一直在下大雨，最后就成了一池“豆腐浆”，人也走不下去了。好在此时，下沙公社东方红大队党支部书记带了 180 名社员前来支援，他们在四周又筑了一道石墙，终于止住了塌方。经过几天奋战，土方挖到 2.8 米标高，全闸的抢底任务完成。在那一天一夜里，参加“抢底”的翁梅、九堡人，连续作战 20 小时，光抛下去的块石就有 400 多吨。

据当时的资料统计，仅 1971 年第三期围垦，翁梅公社就派出劳动力 5255 人，这在当时几乎是一个公社的全部劳动力了。这些劳动力当然也包括女同志，翁梅公社东升、新丰两个大队当时就有 170 名妇女上了围垦工地，里面有梳着麻花辫的大姑娘，有盘着田螺头的壮年农妇，她们战胜了生理上的困难，在围垦工地上人人蓬头垢面，却大显“娘子军”的英姿。

男劳力参加围垦更是义不容辞了。新丰大队蚕桑队 74 岁的朱南兴和 16 岁的宋水林是翁梅公社参加围垦的人里面年龄最老和最小的一对，曾被传为佳话。青年突击队的活动十分活跃，新谊大队 25 名青年冒雨突击挑土筑堤不停，直到指挥部广播了因雨暂时收工的紧急通知后才罢。红丰生产队有 6 位年轻人开夜工突击挑土，竟从晚上一直干到次日凌晨 4 点钟，还把土专往两个生产队的交界线倒，使原来的“矛盾线”变成了“友谊线”。红星、红专、兴中生产队的“青年突击队”早晨 5 点就开早工，有的甚至在天寒地冻的时候，挑埂头挑到汗流浃背，打赤膊。他们体力消耗已到了极致，还是咬紧牙关要为把潮起潮落的海涂变成良田而贡献自己的青春年华。

普通社员拼命干，公社、大队的领导也是天天在工地，公社机关“倾巢”而出，全搬到了工地，当时的翁梅公社，机关只剩了两个人：一个是管图章的公社文书，一个是电话总机值班员。党委书记及全体干部都亲自带领围垦人战斗在最前线，每一位大队支书首先是一个挑土的劳动力，然后才是一个大队组织者和指挥员。

今年 70 岁的原红联大队竹管井人宣松兴老伯，第一次参加围垦时才虚岁 17，在回忆当时的情况时说：“我虽然年龄小，挑土也跟正劳力接担，150 斤的土担要走 15 米至 30 米。”邬家埭的邬小金今年 87 岁，是 1956 年参军，1966 年退伍的老兵，是 1970 年起的 10 年大围垦的全程参加者，他说：“田庄做了几十年，就数围垦最艰苦，最长的一次在围垦工地干了 20 多天。”

那一天，我们在南苑街道新乡贤联谊会还见到了其他十几位下沙围垦的亲历者，他们是沈孟世村的王松林、木梳庄的俞福兴、王家埭的吴浓根、东村角的钟其仁、12 队今年已经 86 岁的沈建方，还有朱柏林等其他几位七八十岁的老人。

在十年围垦的岁月里，在“四社联围”“十社连营”“五坍十三围”的战斗中，这些南苑街道的前辈们，大多数妇女老人，也上了围垦工地，学龄前儿童也只能进工地临时搭建的草舍托儿所、幼儿班，大人们则白天劳动，晚上几十个人挤在临时搭的草舍里睡觉，一个个低矮的“沙头舍”里，要挤进几十个甚至上百人。每到夜晚，大家头碰头，脚碰脚地睡下了，尽管里面很潮湿，湿得水都挤得出来，空气也都是潮气、咸气和雾气，但一天劳累下来，倒头就睡着了。此时，海滩上的“蛇虫八脚”也不肯闲着，有时比人还先到舍头里，它会游进来，其中有叫不出名称的蛇，还有四脚蛇、蜈蚣，遇到这些东西，谁都会鸡皮疙瘩堆起来，而有的社员睡下去就被未清理彻底的芦竹簕头戳伤背部和肢体，好在公社派有几位赤脚医生，能做些现场处理。

除了住还有吃，“大食堂” 学的是解放军拉练的野营式，以生产队为单位，挖洞搭灶。吃的主食是自带的，社员家里的粮食不够了，大队和生产队才会拿“战备粮”即储备粮补贴一点。吃菜，有几分钱一碗的青菜(叫炒菜)，多数人吃自己带来的冬腌菜、萝卜干、霉干菜、酱瓜腐乳，还有过年没有吃光的老笠笋。至于喝茶，这里的水，一律是咸水，味道咸而苦，放入一点老茶叶，也没有茶的味道，索性放一把咸菜进去，当茶喝了。

夏天，围垦工地上大蚊虫横行，一是多，二是大，三是凶，四是“毒”。被这种蚊子咬上一口，要叫人痛得跳起来，接着会出现一个血块，沙地上真有这么厉害的蚊虫。因此，到了夏天，原本干活时穿的厚布山袜，都被大家当作了抵挡大蚊子侵袭的防御装备,穿着睡觉。还有,遇到晚上开会、研究工作,与会人员都躲在各自的帐子里,你一言我一语,像开电话会议一样。

下沙围垦,不仅生活艰苦,劳动强度大,更有生命的牺牲。他们是运石料途中落水而亡的年仅 30 岁的鲍文元,被运石车压死在三号大堤上的乔司人陈益鑫,“850”江闸塌方牺牲的 33 岁的陈传炳,作业时被火烧死的杭州钢铁厂支援队队员 29 岁的焊工毛水荣,还有一位基干民兵因过劳成疾、不治身亡……

如果说,中华人民共和国成立后下沙围垦的前 18 年是抗灾,那么,后 10 年就是纯粹的筑堤造地。在这场史无前例的临平造地史上,下沙的每一寸土地都浸透着围垦人的生命之血、伤痛之泪、劳作之汗;那里的每一粒沙子上都镌刻着为围垦献出了青春,献出了健康,以至献出了生命的人们的英名。

从 1970 年算起,下沙围垦已经过去半个世纪了,南苑街道参加过围垦的老人们,现在回忆起来还总是心潮澎湃,他们会陷入对那段激情燃烧岁月的深深追忆。今天的年轻人啊,当你有机会去下沙新城的时候,你一定要记住“前人种树,后人乘凉”这句老话。

下沙围垦经历四人记

◆任　地

1971年2月1日，余杭县联合大围垦工程上马，第一期工程是四公社联合围垦，翁梅作为首期参加围垦的下沙、九堡、乔司、翁梅四公社之一，派出干部群众参与，自此长达十年之久。工程中始终活跃着翁梅人的身影，翁梅人为大围垦工程立下的功勋，将彪炳千秋万代。

这里由翁梅公社原领导洪生林、高咬齐以及翁梅姚家沈四海、翁梅西安李妙财等，分别来谈谈“我的下沙围垦经历”。这些亲身经历和感受，相信会特别真实和亲切。他们聊之前，本文先把“十年大围垦”的总体流程，简略做一个介绍。

1971年2月初，县联合围垦海涂指挥部组建，由九堡公社朱培根、高振坤，乔司公社冯三兴，翁梅公社王炳林、高咬齐，下沙公社沈百焕、叶培基，农业局乔元奎，县委张承模等人组成，由朱培根全面负责。至2月9日的9天中，第一期第一次工程完工，大堤堤线长1500米，完成土方163125方，投工210500工。2月28日，围垦区留下1598人抢险专业队，分地段把守。新围大堤由于石方未能跟上，几经潮水冲击，大堤大部分受损。

指挥部召开四个公社负责人会议，研究下一步围垦工作，并确定自筹资金抢修。摊定九堡公社3000元，下沙、乔司、翁梅三公社各2000元，合计9000元，可谓是出钱又出力。

3月8日，组织200人（九堡60人、乔司50人、下沙40人、翁梅50人），在翁家埠将筑堤块石航运上岸和装运小火车。4月16日，第一期新围土地2973.07亩做出分配：下沙311.75亩，九堡696.89亩，乔司488.53亩，翁梅475.9亩，省水电工程局1000亩。

1972年1月22日至28日，四公社开始了第二期围垦工程。这次围地4288亩。3月22日，二至五号坝内线围垦土地做了分配：下沙563.44亩，九堡1259.54亩，乔司882.96亩，翁梅860.14亩，指挥部19.99亩，合计3586.70亩。当时省里强调新垦土地的利用，6月7日统计，新围土地共种上水稻2600亩。

1973年1月8日，第三期大围垦开工，上塘实到人数17167人。

1974年8月下旬，由原来4个公社扩大到星桥、小林、双林、亭趾、五杭、博陆等公社，这样共有10个公社参加围垦。

1975年1月，第七期大围垦开始，兵分两路，早期参加围垦的4个公社，组织群众2万余人上塘挑土52.79万方，修复被毁全长8900米的四、五、六号大堤，历时7天完成。另6个公社则南自三号大堤五号坝起，北至八号坝止，另辟战线进行小围垦。1975年12月，还发动下沙、九堡、乔司、翁梅4个公社上塘20000余人，疏挖了乔司船闸至新沙闸11.5千米的河道。

1977年1月，第八期大围垦开始。发动下沙、九堡、乔司、翁梅4个公社2万余人，修筑七号大堤。

1979年1月4日，第九期大围垦组织42000人上塘，各公社党委到现场指挥,翁梅公社有洪生林、王荣坤。12 月又组织第十期大围垦,围地 4000 亩。1980 年 4 月组织第十一期大围垦,围地 4000 亩。至此,十年余杭县大围垦工程结束。

1970 年至 1980 年在翁梅公社任党委书记的洪生林说,翁梅地处平原,人多地少,人均耕地不到六分,农民的口粮有四分之一要靠国家供应。翁梅人民认识到,土地是人类生命之宝。只有向江涂要地、要粮才是解决大家吃饱、吃好的唯一途径。为了向江涂要地、要粮,翁梅人民坚持自力更生、艰苦奋斗,每逢大围垦,参加人数多达 8000 余人,住的是临时草棚,吃的是青菜咸水,用的是泥铁耙,依靠自己的双手双肩抢先完成了指挥部下达的筑堤、砌石、护坡等任务。凡是参加大围垦的人都为此而出力流汗,磨损过皮肉,有的甚至付出了宝贵的生命。记得 1974 年 8 月 19 日深夜,围垦大地遭受 13 号台风和特大潮汛袭击,长达 7000 米的大堤有 11 处被潮水冲坍,万亩新围垦土地全部冲毁,草舍被潮水冲走。联胜大队第九生产队社员胡金忠,男,28 岁,被潮水夺走了年轻宝贵的生命。东升大队社员王小毛,经四方派人寻找无着落,大家都以为被潮水冲走而死,当全家和亲戚朋友为他悲哀做丧时,县政府急电告知他被潮水冲到钱塘江出海处,幸被萧山围垦指挥部发现得救,大家由悲转喜,祝他大难不死必有洪福。

洪生林回忆,十年围垦,钱塘江滩共围筑新堤 35.45 千米(其中临江第一线大堤 13.123 千米),浆砌块石护坡 13.07 千米,新建出江闸 1 座、盘头 2 座、抛丁坝 7 座,共投工 787.6 万工,总投资 1227.2 万元。翁梅公社共分得围垦土地 5600 亩,除用去开河、做堤、造机埠、建机耕路等外,至今实有可耕地 4411 亩。如今 4411 亩可耕地,亩亩似黄金,块块出高产,粮、油、棉、麻、鱼、菜、果全获丰收。随着农业的深化改革，规模经营，有的承包大户已发家致富。早在 25 年前，联胜大队第十生产队社员李水虎，全家长年累月坚持在围垦承包鱼塘 200 亩，每年为社会提供商品鱼 2 万多斤，自有资产达 70 多万元，成为翁梅有名的科学养鱼能手。如今走城市化道路，这 4000 多亩土地，更是发挥了无可比拟的巨大作用。

对这次长达十年的大围垦，开始时就参加指挥部工作的翁梅公社领导干部高咬齐回忆，当时指挥部办公地点在上沙牛棚舍，确定从"○＋○"点位开始，方向直指对江青龙山。路线决定以后，由隆再林、徐和生、周阿根、吴阿钊四位土工程师开始放样。另一方面在三号大堤上，从五号坝至七格安装变压机，全线照明和扩布线路。当时他负责后勤工作，请了县电力公司和供电局大力支持。同时四个公社的电工李永宝、徐跃胜等参加。紧接着需要大量的石子来护埂，那时没有交通工具，只能由每个生产队组织几百辆人力车，从临平武林厂把塘渣拉到围垦点海涂，一去就是 30 多里路，还要四五个人推一辆。当时海塘公务所大力支持，用外江船装来石块。

后来指挥部想办法到临平山开了一个石矿，由方阿根负责，名叫围垦石矿。把开采的石块用船装到翁家埠码头那里，工务所有一条轻轨，用小火车直运三号大堤，后来再接装通达新围的一号堤，以石块抵挡潮汛，新的大堤就有了一定保障。但是到大潮汛和台风暴雨再加山洪，我们称之"三兄弟"齐上阵时，这个埂头也非常危险。有一次抢险，我们东升大队有一个叫王小毛的被潮水卷走，直到第二天才由萧山围垦工地救起，他还是幸运的。

第二年的秋收冬种结束时，要搞第二次围垦。县委、县政府为了加强领导，又派施松林、李妙才等来指挥部参与领导。电工李妙才等把电线安装好。一俟秋收冬种结束，还是我们四个公社参与围垦，公社党委向全体社员发出动员令，向海涂要地，因为这些公社都是人多土地少，极大部分是吃国家商品粮，所以要求除老人、儿童在家，所有男女劳力全部到围垦工地。要先把后勤工作抓紧抓好，在三号大堤上，以生产队为单位搭起工棚食堂，解决了一万多民工的吃住问题。那时条件十分艰苦的，吃的是食堂饭，住的是地铺，包括指挥部的领导班子。水也没有干净的水，都是咸水。围垦挑土方开始时，还有县农业公司提供草包，赤脚医生巡回医疗，广播全部通工地，大力宣传好人好事、围垦进度和质量。

高咬齐回忆，等陈圃兴、吴云楠等同志过来的时候，指挥部已迁至白洋桥，造了 8 间大横舍，后来又造了几间平房，其中有仓库、广播站、食堂。广播站有李建芳、张萍萍、伯荣、水花等人，孔其林负责编稿，同时省水利厅也派领导前来支持。他们的任务是治江。萧山围垦的目的是把钱塘江的水流拉直，江直流堤不会塌，又能多围原江流的土地，可谓一举两得。当时的资金来源非常有限，都是靠四个公社。人工都是工分加补贴，干一天 10 个工分，加 3 角补贴。后来有水利厅支援石块、资金，可以解决一部分用度。第一期围了 3600 多亩。后来围垦规模越来越大，延伸到海宁县老盐仓方向，共有星桥、双林、小林等 10 个公社参与进来，围地 46000 多亩。

围垦工地翁梅姚家二班的沈四海回忆说，翁梅姚家二班是属于三堡塘工局管辖的，共有 15 条杠、30 个人。后来负责五、七、八号大堤的抛石任务，东与海宁县的朝阳二班（负责九号堤以东）相邻，西与下沙工班相连。他记得最清楚的一次是在白洋桥那边抛石，石块是从临平山石矿运出来的。先是车到埠头，装载上船，由水路运到翁家埠上岸，由小火车运到白洋桥，卸下后，抬到江边，抛入钱塘江水口，上面再用水泥砌坝。他是与本公社的田长福合抬的，长福的父亲田炳仁在当时是有名的老干部、劳动模范。抬石头不仅是件力气活，而且要有丰富的经验和协作性，大的甚至有 1000 多斤的，中块有四五百斤，小的也有 100 多斤。大的石块，两人抬不动，小的石块一次装几块，比较难抬，所以都是先把中等大小的石块抬光，再抬其余的。抬石块的工具是杠子和绳子。那一次，他们挑了一块 500 斤左右的石块，用绳子把石头的四角络好，套进杠子，放在肩上，蹲好马步，两人合力同时把石头抬起。那块石头是从石堆上挑出来的，所以要从石堆上抬下来。脚踏在高高低低的石块堆上走下来，比平地上抬要吃力得多，加上抬的是前肩，要从石堆上“探路”，要先看好从哪里落脚，落脚的石头是否松动，踏上去有无危险，所以前肩比较危险，后肩比较吃分量。那次走了几步，突然脚一软，跌了一跤，后肩的田长福倒没事，他却跌在一块三角石头上，后腰疼痛难当，爬不起来。工班里的同事忙把他扶起，放在钢丝车上拉到七堡，再要车送到“浙二医院”急诊。医生抽血检查后说肾没有受伤，只是腰肌损伤，住了三天院，开了半个月病假。工伤期间医疗费报销，误工补贴照发，他这才安心养了半个月的伤。

围垦是个大工程，工地是个小社会，各行各业人员都到工地。翁梅公社西安大队的社员李妙财，原是大队业余广播线务员兼电工。1971 年 2 月，大队长李永根通知他去下沙围垦钱塘江涂。32 岁的他当时已学会了架广播线、装喇叭、装电灯，身体也很好。到翁梅公社围垦工地报到后，公社领导寿金林要他去县围垦指挥部专做广播线务、电话线务和电力线务工作。

围垦开始时很艰苦，毛竹油布棚蹲蹲，东破西漏。一个来月后，割了荒地上的茅草，盖了草舍。李妙财在县人民广播站线务员、技术员的带领下，一起建起了围垦广播站。县广播站的讯号线路从下沙公社广播站接出，一直拉到白洋桥指挥部所在地。站内扩大机、电唱机、话筒等设备，都是县广播站送来的。指挥部围垦广播站建起后，每年围垦一块土地，江边筑坝，他们都事先把线路架好，装好高音喇叭，提供给指挥部使用。在万人上塘围垦筑坝期间，领导经常在广播里动员和指挥，广播站也自办节目，进行宣传报道，大力表扬工地上好人好事，以鼓起广大民工挑泥筑坝的劲头。在沙滩架线路是很难的，夏天烈日晒，冬天北风大，没有一点遮拦，有时还要赤脚蹚过齐膝深的浪花沟，脚冻得发麻发紫。再加沙土松软，好不容易架好一根线杆，当靠上梯子人一爬上去接线时，杆子又倒下了。后来他们想出了办法，先将线在杆头上接好，然后再架杆子，总算勉强解决了问题。在七八年时间里，他们共架了 300 多根广播杆子、200 多根电话线杆子和 100 多根 8 米高的电力线水泥杆子，一共装了高音喇叭 25 只、小喇叭 70 多只，开通到各公社指挥部等地的电话 18 部。

1974 年 8 月 18 日强台风到来，新筑起的 3 号大坝半夜里被风浪冲塌，李妙财和指挥部其他同志连忙赶到冲塌现场突击抢修。他作为线务工拿着电线，爬上电杆，迎着大风拉上线，装好电灯，保证了夜里抛石填缺抢修的照明需要。

万人上塘围垦期间，李妙财说自己和民工一样，日夜在工地，吃住在工地。平时白天上班，晚上回家。碰到星期天，广播站播音员是知识青年，要回杭州城里去，他来代班值机。有几次睡在家里，只得半夜3点钟起床，“跌煞绊倒”，骑上自行车从西安大队出来，20多千米要骑两个多小时。到围垦指挥部时，正好天刚蒙蒙亮，他立即到站里开出广播机，转播县广播站早上5点钟的第一次播音。他日日查线巡线，装广播装电话装电灯，没有一天不骑车的。有的同志对他说：“妙财，你骑车最多，可以绕地球一圈了。”

围垦工作十分辛苦，李妙财说自己当时年纪轻、身体好，吃点苦也不在乎。在生活上，开始的这一年指挥部没有食堂，只能临时搭搭蒸饭，要自己带米、带菜。有一年夏天，他外出巡线回来，口渴得要命，想喝点开水解解渴。在吃饭时，他从家里带来的瓶里挖出一点咸菜，用开水冲了一大碗，一喝咸得很，原来不是菜咸，整个水都是咸水，难以下咽。天落水是淡水，下雨天就当宝贝积起来，是最上等的好水了。

李妙财从1971年开始搞围垦，工作、生活的艰苦不必提了，劳动报酬也很低。1982年农村实行家庭联产承包责任制前，他每天的报酬是队里记10分工，指挥部拿4角人民币补贴。家庭联产承包后，分到4亩责任田，就改为拿工资了。开始每月工资加补贴也只有75元，后来上升到108元，直到1992年回家。围垦指挥部领导和其他同志，换了一批又一批，只有他的工作一直没有变动，在县围垦指挥部一直到1992年（54岁）回家，蹲了足足22个年头，在围垦的历史上，是待的时间最长的一个。他说自己离开家里，一心扑在围垦事业上，而工作并没有转为国家正式员工，子女也没有一个做出安排。为这，时常受到妻子和家里人的责怪。李妙财说：“我一生中最好的时光，贡献给了余杭县的围垦事业，我们一批人一起努力，为余杭增加了近10万亩土地。如今，这批土地，大部分种上了粮食、棉花、蔬菜、瓜果，并连年丰收。还有一部分土地，成为了经济技术开发区，如今水泥马路开阔，夜里电灯通亮，吃有自来水，住有好房子，还开了那么多工厂，我二十二年的辛勤劳动，没有白费，所以心里想想蛮愉快的，感到这样做人也是值得的。”

这些翁梅的干部、翁梅的群众，以朴素的语言、真挚的情感，向我们讲述了当年围垦的种种境况、件件往事，没有失落，没有遗憾，有的是无悔的坦然、奉献的骄傲。他们也是翁梅的骄傲、南苑的骄傲，他们以一种围垦精神，激励着我们弘扬这种精神，建设更美好的南苑家园。

西道口

◆胡廷煌

西道口，现藕花洲大街与迎宾路交叉口，曾经是临平交通的“十字心”，临平的所有交通都集中在这里。

现在，铁路已不是原来的铁路，车站也不是原来的车站了。可人们却忘不了20世纪80年代中期前的那段老铁路、那个老车站、那个西道口，因为铁路和车站交织着人们的梦想和怨声、希望和心酸。

如果说沪杭铁路推动了经济社会发展的话，那么西道口就是临平交通的“死结”，影响了南来北往的车辆和行人，甚至给人们带来了无法抹去的忧伤和悲痛。如果你不信，那么就让我们还原西道口的往日情景吧！

西道口　临平火车站的重要部分

沪杭铁路从上海坚定不移地走来，在临平境内画了个变了形的“S”字，丢下了一个并不大的车站后，又义无反顾地向杭州走去。

临平火车站不大，东起东安道口（今东湖立交桥下），西至保障桥南侧。而西道口就在临平火车站的中间，是临平火车站的重要部分，有四股铁路横亘在道口上，将临平镇阻隔在铁路以北。

沪杭铁路十分繁忙，时不时有火车通过。而火车经过，必然会把过往车辆行人拦在两边，待火车通过后才能通行。西道口在火车站中间，客车停靠要好一点，火车头或火车尾正好在西道口东侧，不会影响交通；要是货车临时停车、调车或卸货，就不好说了，道口的铁杆道栅放下要到何时竖起就谁也说不准了。

西道口　临平交通的“十字心”

沪杭铁路横贯临平镇南东西，而西道口又正好处在临平交通的“十字心”：道口西南侧（今沃尔玛东侧）是临平通往杭州葵巷的 9 路公交车站，去杭州的人们必须通过西道口；道口西北侧（今迎宾路与藕花洲大街西北角）是临平到杭州玻璃厂（半山）的 21 路公交车站，同时也是临平到塘栖的 19 路公交车站；道口东北侧（今西洋桥南）设有长途汽车临平停靠站，当时临平没有长途汽车站，要坐长途汽车的旅客不得不风雨无阻地在马路边候车。四个车站集中在西道口南北，而西道口又是出行的人们必经之地，不便和安全隐患显而易见。

西道口不仅影响着人们的出行，还影响着车辆通行。西道口卡住了杭申公路（320 国道前身，现为迎宾路）的“咽喉”，大量南来北往的车辆，在这里往往会被“卡”住，少则要等一二十分钟，多则要等上一两小时，甚至半天才能通过。

西道口　临平交通的“死结”

临平人对西道口很反感，常常埋怨：行路难，难在西道口；

西道口,是“死道口”!

西道口“呜啦呜啦”的警声响起,道口两边长长的铁杆道栅就会徐徐放下,车流、人流被拦截在两边排起了拥挤的长队;汽车司机一边将头探出窗外望了望,一边骂着道口天天堵车、时时堵车;行人一边极不耐心地等待着,一边埋怨道口设得不是地方。当黑头黑身的货车长龙或黑头绿身的客车长龙,卷起飞舞的尘土和臭气呼啸而过,“呜啦呜啦”的警声戛然而止,长长的道栅就会高高竖起,行人拥挤着争相冲过道口,追赶着耽误的时间;汽车则响着喇叭、喘着粗气夺路而走,以便快快冲出“虎口”。道口上你拥我挤一片混乱。有时汽车还没走完,“呜啦呜啦”的警报声又响起,长长的道栅却悬在空中放不下来,佩着红臂章的道口工作人员就吹着哨子举着红绿旗,心急火燎地将汽车赶出道口。汽车刚出道口,火车就飞也似的从车后擦过,真是险象环生啊!

让人怨声载道的不仅仅是火车通过道口,更为窝火的是火车泊在道口不走了。汽车飞不过道口的,只能耐心地排起几千米的长队。但行人就不一样了,他们急着赶车赶事呢。于是,胆子小一点的行人宁愿多走许多路,从火车的头部和尾部绕过去,自信这样总比死等着要强;胆子大一点的行人干脆走“捷径”,从两节车厢的连接处爬过去或从车厢底下钻过去,但这样做很脏也很危险。有时人刚爬上连接处或刚钻进车底,火车就“哐当”一声动了,吓得他们魂飞胆丧、脸色煞白,不敢动弹,好在旁边的人脑子清醒,不顾一切将他们一把拉出,才免于酿成葬身车轮的惨剧;衣服扯破了,手脚磕伤了不要紧,只要小命在,比什么都重要。

西道口,是临平交通解不开的“死结”啊。

西道口　临平人无法抹去的伤痛

临平人说：西道口，死道口。这句说并不是凭空而来的，而是用鲜血和生命换来的。

西道口对行人的生命财产安全构成了严重威胁，绕道火车头或火车尾过道口很危险，因为火车随时随地有可能在你身边呼啸而过，强大的吸力可能会把人卷入车底。而爬火车、钻火车更危险，因为火车随时可能启动，随时可能让你葬身车轮。西道口曾经发生过好几起因爬火车、钻火车过道口而命丧车轮的惨痛事件，而手残脚残的流血事件也有好几起。

没有为保家卫国而牺牲，没有为建设祖国而牺牲，也没有因勇斗歹徒而牺牲，而是为了急着赶路穿道口而丢了小命，这种人间悲剧的伤痛让人无法接受。

西道口　铁路南移后销声匿迹

不让悲剧发生，铁路部门不好管啊！怎么管？长长的火车站是无遮无拦全开放式的，管了头顾不了尾啊，再说客流量这么大，管了这个，溜了那个，派再多的人也无法管啊。

但是，办法总比困难多。为了给行人方便，为了给行人安全，20 世纪 80 年代中期，有关部门在西道口西建了一座钢架人行天桥，解决了行人通行西道口的难题。

随着社会经济的不断发展，人们对交通通畅的呼声越来越高。天桥虽然解决了人流困难，但物流不畅是经济发展的重要瓶颈。20 世纪 90 年代中期，铁路部门和当地政府紧密配合通力合作，将沪杭铁路临平段和临平火车站南移，成了现在的铁路和车站。将沪杭铁路和临平火车站旧址改造成今天宽阔的藕花洲大街，彻底解开了临平交通拥堵的“死结”。车辆通行通畅了，人们出行方便了，西道口从此销声匿迹。

百年沪杭铁路，百年铁路临平站，远去的西道口，历史给我们留下了引以为傲的成就，但也裹挟着令人悲伤和心酸的碎片。当我们在回眸引以为傲的历史的同时，也应当回眸历史给我们带来的种种不幸，比如西道口。历史是真实的，但改变历史是要付出许多努力的。

迎宾路的变迁

◆高建华

迎宾路，南起沪杭高速（临平入城口），北至藕花洲大街，全长 4100 米。世纪大道北至藕花洲大街的道路宽 40 米，世纪大道南至沪杭高速（临平入城口）的道路宽 80 米。此路曾是通往杭州主城区的重要干线，如今更是临平区的一条景观大道。

乔塘路的一段

迎宾路原为建于民国 17 年（1928）的乔（乔司）临（临平）塘（塘栖）公路路基，由商营杭海二县汽车股份有限公司承建，时称乔塘路，路基宽 5 米，泥结碎石路面宽 3 米。抗战时期，公路毁损严重。抗战胜利后，1946 年 11 月动工修复乔司至塘栖路段，次年 2 月完成。1956 年 2 月，杭州市交通公司 9 路公共汽车从乔司延伸至临平，在铁路西道口北侧设市交通公司临平南站，1958 年车站迁至铁路西道口南面。1980 年，余杭县交通公司成立，在一号桥设临平北站，在市交临平 9 路车站南面设临平南站，主要开行临平至五杭、下沙、余杭、瓶窑的县内客运线路。这段道路南起县交通公司临平南站，北至铁路西道口与新建街、临塘(街)路、车站路衔接，长 360 米，宽 8 米。1982 年，道路浇制混凝土路面。当时，沿街由南向北的主要建筑有县交通公司临平南站、市公路工程处、县农工商经营部、县水产技术推广站、市 9 路车终点站、临平镇食品中心站仓库、县供销木材公司经营部、天桥饭店等。

乔莫线的一段

1986—1988 年，乔临塘公路延伸至德清县境(莫干山)，遂成乔莫线。1990 年，建设沪杭铁路复线临平段，改建西阳桥至铁路一段 650 米道路，建铁路立交桥一座，道路改为下穿铁路，于 1991 年竣工。1993 年，将铁路立交桥至新丰村一段 590 米道路拓宽至 41 米。1995 年，政府投资 650 万元改建新丰村至王家畈桥段，全长 440 米。此间，沿街商户没有什么变化。

改造提升后称迎宾路(或迎宾大道)

1998 年，拓宽改建翁梅西梅村环岛至藕花洲大街的道路，并命名为迎宾路，长 2100 米。1999 年 9 月 26 日，位于环岛正中的“文明曙光”城标落成。城标高 3.88 米，以良渚文化代表物“玉琮”为主体造型，三柱玉琮组成一个三角形，犹如一个“丰”字。三柱玉琮共 21 节，5、7、9 节错落有致，象征各项事业步步登高。2002 年，对迎宾路入城口 840 米道路进行改造，改建后的主干道为 6 车道，两侧为各宽 7.5 米的慢车道，于 10 月 1 日通车。2003 年，世纪大道口至西阳桥段完成迎宾路综合整治工程，并通过省级示范达标路的验收。2010 年，对迎宾路进行综合整治，整治工程全长 5.2 千米，北起人民大道，南至乔司天万路，整治内容包括市政、景观、立面三大部分。10 月 1 日，综合整治后的迎宾路全线通车。2012 年,完成迎宾路与人民大道交叉口改造工程,通行能力从每小时 2500 辆提升到每小时 4500 辆。至此,迎宾路成为城区南北向的一条主干景观大道。

2018 年,迎宾大道综合整治工程(世纪大道至上塘河段)1.6 千米完工。工程整治内容包括道路提升改造、新增绿化种植、现有景观绿化提升、建筑立面整治等。主要包括对原有保笼、雨棚、违章等构件的拆除,强弱电管线梳理,立面材料美化,屋面防水,安全门设置,公共区域翻新等,涉及南苑街道 3 个社区、10 个小区,共整治建筑立面 33 栋,主要包含环岛公寓、南苑一区、南苑二区、藕花苑等小区的外墙立面等和商铺门面的提升改造,合计整治面积 65025 平方米。2018 年 8 月,迎宾路亮灯改造工程完工。迎宾路两侧灯光夜景设计内容包括道路两侧景观带及建筑物的夜景灯光工程,其中以迎宾路两侧的高层建筑物照明为主,景观绿化带照明为辅。高科技手段与灯光艺术的完美结合,打造了多层次、多视点、多节点的灯光夜景氛围,成了高颜值的“星光大道”和充满活力的“时尚主街”,展现了临平新城核心商务区现代、时尚、充满魅力的繁华都市形象。

2019 年 6 月至 2020 年,又迎来全面改造提升。本次提升工程南起沪杭立交,北至藕花洲大街,全长 3 千米。重点改造迎宾路非机动车道、人行道、两侧绿化及部分商业楼前空间,改造内容包括西渠河整治提升、优化交通路口、完善基础附属设施、拆后地块整体改造、优化地铁口周边通道等。提升工程为迎宾路带来了更多的人文艺术气息。如彻底贯通人行道与商业综合体门前区域,打开公共空间,将临平地域文化与街景相融合,体现城市的现代气质与活力等。增加了城市家具及城市系统设施,提升了行人体验感与安全性。用数字技术实现景观灯光智能化控制，营造城市时尚浪漫氛围，为市民的日常生活提供了更多便利。

自2021年8月3日起，因沪杭高速公路临平段改建工程需要，迎宾路开始全封闭施工。此次迎宾路的改造拆除了原有桥梁，直接通过地面道路贯通，完成了迎宾路跨线桥的“立改平”改造。经此改造，市民无论乘公交、驾车，还是骑行，一路直达，南北贯通，畅行无碍。

道路两侧商业繁荣

至2021年，迎宾路（沪杭高速公路入城口处至藕花洲大街段）从南向北、坐西朝东的主要建筑有艺尚创谷中心（商住综合楼）、艺尚小镇艺术街区（东）、华元·欢乐城、美莱国际大厦、西子国际大厦、理想·银泰城、临平区人武部、金桥花苑住宅小区、临平区农业农村局办公楼、莱蒙商业中心（沃尔玛购物广场）等；从南往北、坐东朝西的主要建筑有沪杭高速公路临平入口处、浙商开元名都大酒店、余之城生活广场、地铁南苑站、华元·欢乐城、临平区第一人民医院、永安大厦、地铁临平站、美亚大厦、秋意浓大楼、浙商银行余杭支行、余杭大厦等。

由北向南，与迎宾路交叉的道路有：人民大道、政法街、世纪大道、观霞街（东）、玩月街（东）、南苑街、三曹街、临东路+汀城路、余之城前道路、永乐街、文闲街。经过的公交线路有：417M、425、427（内环）、427（外环）、480、481、486、492、492B、8411、8309（夜）、数达1号线。通往杭州主城区的309、339路公交先后于2017年3月、2021年8月改道，509路于2019年1月25日正式撤线停运。

在多次改造提升中，迎宾路两侧的好多商户、环岛消失。如

2019年五月红酒店拆迁,移入华元·欢乐城。同年2月,位于迎宾路588号、占地100亩的杭州理想车城拆迁,9月迁至东湖街道星光街1221号营业。翁梅信用社原在翁梅环岛南西侧,因道路拓宽而拆迁,2007年迁至南苑街道河畔公园,即现农商银行钱塘支行。

由北向南,迎宾路上曾有三个环岛。第一个环岛位于藕花洲大街与迎宾路口,2000年建成480米花坛、2700平方米绿地、直径50米的圆形岛和不锈钢雕塑一座;2009年9月,大街拓宽时撤除环岛并将城雕移入西洋桥公园内。第二个环岛位于世纪大道与迎宾路交叉口。1998年12月9日,余杭市交通局将南苑商贸城二号路第二环岛北侧即临平镇新丰村二组的地块(10亩)征用下来,建设临平汽车南站,2004年1月落成启用。该环岛于2004年左右(此环岛较小,改造时无需单独立项)改为平交。第三个环岛位于迎宾路与临东路交叉口,于2017年连同城标一起拆除,现为望梅路高架。

如今,行进在全长4100米的迎宾大道上,新老临平人盛赞这条山水涟漪、车水马龙、文商汇聚的城市动脉。这条路更是整个杭州的东北门户,处于临平新城产城融合的核心轴地带,串联着艺尚小镇、工业互联网小镇,正着力打造数字经济新高地、时尚发展策源地,凸现了其“城市迎宾大道、新城主轴线、商业核心区”功能定位。

“运河二通道”过南苑

◆江水清　任　地

一

京杭运河杭州段二通道是国家重点建设项目，国家、省、市水运交通重点工程，也是杭州市亚运会前“5433”现代综合交通大会战水陆空三大枢纽之一。京杭运河杭州段二通道就是在原有的京杭运河之外，再辟一条航道。这条新辟运河航道，起自临平博陆，穿320国道、沪昆铁路、沪杭高铁、沪杭高速、杭浦高速、杭州绕城，终于八堡船闸，全长26.4千米。项目建成后，有助于改善京杭运河航道条件，完善长三角地区高等级内河航道网络。

京杭运河杭州段二通道的开挖，是对历史的一次承继。京杭大运河的主航道原经长安、临平至杭州，即今天的上塘河流线。至元末，群雄并起，当时以贩盐起家，割据逐鹿的张士诚，为了运粮之便，决心改造运河河道。在张士诚占据杭州的8年中，从至正十九年(1359)春开始，征发浙西之民大规模修筑杭城的同时，又组织民夫20万拓展从塘栖武林头至江涨桥段的运河航道，计长45千米，宽20丈，历多年完成，称“新开运河”，也就是今天大运河杭州段的基本面貌。从此时起,原经长安、临平至杭州的故道,即今天的上塘河流线不再是京杭大运河的主航道,降为运河支流。

但如果从京杭运河杭州段的改变而言,当下第二通道的拓展是运河杭州段自诞生以来的第三次大动作。第二次是 1983 年,当时钱塘江与京杭运河虽近在咫尺,但江河因堤坝阻断,密密麻麻的船只只能在运河范围内航行。1983 年 11 月,京杭运河钱塘江沟通工程重点项目之一的三堡船闸开工建设,1989 年 2 月通航运行。三堡船闸将钱塘江、京杭运河、海衔接起来,构成了以杭州为中心,京杭运河与长江、黄河、淮河、海河、钱塘江五大水系相连通的水运网。

但从历史的时间线看,五水相通的运河也显现了被时代甩落的运力的不足。三堡船闸最大仅可通行 500 吨级的船舶,而京杭大运河已经成为世界遗产,航道无法再加深拓宽。老航道受市区桥梁高度、航道等级较低等因素影响,严重制约了大宗货物的运能和运力。京杭运河杭州段第二通道便在此时应运而生。运河二通道从八堡船闸入江,现在的八堡双线船闸可满足千吨级船舶同时通航,设计年单向通过能力可达 4200 万吨,相比三堡船闸有很大提升。运河的运载能力将再次提高,杭州内河通航的压力将得到明显缓解。

二

对我区来说,运河二通道于临平沿线区域发展和城市空间格局打造具有重大意义。运河二通道底宽 45 米,水面宽 70 米,其中临平段长 14.8 千米,涉及南苑街道段 6.09 千米。南苑街道所涉运河二通道新开挖段征地拆迁项目,便是南苑街道向这个世纪大工程的"见面礼"。

运河二通道南苑街道段的6.09千米，涉及长树、东湖、高地、万常、天万、钱塘6个社区，需征地1476亩，征迁720户农户和27家企业单位。其中长树社区征迁69户，征地216亩；东湖社区征迁35户，安置区块征迁100户，征地341亩；高地社区征迁77户，安置区块征迁96户，征地270亩；天万社区征迁93户、征地156亩；万常社区征迁181户，安置区块征迁63户，征地484亩；钱塘社区征迁6户。南苑街道段是运河二通道项目涉及我区农户最多、长度最长、跨线桥最多的一段工程。

2022年7月20日征迁工作启动，南苑街道党工委、办事处上下一心，全力奋战，仅用68天时间，于9月27日提前完成了征迁签约任务。南苑街道第一时间成立征迁指挥部，由街道党工委书记、办事处主任分别担任总指挥、常务副总指挥，要求班子成员带头深入一线指挥、决策、督促、解决问题；"一盘棋"组织到位，抽调130余名精干力量，成立政策统筹、信访维稳、执法保障、法务工作、后勤保障等5个保障组，与交通局、征迁办、住房保障办等区级部门加强沟通协调，并全面把握征迁流程、征迁补偿安置和法律依据。

在工作方法上，完善工作机制，排定征迁计划，召开动员大会、每周碰头会、项目协调会统筹推进，确保一条指令到底。

实行"1+1+1+X"征迁工作机制，确保每户农户都有1名联户党员、1名社区党员干部、1名机关党员干部组团包干联系，累计开展走访1200余次，收集意见建议155条。根据网格支部座谈交流，联户党员干部走访摸底情况，围绕拆迁户最为关心的安置问题，在方案制定中优先落实安置区块，让群众吃下"定心丸"。三个安置区块均位于临平新城核心区块，面积

390.9 亩。

倒排时间,分步推进。征迁任务下达后,街道在 6 天内迅速完成人员配备、业务培训、落实评估等基础工作,快速推进测量、评估、实物量核对等前期工作。13 天内完成 722 户征迁户评估。

先易后难,分片签约。先启动长树、东湖社区,再依次启动天万、万常、高地社区,在实现人员力量高效调配的同时,形成"先签带后签"的良好氛围,减少签约阻力。

讲究方法"摆正位",党员带动赢民心。如高地社区党员干部主动放弃中秋假期开展走访,11 组农户在签约首日全部完成签约;万常社区居民小组长不仅带头签约,更全程参与做好群众工作,首日签约率突破 60%。同时依法依规,以理服人。评估开始就采取"不加钱"的阳光征迁政策,政策公开透明,所有奖励、补偿一次性到位。严格落实"装修包干"政策,坚持征迁补偿"一口价",既保障群众利益最大化,又避免发生讨价还价现象。另外,法务工作组全程提供法律支持。

再是排忧解难,以情动人。加强正面引导,共接待处理群众来电、来访 65 次,围绕群众反映较强烈的问题集中商讨,及时落实跟踪反馈,做到事事有回音、件件有答复。特别是对未纳入征迁范围的农户,耐心细致地做好安抚、走访工作,维护社会稳定,同时按照征迁红线锁定范围,确保不产生超范围征迁现象。对规定病种、残疾人、老年人等特殊群体,根据实际情况专门出台政策给予生活补助,充分考虑拆迁户各类合理合法诉求。

三

征迁工作的顺利进行,为这项世纪工程奉献了一幅优质的底图。开挖工作顺利进行，作为重要节点的桥梁，工程量巨大，南苑街道内涉及的运河二通道桥梁就有 8 座，由北向南依次为：

人民大道桥，桥型为连续箱梁桥，桥长 662.7 米，主跨跨径 60 米 +100 米 +60 米，桥宽 37.5 米。人民大道桥位于南苑街道长树社区附近，为现有人民大道改建（路改桥）工程。目前已命名为人民大道桥。

世纪大道桥，桥型为连续箱梁桥，桥长 635 米，主跨跨径 95 米，宽 37.5 米（2 米 × 18.75 米）。该桥于 2019 年 6 月开工，施工期间各参建单位直面疫情防控、酷暑高温、春运保畅、交通管控等叠加挑战，将进度、质量、安全、投资等有效结合，实行制度化管理，按计划顺利完成了该项目。道路等级为二级公路，设计速度 60 千米 / 小时，双向 6 车道，非机动车道宽 4.5 米，人行道宽 4 米。桥下通航等级为三级，通航净高为 7 米，通航净宽为 60 米，航道水深 3.2 米。

东西大道桥，全长 628 米，主跨跨径 100 米，宽 34 米。为波形钢腹板连续箱梁特大桥，双向 6 车道，有 2 个主墩承台。9# 承台是首先开始施工的主墩承台，采用左右幅整体式设计，平面总尺寸为 7.5 米 × 34.5 米，承台高 3.5 米。承台钢筋总量约 54 吨，混凝土约 900 立方米，分 11 层浇筑施工。

倪桥头桥，长 303.5 米，主跨跨径 103.5 米，宽 18 米。位于南苑街道倪桥头附近。

王家堂公路桥，长 293.3 米，主跨跨径 93.3 米，宽 18 米。位于南苑街道王家堂附近。目前已命名为新天大桥。

小桥头公路桥，长 343.3 米，主跨跨径 93.3 米，宽 18 米。该桥位于南苑街道与东湖南路地面道路相接处，周边是在建的天万·万常社区安置房。为方便周边学生上学，区交通运输局、京杭运河杭州段三级航道整治工程航道建设管理处、杭州市交通工程集团有限公司和南苑街道四方签订了党建共建协议，共同推进小桥头公路桥建设进度。目前已命名为新谊大桥。

永胜路大桥，长 430 米，主跨跨径 90 米 +150 米 +90 米，宽 36 米。位于南苑街道南李家村、万常村附近。目前已命名为永玄大桥。

老 01 省道桥，长 318.3 米，主跨跨径 93.3 米，宽 18 米。位于南苑街道十三堡附近。目前已命名为新万大桥。

运河二通道完全开通后，描绘出了一幅水运复兴的未来图景：浙北、浙东及浙中西部的航道完全贯通成高等级内河水运网，上海港、宁波舟山港、下沙港串珠成链，未来货船可通过钱塘江至江西、长江中上游，直抵内陆腹部。而杭州，或将成为浙江乃至华东地区的物流集散中心。也对我区沿线区域发展和城市空间格局打造具有重大意义，将强化浙北航道网与浙东航道网及钱塘江的沟通，实现干线航道高等级化、港口体系现代化。运河二通道建成后，京杭运河航道等级将达到三级，千吨级船舶可从山东直达杭州。嘉兴、杭州、绍兴等杭州湾地区会连成一片。对此，南苑街道将依托区位优势，把运河二通道作为未来经济社会发展的重要抓手，发展沿河经济带，促进旅游、文化和现代服务业全面发展。

下乡记事

◆张炳林　易文艳

轰轰烈烈的“知识青年上山下乡”运动，伴随着“文化大革命”的结束，已经离我们远去。然而，它却是许多过来人心中难以忘却的回忆。在翁梅公社红联大队第十二生产队，从 17 岁到 24 岁，我献出了一生中最为宝贵的青春年华。东村角这个再普通不过的小村子，却让我一生魂牵梦绕：那里的一草一木、一河一浜、一人一事，对我来说是那样的熟悉、那样的亲切，每一处都曾留下我的足迹与汗水。虽然离我下乡的岁月，已经整整过去了半个多世纪，但是每每想起这些，都让我心潮澎湃，感慨万千……我想这大概是知识青年独有的特殊情结吧！无论岁月流逝，抑或人事变迁，这种情结早已在每一个知青心中扎下了根，无法改变。

今年正好是我下乡 54 周年，所以趁南苑街道组织新乡贤联谊会编写相关翁梅记忆的书时，写下一些回忆片段，以纪念那段日子。

初下乡过“三关”

1969 年 1 月 8 日，我与来自临平中学、临平劳动中学的数百名同学一起聚集在钱塘饭店门口宣读誓言，高唱革命歌曲，随后分赴星桥、翁梅、乔司、九堡、下沙五个人民公社，接受贫下中农的再教育。从此，我们告别了寒窗苦读的学校，从学生转变成了知识青年，也开始了和贫下中农同吃、同住、同劳动的生活。当时有一种说法，知青下乡要过三关，一是生活关，二是劳动关，三是思想关。

在农村插队，第一次远离父母，首先要过好生活关。虽然在下乡之前，我就做好了吃苦的准备，但是刚开始时还是非常不习惯。我插队的地方在余杭县翁梅公社红联大队12生产队。整个村子共有29户人家，仅仅只有周姓、褚姓与钟姓三户大姓人家有几间简陋的瓦房，其他的村民全部居住在茅草棚里，所以这里的茅屋曾是当地的一大特色。那个时候谁家如果能住上瓦房，就是一种富裕的表现。我住在钟其仁家中，家里只有他和他母亲两个人。房东“娘娘”一生坎坷，早年失夫，留有遗腹子其仁。她脚有残疾，白天要参加劳动，晚上回家还要做麻布、种自留地等，就这样拉扯着儿子长大。

当时农村物资极度匮乏，生活艰苦。翁梅公社是以经济作物络麻为主的，不是产粮区，因此国家一年只供应半年口粮。当时几乎家家户户就是在咸菜上浇一点点菜油，煮饭的大锅里蒸一蒸，就是下饭菜了。房东“娘娘”看我不太习惯每天吃这样简陋的菜，很是心疼我这个小知青。她总是特意拿来自己平时不舍得吃的鸡蛋，蒸上一碗水波蛋，或是叫其仁到供销社的肉店买一点咸肉再打个鸡蛋蒸一蒸，千方百计为我改善伙食。虽然第一次在外生活，但在房东“娘娘”的照顾下，我时时都能感受到温暖和关切。每当我想起这些，心里总是充满着一种难以忘怀的感激之情。

按照规定，知青在与贫下中农同吃、同住了 6 个月后，就要独立居住和分灶吃饭了。我是 1 月份下乡，到了 7 月就得搬出其仁家里。生产队没有单独的房子，所以我就暂时借住在生产队的仓库里。偌大的一排仓库，房顶是用茅草盖的，临时隔出一间，我与另一个知青（我的同学马中驿）居住。后来，我又被安排到仓库东面去住。把原来生产队堆放草灰的草棚简单清理了一下，就让我住了进去。矮矮的茅屋，我一伸手能碰到屋檐。屋里昏暗，也没有玻璃窗。在东边泥墙开一个小小的洞，然后用日本进口尿素袋内的那层薄薄尼龙钉上，就算是窗户了。因为有两个知青，就用芦苇草席简单隔开，再放上一张竹榻床。一盏 15 瓦的电灯，发出昏暗的灯光，这就是我的新家了。我仅有的"值钱家当"就只有一只小铁锅。当时添置物品，还要凭借大队的知青证明和票证才能购买一些必要的生活用品，例如老棉花轧制的被子、热水瓶、蚊帐等。分家以后，我就在当地供销社买了这只小铁锅。当地称为"缸缸灶"，就是用一只小的黄陶土缸开上一个灶口，再在缸的四周涂上一层厚厚的黄泥巴与和着稻草的泥巴，等到用火烤干之后，就是烧饭的灶头了。

用灶头烧饭，我完全没有经验，做一个人的饭也很难。一开始，我不知道锅里放多少水才合适，经常不是水放多了，成了稀饭，要不就是水放少了，成了夹生饭。我们用的柴火大多是当地乡下的稻草或者是络麻秆，还有黄豆秆等。这些柴火中数络麻秆最好烧了。它干燥清爽，容易掌握火候，而且还耐烧。不过络麻秆也要根据每个人的工分来分配。秋天络麻剥完之后，分配下来的一大堆络麻秆，要烧整整一个冬天。直到第二年的开春，才会有油菜秆柴火接上来。其次是冬季农闲时修剪下来的桑树枝，也是很好烧的柴火。而最难烧的要算稻草了，特别是早稻草，又软又萎，在烧的时候，塞多了灶腔内的火就熄灭了，顿时冒出一阵阵浓烟来，熏得眼泪鼻涕直流。稍微一拨动，一下又太旺了，火苗全部窜到灶头外面来了。稻草的灰也特别多，不及时清理的话，灶内就全被草灰堵住了。这一旺一灭，往往饭就成了夹心饭——中间米还是生的，而下面锅底饭已经乌焦墨黑了！

拿生产队分的柴火，也是一件让人头痛的事情。在乡下，烧饭的时间只有劳动中间休息的半个小时。做饭之前有时还要去地里拿分配到的稻草、络麻秆等东西，一来二去，几乎没有时间坐下来烧饭。当时生产队又是大小队，一个小队方圆足足有好几里地。比如整个红联大队只划分了 5 个生产队（东风、东方红、胜利、红星、红梅），北面到“三枝香”城标的位置，与联盟大队交界，东面与海宁交界，西边与乔司交界，南边要到火车浜，就是现在的翁梅地铁站，东南西北纵横有七八里地。一趟跑下来，又是半个小时过去了。有时候干完农活回来，一身疲惫，还要烧饭，真是太累了。所以大多数的知青每天早晨起来，都先烧上满满一锅米饭。中饭和晚饭就用开水泡一泡，将就吃了，以节省时间。

记得有一次为了取几捆分配给自己的早稻草，我竟然走了 2 里多地。稻草又青又黄、又湿又重，我先是背了一段路，到后来太重背不动的时候只能拖着走。精疲力竭的刚到家，还没等喝上口水休息一下，出工的号子声又像是催命鬼似的叫，真是令人叫苦不迭。但是不去拿的话，那么今后烧饭的柴火就成问题了呀！农民家里人口多，女的回家烧饭，男的就可以去田里取柴火，分工明确。但我们知青都是单干户，拿了柴火，就没时间烧饭；去烧饭，就没时间拿柴了。没办法，只能偶尔叫家里的父母亲、姐姐等人来帮几天忙了。到了冬天，由于没有计划，有时候柴火提前烧完了,西北风呼号,只能到田地里、河沟边去寻找一些零星的柴草藤叶、枯树条子,甚至扫一堆落叶回来烧烧,一直到初春新柴上来为止。

第二关是劳动关。“三关”中最难的就是劳动关,谁也帮不了你。在我们翁梅农村有两个农季是最难熬的。一是“双抢”,每到 7 月盛夏,就要抢收早稻、抢种晚稻,当地俗称“双抢”。一般从 7 月末开始,到立秋为止,时间紧,任务重,这叫“双抢不过立秋关”。又正值盛夏酷暑,田里的水温能有五六十度。所以这段时间一般是早上天墨墨黑,三四点就要出工了,先干上两三个小时,然后回家吃早饭,这么一直要干到晚上七八点钟,每天要劳动十五六个小时,这叫“出门鸟叫,回来鬼叫”。一天下来,腰酸背痛,动也不想动。“插麦轮”这活也是十分吃力,翻大麦田,双手往往是打满了水泡,痛得要命。直到后来慢慢磨出老茧,手才没有那么痛了。

第二件农活就是抢收络麻了。俗话说“双抢出格名,络麻剥煞人”。我们生产队种植了大片的络麻,每到 9 月初整个村庄就被络麻包围了起来,就是所谓的“青纱帐”。开始是去络麻地里拔掉小的络麻,叫“拔棚头络麻”,人钻在高高密密的络麻蓬里,风吹不进,太阳晒得到,里面像个蒸笼一样,往往一垄络麻拔完,整个人像是从水里捞出来一样。畦沟里有积水,蚊子多得不得了,即使穿上厚厚的裤子,照样还被叮住不放,脚上、身上都是一个个红疙瘩。

这其实还不算是最苦的,最苦、最难熬的是剥络麻。一是时间长,一般要从 10 月中旬,一直剥到 11 月份秋风乍起。二是那些粗壮的络麻只能靠双手把皮与秆分离出来,总是剥得手血淋淋的。络麻汁水又黑又涩,不仅手被染得漆黑漆黑,还会使得手掌开裂出血。这手掌上的黑乎乎的汁水，一时还洗不掉，我只能将手掌在塘边的石板上硬磨。真不知道当初自己是怎么坚持下来的呀！

那时干农活，挣的是工分，年终时生产队按照实际收入确定工分值，按照每个社员全年挣到的工分计算当年的收入。在农村干一天农活，工分最高为 10 分，一天是 8 毛钱，叫“全劳力”，那是男壮劳动力干最重、最难的活才能评到的。女全劳力日均 6 个工分，每个工分值 4 分钱。知青下乡后则根据政策，男知青日均 6 个工分，女知青日均 5 个工分。实事求是讲，生产队给我们评 6 个分工，也是照顾我们的。我们一不能扛，二不能劳作，农民笑称我们是“白脚胖”。假设我们一年到头出满勤，一年出工 330 天计算，男知青一年就是 1980 个工分，女知青是 1650 个工分。再按照每个工分值 4 分钱算，男知青一年是 79.2 元，女知青才 66 元。

记得第一年分红，我拿到了生产队预支给我的 13 块钱。生平第一次看到这么多钱，我非常开心，接连数了好几遍。后来我去了供销社，花了 1.6 元给母亲买了一双紫色塑料拖鞋，剩余的 11.4 元，我也一分不留地交给了母亲。当时我每个月的生活费用尽量控制在两三元，除了买必需的油、盐、火柴外，几乎没有其他的消费。吃的蔬菜是自己在自留地上种的，想改善生活的时候就去河里摸些田螺，或者抓几条小鱼吃。每次回家要坐公共汽车时，也要精打细算一番。从我们村的西梅村站到临平要 6 分钱车费，我总是要走上一站，到王家畈站才坐汽车，因为这样就可以节省出 2 分钱的车费了。

第三关是思想关。思想当然是关键，过思想关，就是要树立扎根农村干革命的决心。大队规定每周下午有一次知青政治学习会,全大队的知青都聚集在大队礼堂,一是读些有关文件与学习材料,二是去临平参加一些大型的批判斗争大会。而知青们就当这是最难得的休息机会了。大家都在这里见见面,聊聊各生产队的情况。

搞"九二〇"农药试验与科学种田

在1970年,当时全国农村掀起了"九二〇"农药的试验之风。我当时向大队提出搞"九二〇"农药试验,得到了大队的支持。于是立马动手开始搭建班子,选择地方。记得当时我们一共是三个人,一是个胜利队的周炳生,数他最年长,一是个东风队的何某,一个是我。试验地方选择在火车浜旁边的红星生产队仓库。

我们按照上面发下来的材料进行试验,其实就是将赤霉素通过土法上马,来生产所谓的植物生长刺激素。第一步是将赤霉素的菌种,接种在洋琼脂培养基;第二步是将培养基上的菌种放入瓶子里的"米干水+糖"中进行二级培养;第三步就是将发酵好的二级种子倒在用米糠做成的培养基上, 进行三级培育。繁殖形成的雪白菌丝状块,就是赤霉素,即"九二〇"。每次出料之后,就赶紧拿其中一块,跑到杭州华家池的浙江农业大学去化验成分。当时我们的"九二〇"农药做得还是非常成功的,从每克一两千含量到3000多含量,吸引了附近好多公社派人来取经,我们还参加了余杭县"九二〇"农药土法生产经验交流会。

当时社会有"阶级斗争、生产斗争、科学实验"三大任务的提法,而我对于科学种田也很感兴趣,于是找了很多与农业生产相关的书籍来看。平常也经常在稻田、麦田里寻找大的稻穗、麦穗,想找到一些高产的种子。1970 年的一天,我偶然在报纸上看到了一篇关于杂交水稻优势的文章,提出了培育杂交水稻"三系法",通过"三系"配套的方法来提高杂交水稻的产量。我看到之后,觉得不错,于是鼓起勇气,按报纸上介绍的单位,给湖南省黔阳农校写了一封信,希望能得到他们试验成功的杂交水稻种子(当时还不知道赫赫有名的杂交水稻之父袁隆平就是这个团队的负责人),以便让我们知青也可以进行科学种田。等了两个多月,有一天,生产队长找到我说,我有一封信,是湖南的。我一听开心极了。随信一起寄回来的还有 3 包杂交水稻的种子。看到信和种子,我非常激动。虽然后来因为种种原因没有实施"三系"种子的种植,但这段经历对我之后插队生活起到了非常大的鼓舞作用。所以,这些珍贵的"三系"种子一直被我保存至今。

围海造田,向钱塘江要地

去钱塘江围海造田,也是我下乡生涯中记忆深刻的一件事情。1971 年 3 月,当时的余杭县掀起了第一次围海造田的高潮,总共有 4 个公社参加,分别是九堡、下沙、乔司、翁梅。动员了 2 万多人参加,历时 9 天。完成土方 12 万多立方,块石 0.6 万方,宕石 0.22 万方。当时我也参加了,挑着泥达与被头铺盖,从西梅村一直徒步走到下沙,住在简易的工棚里。工棚就用几根竹片搭起,盖上几片茅草与尼龙膜,地上就铺些稻草。因为围涂靠近钱塘江,从小火车坝往外走有好几里地。饭就是坝上搭地灶做好,再挑送到工地上吃。盐碱水煮饭,一阵大风刮来,风尘四起,饭上全是灰尘,生活相当艰苦。

围垦一般都选择在农闲的冬季,看看海涂好像是有些硬邦邦的，但是只要踩几下，就会慢慢陷进去，直到把整个人陷没。当时也没有胶鞋，只能光脚。冬季的江风，寒冷刺骨，脚下是一层薄薄的冰（俗称“蟹壳冰”），如果待着不动，就会冻得瑟瑟发抖。

我连续参加过三次大围垦，最后一次被调到了围垦指挥部做宣传工作，定期出大批判专栏。有一年过年也是在围垦指挥部度过的，那时指挥部的几个知青同病相怜，互叹苦经，我感慨万端，曾写了一首长诗《除夕夜——记一个知青的话》。经过几十年的艰苦奋斗和不断向外围垦拓，海涂的面积成倍增加。随着土壤改良及引入淡水灌水的成功，农垦场作物也实现了年年丰收。现在的那片农垦场早已发生了翻天覆地的变化，成为下沙大学城了，和当年记忆中的海涂已经完全不一样。曾经风华正茂的少年，如今也早已步入古稀之年了！

在 1975 年，几经周折，我被抽调到了杭州钢铁厂，终于离开了农村。但那段知青岁月使我永生难忘。它使我在农村学到了在课堂上所学不到的知识，增强了和劳动人民的感情，锻炼了艰苦奋斗、吃苦耐劳的精神，为以后的工作夯实了坚实的基础。下乡的苦吃过了，今后再怎样的苦也是吓不倒我们了。当年历经磨难的知青生活，伴随着酸甜苦辣的点滴和淌洒的泪水，永远在我心中烙下了印记，成为我人生中一段永远的记忆。

风华南苑

时代高标

SHI DAI GAO BIAO

临平南苑:城市化中抓机遇
现代社区建设中奔未来

◆应 陶 张长发

二十年时间,一切皆有可能。

杭州市临平区南苑街道，实现了从村到城的蜕变——曾经,这里遍地村野;如今,这里地铁9号线贯穿南北,东湖高架路、望梅高架路等快速路网四通八达,亚运会场馆临平体育中心、中国江南水乡文化博物馆等文体配套一应俱全……这里已成为临平区域范围内城市化率最高,足以集中展示临平“品质城区”的核心范例了。

临平区共有八大镇街,为何南苑街道的城市化推进速度较快?地理位置是首要优势。南苑街道是临平推进“南融”发展战略的主阵地,与杭州主城区东部接壤。因此,杭州在推进“城市东扩”、加速城市化进程中不断释放的利好,可惠及南苑。

区域红利放之今天,也成了探索共同富裕路径的动力。“特别是围绕现代化基本单元、现代化城市社区等方面进行南苑探索,势必要将南苑打造成临平产业发展的‘创新高地’、融杭联沪的‘城市客厅’、宜居宜业的‘幸福之地’。”南苑街道党工委主要负责人说。

产业升级再提升——实现楼宇经济逆势而上

高质量探索共同富裕示范路径,需要以产业发展夯实物质基础。

从南苑街道的城市面貌来看,楼宇占据了大部分空间;从产业布局来看,南苑街道毗邻艺尚小镇、算力小镇,周边集聚着大批从事时尚设计、电商直播、科技研发等企业。因此,楼宇经济已逐步成为南苑重要的经济支柱。2021 年新增重点楼宇 33 幢,新增面积 19.3 万平方米,成功认定特色楼宇 1 幢,实现亿元楼宇 2 幢,上千万元楼宇 19 幢。

"产业升级,服务为先。"南苑街道相关负责人介绍说。自 2021 年起,南苑就立足"服务为先"的理念,开始多举措打造楼宇品牌。"实现服务为先的前提是,人要先进楼、进企。所以,我们党员干部担任楼宇管家,组团联楼,再依托楼宇驿站为载体,创新服务模式。特别是在迎宾路商圈组建团建联盟,针对性开展楼宇、综合体青年服务。"

南苑版创新服务模式,有何不同?答案或许可以形象地解释为"集中力量出重拳"。据了解,南苑街道制定了一个楼宇企业综合评级标准,将企业的纳税金额、规模、融资、科技、经营等指标纳入综合考量之中,从而能为每一家企业建立多维度画像。有了这个标准,街道在每一次走访企业之后,就能进行 A、B、C、D 级评级。"评级之后就能精准服务,对 A、B 级企业分级精准扶持,对 C、D 级企业分类提升或清退。"相关负责人说。

依据该模式,南苑街道楼宇管家已累计走访企业 41051 家次,分别评定 A、B 级企业 60 家、339 家,收集 341 家企业共计

810 条需求，联动部门分类处置率达 98.7%以上。

“服务为先”的理念下，一家主打意大利面方便化烹饪的网络技术公司实现了经济下行背景下的逆生长。这家企业名为“空刻意面”，在疫情期间的互联网上，饱受欢迎。

除了在企业个性化需求上追求精准服务外，南苑街道也围绕企业发展的共性问题，提供相应的便利服务。如以线上线下相结合的方式，精准推送企业 2800 余次政策与项目申报通知，并协助 197 家次企业申报；以“政府搭台、出让联建、专业招商、市场运营”模式，打造 15.5 万方以数字时尚、直播电商、工业互联网产业为核心的数智时尚产业园“云尚工园”。

公共服务再提升——旧改改进群众心里去

共同富裕的蓝图里，有高质量发展着的产业经济，也要有满足人民日益增长的美好生活需求的举措。建设未来社区，就是为人民建设幸福的美好家园。

什么是美好家园？千人千感，但终究是以社区居民的需求出发，让过去居民生活的痛点，变成今天及未来的生活幸福点。而这，也是南苑街道在老旧小区提质改造过程中始终坚持的原则。

河畔新村也是个典型的老旧小区，老年人多，出行难度大。可现在，即便是住在顶楼，居民王爷爷也坚持着早晚散步，雷打不动。“这都是加装电梯的好处啊。”加装电梯是项民生工程，可要人人满意，并不容易。但在河畔新村，却实现了 32 个单元楼全部完成加梯签约，居民意见征询同意率达 100%。这背后，有何秘诀？南苑街道相关负责人说：“秘诀就是要以心换新。”

在加装电梯项目正式推进前，南苑街道城建办工作人员便深入各小区开展调研摸排，并依据居民反馈的问题，绘制并发布了临平区首张加装电梯服务地图,为居民提供了一份详细攻略。而社区又依托“邻里汇”线上线下平台,成立“加梯帮帮团”,采取“一层一策一团队”方式,广泛邀请居民参与民主协商议事。从要装电梯,到开始施工,再到装完电梯,南苑街道充分保障了每一位涉及居民的意见能充分表达。

如今,南苑街道已通过“旧改+全加梯”结合模式,成片加装电梯已超过 136 台,河畔新村、爱民小区等 9 个老旧小区已全部实现小区整体“全加梯”。

加装电梯,是为了让居民外出更便捷。而不断完善的嵌入式体育场、市民之家、图书馆等公共服务配套,则是让居民在外出后的 15 分钟内,可以享受到品质生活,让居民精神文化活动更加丰富。

基层治理再提升——打造一流善治之地

包括建设未来社区在内,共同富裕现代化基本单元的突破口,就是聚焦在现代社区建设上。这是推进社会建设的有形载体,也是防范化解重大风险的有力屏障。

南苑街道辖区范围内共有 31 个社区,类型各异,有 16 个城市社区、9 个全征全迁社区、6 个乡村转型后的社区。“多样的社区类型,让我们具备了探索现代化城乡社区的条件。”南苑街道相关负责人说。

经过多年的探索实践,南苑街道已构成相对成熟的“1+2+N”治理体系,即 1 个综治中心、2 项治理机制和 N 个调解团队。其中板凳议事团和邻里汇工作机制两项治理机制,就来源于社区治理中的探索。

板凳议事团起源于地处城郊接合部的高地社区。在这里,不仅有3000余名居民，还有工业园区内的100多家企业及10000余名外来人口，是一个居住、生产、销售混杂在一起的“三合一”社区。这也意味着，社区里的矛盾类型复杂多样。“人员复杂，涉及的利益方也多。那就干脆在党建统领下，邀请各方群众作为议事团成员，坐在板凳上，一起商量问题、解决问题。”高地社区相关负责人说。有了板凳议事团，高地社区解决基层问题的效率明显提高，议题也日渐丰富。这都关乎每一位群众的生活品质。

在基层网格队伍和部门下沉队伍逐渐壮大的同时，南苑街道又开始借助数字化手段，为基层治理赋能。其中，板凳议事团也从线下搬到了线上，成为“云上板凳”平台；大力推动网络餐饮专项整治，推广“浙江外卖在线”，累计建成“阳光厨房”491家，保障群众“舌尖上的安全”。此外，南苑街道还开发设计了“指挥楼宇”“疫扫通”等线上平台，并全部集合于“邻里汇”社会综合智治平台，覆盖面囊括所有社区。

特别是龙兴未来社区的打造中，南苑街道建立了“一底三端四维”数智场景，通过搭建龙兴未来社区智慧服务平台，为社区所有的人、物、事件、建筑、道路、设施等建立数字世界虚拟影像，辅助社区运营管理。同时打通“数据壁垒”，做大“场景基座”，实现了跨部门、跨层级数据汇聚融合和深度应用。

在城市化进程中，南苑寻得机遇；在现代社区建设中，南苑也将向着共同富裕举步迈进。

南苑街道的城市化

◆骆如香　吴银江

南苑成为街道，始于 2001 年，街道作为当时余杭区推动城市化的主战场，承受着敢为人先所带来的一切压力，但也成为全区社会发展最具开创性的一个新的端面。城市化的变革所产生的张力，冲击到了社会的各个方面，在生活居住、区划重构、身份认同、人口导入、环境适应、认知思维等方面，使整个南苑街道完成了一次涅槃重生。

一、规划和征地

南苑街道的城市化，主要经历了从“建成区”，再到“建成区”外两个阶段的推进过程。历届街道党工委办事处在面对“建成区”这一目标任务时，曾经提出了“框架拉得开，项目推得进”的战略方针，以规划为先导，征地拆迁坚定跟进，从而完成区域内“七纵四横”道路框架的征迁。“七纵”是红丰路、南兴路、东湖南路、南大街、迎宾路、新丰路、星河南路（原名西安路），“四横”是人民路、政法街、世纪大道、南苑街（原名翁梅路）。确保了临东路与望梅路两条环线内的路网布局得以形成。到 2010 年左右“建成区”内的基础设施、项目征用、区域拆迁得以有序推进，为这一阶段城市基础设施建设和南苑经济发展奠定了坚实基础。

新东湖路，是1990年在农田上铺筑起来的，2005年进行了拓宽改造，路面从26米到46米。2020年，又因城市极速发展而提升改造，建成了东湖路高架，成为临平区向南又一快速通道。正好是每15年呈现一番新的场景。

2003年，“建成区”的拆迁工作正式启动，新安社区全域、联盟社区全域、西安环线以内、东湖社区四个组和新丰社区的三、六、七、八四个组的征地拆迁工作次第开展，到2006年完成两户联体的自建安置。

其中给人影响深刻的是东安社区，在征地拆迁过程中，因为贴近老城区，属于“街梢头”的农村，人的观念超前、多元，人员结构复杂，城郊接合部犬牙交错，工作展开相对困难。因为是第一个全征全迁的社区，与部分城区单位一并打包，区里出台了针对性的“大东安”政策。尽管这样，工作上仍是滞缓艰苦，有些遗留下来的问题，在分房时才显现出来。当然，通过这次实践，也为后来的征迁工作积累了经验。

每个阶段都有每个阶段的期望值。到苏家社区征迁时，我正在社区工作，也是全程的亲历和参与者。苏家社区与东安社区同时纳入建房规控的“建成区”范围，违建现象极少，出租收入较低，与以租房谋生的经济环境严重脱节。更为紧迫的是，家庭人口结构正常性增长与住房需求的矛盾日益尖锐，而苏家社区比东安社区征迁时间又延迟了好几年，在居民中集聚了较多的情绪。所以，当征迁被民意驱动的时候，对征迁启动形成了严重的倒逼情绪。当然，苏家社区的整个征迁和分房，总的来看还算紧凑有序的。

随着城市化发展的更高要求，当“建成区”外成为又一波推进征迁的前沿阵地时，为南苑街道后十年带项目全征全迁带来了契机。环东路及东湖南路以内的所有土地全域纳入后，整个街道约三分之二的土地完成了土地属性的改变，为一座现代化城市的崛起，争取到了机遇性的时间窗口。

翁梅社区分别在 2011 年、2012 年、2017 年以地铁 1 号线翁梅站点前期储备项目启动的全征全迁为契机，实施了全征全迁。由于体量较大，在主房安置完成的前提下，安置公寓 B 二标，将在 2023 年底竣工。

值得一提的是，运河二通道及其绿化工程是“建成区”外最大的征迁项目，涉及长树、东湖、高地、天万、钱塘、万常六个社区，共 795 户 3738 人，自 2018 年启动的征迁工程以来，安置时间预计在 2023 年左右，联胜部分居民的安置时间要延长到 2025 年。

二、拆迁与安置

拆迁与安置是因果关系，更是征地实施的前置条件，也是所有工作的难点和重点。

南苑街道近 20 年的征迁政策，经过了零星征地自建房、区片综合价征地两户联体自建房和项目带动整村全迁公建高层分房这三个阶段，既符合社会发展需求，也依赖于政策的适时调整，充分阐释了“政策和策略”的全部要义。

拆迁与安置，集中体现在政策的强制性和灵活性的把控上，取决于主政者对当时当地社会面的了解和被征迁对象愿望的契合点的拿捏。这对制定政策及具体实施中不断做出调整，提出了执行水平的更高要求。

后来，我作为街道工作人员，参加了东安、西安（部分）、联胜、红联等的分房摇号工作。总体来讲，由于在外过渡的焦虑和分房愿望的迫切，为摇号工作的顺利完成提供了原动力，因此，全街道的分房工作是比较成功的。

征迁工作不仅仅是居住场景的改变，更重要的是通过征迁，获得了利益的再分配，为彻底梳理家庭长期积累的内部矛盾提供了契机。如婚姻、户籍、财产、赡养、邻里、土地等一系列的遗留问题，大部分通过这次“城市化”的过程得到了解决。从社会和谐的角度来看，许多陈年积弊有了摒除的机会。在重新获得住房后，人际关系和邻里关系都因重组而变得轻松和睦，许多怨意随之消散，极少数家庭的相对贫困也彻底消除。一个新型、优化的社区环境与高品质生活要求的匹配度处于最佳状态。

譬如有户人家，男主多次离婚，在临近征迁前又匆匆物色了一位女士办理了登记结婚手续。而他的几位前妻的户口一直在册，家庭关系十分复杂，也纠葛不断。在得知要征迁后，前妻们纷纷找上门来，到社区提要求、寻求帮助。好在安置政策既有原则性也兼顾社会面的现实存在，这些问题在政策范围内得到了妥当解决。

三、全域性成果

南苑街道设立至今 22 年，一座现代化城区屹立在全区人民面前。15 个农村社区中，有 9 个社区已完全融入城市生活，其余 6 个农村社区也都有部分征迁，享受到了城市化带来的巨大利好。

据统计，从2001年到2022年，除杭浦高速和东湖路两个社区外，全街道共征地24500余亩。其中2011年至2021年的10年间，共涉及拆迁13个社区3655户17352人。有东安、苏家、联胜、翁梅、红联、西安、联盟等7个社区将全部入住高层公寓。

此间风光新画图
——艺尚小镇纪事

◆茹惠明

乔司港由北向南汩汩流动，入夜，经过高铁临平站后，河水在月光下波光粼粼。不远处就是东湖公园了，那不断变动色彩的临平大剧院，就像一艘即将出航的大型游艇。沿湖的游步道上不时有夜跑者经过，三五成群的年轻人在草坪上喝茶聊天。周边隐藏在树荫中的一幢幢二三层高的建筑依然灯火通明。这里就是杭州临平艺尚小镇，是临平区政府与中国服装协会、中国服装设计师协会联合打造的“中国服装行业十三五创新示范基地”，是中国服装杭州峰会、亚洲时尚联合会中国大会的永久会址。

小镇以服装、时尚为主导产业，以东湖公园为中心，打造文化、艺术、历史、潮流四大时尚街区。先后荣获全国首批纺织服装创意设计试点园区、省级特色小镇、省级标杆小镇等称号，连续四年成功举办中国服装杭州峰会、中国时尚大会等重大活动。

小镇在蝶变中应运而生

艺尚小镇地处杭派女装、家纺布艺的主产地——临平。据志书记载，早在秦汉时期，这里就有手工缫丝。至唐代，所产的绯绫、白编绫、纹绫等名贵品种，因质量上乘而被列为贡品，历千余年而不衰。20 世纪 60 年代，随着社队工业的兴起，周边农村出现了一大批丝绸纺织企业，规模越做越大，品种越来越多。当年上海 APEC 会议上，各国领导人所穿的“唐装”面料就产自此地。

南苑街道的高礼根，凭着村里投资的 2000 元资金，带领十余名员工，自带家用缝纫机，于 1984 年 4 月创办了红联服装厂。经过近 40 年的艰苦创业，跌打滚爬，目前已成为一家大型服装控股集团，拥有员工 2000 余名、厂房 10 万平方米、各类出口服装专用设备 2500 多台。

与此同时，一些村社也从家庭作坊起步，逐渐形成了以服装加工为主的特色产业。如南苑街道的高地社区，到 20 世纪 90 年代末，已有五分之一的家庭和半数以上的劳动力从事制衣业。2001 年该村开始和大学合作，开启了生产杭派女装的新时代。

于是，“中国女装看杭州，杭州女装在临平”成了一句流行语。临平的南苑、乔司等地的服装业快速发展，为杭州市委、市政府实施建设“丝绸之府、女装之都”的战略奠定了扎实基础，也进一步激发了服装企业的发展热情，纷纷增加投资，扩大生产。据统计，杭州市面上三分之二以上的杭派服装产自临平。

但是，到了 2010 年前后，杭州服装业遭遇了一次“滑铁卢”。由于缺乏品牌，特别是“天女散花式”外延扩张，粗放经营已难以为继，大部分企业都陷入了“产能过剩”“库存高压”的困境。

何去何从，已成了服装企业生死存亡的关键。几位老总经过多次商量后，得出结论，必须痛下决心走集约化、品牌化之路，用质量和创意来适应市场。他们希望有一个规划集中、相对稳定、安心发展的生产环境，并决定把任务交给杭派女装商会副会长郑念华，由他统一找地，并出面和政府汇报、洽谈。

之后，郑念华团队怀着对服装产业的特殊情怀，不辞辛苦，跑遍了市内富阳、萧山、临安等许多地方，但要么当地缺少理想用地，要么对服装产业不感兴趣。最终他们把脚步停留在了临平。这里不仅有着悠久的纺织历史，雄厚的产业基础，几代人薪火相传，形成了厚重的文化积淀和延绵不断的产业基因，更主要的是，这里区位优势明显，是杭州融入长三角，接轨大上海的“桥头堡”，也是实施长三角发展战略的重要阵地。一小时交通圈辐射江苏、上海、安徽，是目前杭州唯一高铁、城铁、地铁“三铁”的交汇枢纽。

“十三五”期间，浙江省以“特色小镇”为抓手，重点发展七大万亿产业，时尚产业居其一。为推进时尚产业的转型升级，省政府发布了《时尚产业发展规划纲要（2014—2020 年）》等文件，为时尚产业绘就了蓝图，指明了方向。在这“天时地利人和”的大背景下，几位老总的思路是与大形势合拍的。

而当时的余杭区，城市化发展迅猛，作为城市化主战场的南苑，到处都是建筑工地，一座座高楼大厦拔地而起，城市面貌日新月异。如何使城市化可持续发展，做到产城融合、人文融合，肩荷重任的新城管委会也正在思考、在探索破解这一难题的途径。当郑念华团队带着项目找到这里时，管委会和区政府敏锐地意识到这是一个契机。一方面政府在推进城市有机更新，产业结构优化升级，需要引进一批优质特色项目；另一方面企业需要有资源、有土地来实施转型升级。

政府和企业在洽谈中一拍即合。但区政府也提出了三个前设条件：一是必须与中国服装协会合作，提高产业层次，争取更多国家资源，招引全国著名服装企业；二是要扩大投资，形成产业规模；三是增加税收，提高土地产出效益。事后，郑念华也说："当时要满足这三点，我们内心忐忑，但事在人为，有压力更有动力。"2010 年 10 月 26 日，"中国纺织服装创意设计中心（艺尚小镇前身）"新闻发布会隆重举行，小镇建设迈出了第一步。

艺尚小镇，谐音衣裳，规划建设面积 3 平方千米。于 2015 年 6 月列入第一批省级特色小镇创建名单，10 月启动建设，2016 年 9 月正式开园。不到 5 年时间，这里的传统产业华丽转身，艺尚小镇新军崛起，成了当今服装界、时尚界热捧的特色小镇，也是全省 13 个标杆特色小镇之一。在 2021 年 5 月召开的特色小镇高质量发展推进大会上，获"最美小镇"称号。年底再次通过考核，被评为省级优秀特色小镇。

小镇展示不一般的都市工业特色

漫步在艺尚小镇，人们不仅仅能领略到优美的环境，完善的配套设施，更多的是这里的生机和活力。而这些生机和活力，都来自筚路蓝缕的艰辛征程。

"没有企业，就没有小镇。"这几年引进的一大批优质时尚服装企业，就像天上的星星熠熠生辉，不仅照亮了小镇，也推动了整个服装产业的转型升级。目前，已有 2220 家服装时尚企业落户小镇，其中区域性服装企业总部 84 家；集聚了一批咨询公司、科技公司、电子商务公司，产业特色明显，集群效益凸显；云集了国内外一大批顶尖服装设计师，其中不乏金项奖设计师和全国十佳设计师，大批人才纷至沓来；拥有伊芙丽、黛玛诗、迪尚、inxx 等著名服装品牌 40 余家，产品不仅畅销国内市场，而且受到东南亚和欧美市场的欢迎。

在新形势下，小镇还引进了互联网新业态。店家科技、纳斯机构等一批新领域的平台型企业相继落户，网红品牌、潮流经济、直播电商方兴未艾。在小镇所见所闻都离不开“数字化”。杭州嗨喜电子商务公司面对新冠肺炎疫情对实体店的冲击，加大了网络销售。公司已拥有粉丝 2000 多万，去年“双 11”一天就销售了 2 亿元。伊芙丽公司利用互联网、大数据，开发了营销实时监控系统。全国 2000 多家门店的销售业绩、款式供求、库存数量等数据在大屏幕上一目了然，大大降低了经营成本，提高了生产效率，应对市场反应更加快捷有效。

小镇去年实现税收收入 6.83 亿元，却没有听到机器的轰鸣声，没有看见一家生产企业。随着产业结构的调整优化，企业生产制造环节逐步转移出去。这里已逐渐成为服装时尚产业的创新中心、设计中心、展示中心、销售中心、信息中心，展现了一幅立足“微笑曲线”两端的都市工业场景。

随着艺尚小镇的发展，还在周边集聚起了一批配套企业，余杭服装产业园、乔司九堡服装电商产业园乃至海宁皮革、桐乡羊毛衫、湖州丝绸共享着艺尚小镇的“溢出效应”。产业链进一步延伸，企业技术创新速度加快，规模化、集约化生产的优势更加突出。

时尚，推动小镇产城人文融合

时尚，是艺尚小镇区别于浙江省其他特色小镇的标识。时尚的无国界、跨区域特性，决定了艺尚小镇在空间和功能布局上能融合产业功能、文化功能、旅游功能和社区功能。

艺尚小镇由“一中心四街区”构成。“一中心”即东湖公园，它是小镇重要活动中心，由南北两侧组成。北侧为重要政府公建配套项目，由临平大剧院、艺尚小镇国际秀场、临平区文化馆、艺尚雷迪森广场酒店组成。南侧的东湖公园以水汀东湖为中心，“艺尚八景”散布其中，如画片般逐一展现，是观景、休憩、回归自然的好地方。“四街区”分别为时尚文化街区、时尚艺术街区、时尚历史街区和时尚潮流街区。

时尚文化街区，位于艺尚小镇西侧，以汀兰街为轴心分布于两侧，是一条时尚研发办公与时尚创客创业的文化创意街区。街区内风格各异的时尚建筑依傍北沙港水域而建，彰显自然人文之美，吸引了诸多国内外知名设计师、工作室入驻街区，构成了“设计大师群落”。

时尚艺术街区以引进中国艺尚中心项目为核心引擎，以发展时尚产业总部集群为主要目标，从国际时尚教育着手推进品牌设计的中国元素创新。同时推动“互联网 +”时代下的大数据 B2B 产业链重组，通过设计师工作室外包服务中心、创意面辅料集成中心、时尚品牌孵化中心等九大产业功能集群精准把控时尚产业链，360 度打造世界级的中国时尚企业引擎。

时尚历史街区，位于艺尚小镇东部，占地 90 余亩，保留了 29 幢农村自建房原有的田园特色，进行了“江南风”艺术化创新改造，形成了大树林荫、小桥流水、生态花园与独栋办公室创意别墅错落有致、围合而成的生态主题产业社区。引进了一批文化创意企业和电子商务企业，打造了“文创 + 互联网”的城市新典范，创建了电子商务与创意设计全产业链互联网服务生态系统。

时尚潮流街区，位于艺尚小镇东北部，由我国自主时尚轻奢第一品牌“瑞丽”和艺尚小镇共同打造。是以轻奢、创意为特色，以创建培育国际一流轻奢品牌为目标而建的一条高端轻奢商业街区，又名瑞丽轻奢街区。

统而观之，时尚文化街区最美丽的风景和要素，应是服装设计师的设计理念。2020 年国务院下发了《促进特色小镇发展的意见》，省、市也先后发文贯彻落实。杭州市出台的《促进特色小镇高质量发展实施方案（2021—2023）》，提出了“全力打造产业更特，创新更强，体制更优，形态更美，辐射更广的特色小镇 2.0 版”的目标和“为全国特色小镇建设提供样板，为杭州展现重要窗口的‘头雁风采’提供重要支撑”的要求，艺尚小镇的发展又进入了一个新的阶段。

一千多年前，诗僧道潜被临平的美丽景色所折服，写下了烩炙人口的《过临平》一诗：“风蒲猎猎弄轻柔，欲立蜻蜓不自由。五月临平山下路，藕花无数满汀洲。”一千年后的今天，艺尚小镇的建设者们，正以他们的聪明才智，描绘着一幅幅更美丽、更时尚的宏图。打造“中国时尚产业新地标”的定位，使艺尚小镇走在了时尚的风口，真是“五月临平路，奇葩满东湖。艺术向时尚，时代新风蒲”。

踔厉奋发，笃行不怠，艺尚小镇未来可期，前程无量。

南苑街道全力打造楼宇经济先行区

◆谢尚园

一座座鳞次栉比的高楼大厦，昭示了城市发展的新内涵。南苑街道紧紧围绕区委、区政府“融沪桥头堡、未来智造城、品质新城区”的发展定位，以商务楼宇作为经济发展的重要载体，将“数字时尚、产业互联网、智造服务”作为产业定位，坚持通过“走出去”和“请进来”狠抓“双招双引”，抢抓发展机遇，全力打造楼宇经济先行区。

完成各类指标，提升特色增效益

楼宇崛起之处，往往隐藏着解读一座城市经济发展的“钥匙”和密码。IFC、西子国际、余之城、商会大厦、勤龙大厦楼宇内已入驻亨石、航启、清创、阿里云工业互联网中心、建筑数字化产业园、文创大厦、小米生态链创新中心、水木新谷、国科智慧、新清杭创新中心等一系列加速器，招引了白泽科技、飞渡科技等 2 个院士项目，新引进了杰克缝纫机、清大智能机器人、熊熊环保科技、构美、空刻等一大批优质企业，进一步提升了楼宇企业的前瞻性，也划定了经济圈。

目前，迎宾路沿线商业圈集聚了较多的数字时尚、产业互联网、建筑业企业，并形成了产业特色楼宇集群和“文创产业楼”“数字时尚楼”“建筑产业楼”等专业特色楼宇，其中勤龙大厦成功创建区级文化创意大厦。据统计，2021 年 1—6 月，楼宇经济实现财政总收入 5.9 亿元，同比增长 41.9%，其中税收亿元楼宇 1 幢、税收千万楼宇 15 幢；楼宇经常性财政税收 2.83 亿元，同比增长 50%；科技企业（包括高国新、雏鹰计划、省科技型中小企业、省市区研发中心）211 家，同比增长 7.65%；拥有知识产权企业 582 家，共计 1942 件知识产权，同比增长 75.11%；海内外高层次人才项目 126 个，同比增长 18.1%；区级 F 类及以上人才共 267 位，同比增长 40.5%。今年，新申报重点楼宇 2 幢（东湖电商园、艺尚创谷）。

为促进楼宇经济高质量发展，南苑街道将通过政策力度不断“加码”，全力引进高级人才，将进一步提升金融商务区城市辐射力、集聚力和吸引力，提高区域经济综合实力和竞争力，不断提高经济效益。

加大政策扶持，全力推动新制造

推动楼宇经济转型升级和高质量发展，是适应我国经济发展阶段变化的必然要求。南苑街道为规范楼宇管理，通过每季楼宇工作例会，通报各楼宇入驻率、入驻企业数、税收等情况，让楼宇运营商更全面地了解自身及南苑整体楼宇的情况，并加强规范化管理、招商入驻、金融风险防控、安全生产、疫情防控等重点工作；同时结合楼宇产业政策，每年从税收、管理、招商、安全四方面对楼宇进行专项考核，对考核优秀单位进行表彰奖励；引导楼宇运营商清退证照不符、虚拟注册、偷税漏税、金融风险隐患高的不规范企业，加大对税源、科技、品牌等优质企业的招引力度。将楼宇管理纳入社区网格日常监管，依托智慧楼宇管理平台，建立信息即时互通共享机制，及时掌握楼宇企业动态。明确入驻企业产业导向和发展规模，对于风险隐患企业确保早发现、早报告、早处置，筑牢楼宇“防火墙”。

结合税收贡献、科技创新、规范管理、企业引育、安全管理等 5 个评价维度，通过“正向激励 + 反向倒逼”推动工业经济转型升级。强化低、散、乱长效监管，开展督查、检查、联合执法，整治反弹，完成块状行业的腾空关停，全区第一个通过部门联合验收。同时，进一步挤压低效企业，淘汰落后产能企业。加快数字化改造，验收工厂物联网改造项目，验收数字化改造攻关项目，完成机器换人，完成工业互联网应用，工业全部注册上云。

科学认识和准确把握楼宇经济高质量发展的内涵、目标与推进方向，对南苑街道楼宇经济的发展具有重要意义。

显现品牌优势，打造楼宇金名片

南苑街道立足本地优势，楼宇经济经过多年的发展，已打下良好基础，辖区楼宇经济体量、产业、效益、管理等方面实现了较大的突破。但是，仍存在产业素质不高、服务水平不高、配套服务不足等问题。南苑街道将高品质发展楼宇经济，做精楼宇经济的品牌、做强楼宇经济的管理、做优楼宇经济的服务、做大楼宇经济发展空间的发展举措作为主要目标。

辖区交通、教育、医疗、商业、政府等资源众多，为楼宇经济快速发展提供了得天独厚的区位优势、资源优势和环境优势。同时，街道不断创新管理模式，结合上海等地楼宇管理先进经验，以党建服务、产业引导、公共服务、文明创建、问题化解、公益培训等服务内容为核心，建立楼宇服务驿站，拉近政企距离，提升服务效率。

在空间布局上，围绕立面、设计、规划、施工、运营等多个统一，坚持高标准打造联胜园区15万平方米的工业楼宇空间，联合新城管委会开展招商工作，全力打造时尚亮点产业园区。

在产业布局上，推动大数据管理进驻楼宇，飞渡楼宇卫士系统已在4栋重点楼宇上线运维，为楼宇提供健康风险评估、智能问诊看房和巡检维修保修等数据化管理服务。引导楼宇实施智能化改造，如西子国际、余之城等楼宇已安装梯控和门禁系统，永安大厦已推行人脸识别系统。

在南苑街道、区楼宇办和各楼宇主体等的不断努力下，楼宇经济已成为南苑发展的动力之源、创新高地，为汇聚创新型、总部型经济，推动余杭“东部崛起”、打造长三角区域一体化“桥头堡”发挥了显著作用。

发挥科技赋能，培育数字新经济

楼宇经济发展是一种新型的经济形态，培育新经济，激发新活力贯穿始终。信息技术的应用为南苑街道楼宇管理提供数据支持，也为反馈未来城市功能更新、优化产业布局，提高运营水平。智慧基建的前期投入将在一定量级的积累后变成数据输出，指导城市功能动态优化并形成数字楼宇经济。

培育创新主体，加深专利服务。南苑街道强化科技创建指导，完成国高企创建23家、省研创建2家、省高成长和科技中小企业17家、市高企和市雏鹰计划12家，科技企业增速大幅提升，其中国高企新增量为去年的7.6倍。引导企业不断开发新产品、新工艺、新技术，全年完成专利申请764件，完成年度任务的 170%;完成专利授权 342 件,完成年度任务的 137%。

培育创新加速器,培育优质中小企业。南苑街道在服装产业创新综合体和亨石、航启、清创等科创加速载体的基础上,继续深挖潜力,新培育省级小微企业园 4 个,新建阿里云工业互联网创新中心 1 个和建筑数字产业园 1 个。加大招商引资力度,通过创新型项目 12 个、孵化项目 7 个,全区排名第四;加强小微企业培育,新上规工业企业 2 家、服务业企业 26 家;狠抓总部企业培育,认定总部企业 4 家;新增区级上市培育企业 1 家和省级隐形冠军企业 1 家,全力扩大龙头企业规模。

科技是第一生产力,是持续增长的根源,那么,发展数字经济的关键也正是培育出更为强大的数字科技能力。换句话说,数字科技,是塑造数字新经济的第一引擎。

深化楼宇服务,打造营商好环境

客户需要什么,我们就提供什么。针对客户的需要,突出精准服务,强化辅导培育,实现双赢双丰收。根据企业税收、规模、融资、科技、经营等,将企业分为 A、B、C、D 四级,建立企业数据库,从服务内容、服务要求、服务频次、服务人员等方面采取层级服务方式,A 类企业街道领导牵头重点服务,B 类企业科长牵头辅导培育,C 类企业楼宇管家动态管理,D 类企业跟踪清退。配置 6 名楼宇管家, 每月走访南苑街道 50 幢重点楼宇(含重点企业),收集企业需求,会同临平新城定期召开部门座谈会,协调解决困难和问题。基于企业精准画像针对性排摸,掌握辖区内科技企业情况,动态跟踪培育,支持企业积极申报“国高新”“省科小”等,已筛选出 324 家企业为本年度“国高”储备库、132 家为雏鹰计划企业储备库、102 家企业为市高新技术研发中心储备库。

搭建政企桥梁。强化商会党建，完成商会党支部建设，以及商会企业党支部建设；弘扬企业社会责任，组织送温暖、送清凉、慈善捐款、咸丰贫困村结对、抗疫捐款等各类活动；创办《南商汇》会刊，宣传报道会员单位。以企业需求为导向，功能型活动为主、氛围型活动为辅，围绕培训类、人才交流类、投融资类、招才类、党建类、文体类六大活动模块，持续开展丰富的公益性活动，营造浓厚的创新创业氛围。

明珠熠熠放光华
——南苑街道 31 个社区的“即时镜”

◆王伟明　陈坚民　夏佳乐

社区，通常是指由居住在某一地方的人们结成多种社会关系和社会群体，从事多种社会活动所构成的社会地域生活共同体。社区居民委员会是街道党工委领导的居民自我管理、自我教育、自我服务的基层群众性自治组织，本文叙说居委会所辖区域的人和事。叙说离不开当时的空间、时间、环境、语言、物件。2022 年 7 月起，我们陆续走访了南苑 31 个社区居委会，所见所闻，子丑寅卯，叙说如下。

临城：居民来自四面八方

沿南大街南行穿过人民大道、政法街、世纪大道、玩月街、南苑街，往南在三曹街交叉口右转，过新城路，遇临城路左转即到临城社区居委会。临城以路得名，不是临平新城的简称。三曹街的“三曹”也不是史书上曹操、曹丕、曹植，而是吴越时河南埭人曹信、曹圭、曹仲达。

10 多年前，这一片是农田、村庄、林地，属联盟村一组、二组和上海铁路林场。区第一医院就坐落在当时的林场内,旁边是王家畈港。社区成立于 2017 年 12 月,东至南大街,南至临东路,西至迎宾路,北至世纪大道。2022 年 7 月,三曹街以北至世纪大道新建临云社区。

2022 年 7 月 27 日上午 9:30,居委会会议室内 20 多名居民正在聆听省十五次党代会精神宣讲。据了解,没有原联盟人,仅一位附近临平街上人。

临城人来自四面八方,南苑有许多这样的“城市社区”。

2023 年 3 月 14 日一早,社区总支书记刘小芬在小区察看民主法治示范创建落实情况。她说,0.15 平方千米的辖区,天峰府小区 563 户、尚峰轩小区 1262 户,都是外来人购房入住。欢乐城·尚峰轩 2840 套酒店式公寓, 更是 3 个月换一批入住人员。

新安:马鞍山不是鞍山

2022 年 10 月 9 日,晚 7:30,南兴路 8 号,灯火通明,居委会 3 位社区干部,2 位伏案办公,1 位在门口接待来访居民。

1957 年,东安高级社一分为二,一为东安村,一为新安村。后来村变社区,新安现辖桂花城、桂花星城、新秀家园 3600 多户,8800 余人,其中外来人口 4900 多人。国庆长假刚过,很多人从老家探亲、外地度假回来,大数据显示有 30 多位与疫区搭边,晚上还剩下的十几位要社区干部上门落实疫情防控。社区副主任袁志荣说,事有点多,连续多日,居委会 24 小时值班。正说着,一位安徽马鞍山籍居民走进门:“错了,是马鞍山不是鞍山。”原来辽宁鞍山有疫情,他从安徽马鞍山老家回来,电话铃声不间断,被大数据网络管控了,他请求社区帮忙纠错。

大数据给人类带来了极大的便利,有时也有烦恼。

2023 年 3 月 9 日上午,社区党委书记张如华说,疫情过后社区忙着志合鑫悦大厦验收。志合鑫悦大厦是 2015 年社区以土地入股同开发商一起筹建的,地上、地下 68000 平方米,预计 7 月可出租招商引资。

红联:转角处遇见幸福

东湖高架望梅路出口,九漾华庭居住着 4500 多名红联人。1959 年,红星、西梅、枣木、万荣 4 个大队合并取名“红联”。2008 年撤村建居,2010 年至 2015 年分批征迁,2018 年回迁九漾华庭。

九漾华庭东区,邻近南大街的居家养老中心,志愿服务、文化活动、康养运动三结合,每天百余位红联老人在这里活动或接受照料。老人们看戏、娱乐、养生,中午有可口的午餐供应。西区邻近新城路的弘贤馆融合社区发展史、新乡贤事迹、老物件、南贤讲堂、书法书屋等,留住了乡愁、乡情、乡音。九漾华庭南,一路之隔,是一片闲置的土地,播上种子形成了花海公园,是红联人休闲游玩的好去处。

2022 年 10 月 12 日,上午 11:00,社区党委书记王国峰在弘贤馆向客人介绍,南大街往南下穿高铁的路打通,大大方便居民去卫生服务中心就医,小区也建了卫生服务站方便打针配药。他说,建好一批场所,满足居民的物质和文化需求,让他们转角就能遇见“幸福”。

龙兴:未来社区先行一步

龙兴,本意表示皇帝登基,佛语“龙王兴大密云”,寓意风调雨顺。

临平有龙兴寺、龙兴桥、龙兴路、龙兴社区，龙兴社区于2016年9月成立，龙兴寺、龙兴桥不在这社区。2022年10月13日下午3:00，周明雍、沈建荣、李渐明、郁毅、俞燕芬正在社区服务大厅挥毫泼墨“喜迎二十大，笔墨书清廉”。

社区总支书记毛丽娟向我们介绍未来社区智慧服务平台，即“数据驾驶窗”。大屏幕一底三端四维融合数智服务场景，能实时看到幼儿园小朋友午睡、上塘河段面水质数据等。一窗打开，全貌在前。她讲话语速很快，信息量大，新名词多，我似懂非懂。2022年5月，龙兴社区成功列入我省未来社区暨共同富裕现代化基本单元，属临平区首家。

新丰：社区的“租金”

新丰的北面紧靠沪杭铁路，1992年铁路移位被征土地300亩，尔后城市化加速推进，至2007年，藕花洲大街、迎宾大道、人民大道，以及区妇保院、信达学校、小博士幼儿园、临平一小世纪大道校区、临平图书馆、金桥花园、胡姬花园、富邦酒店等等大量征用新丰土地，是年12月21日全征全迁，2008年“村”变身“社区”。

2022年10月25日上午9时许，我们在人民大道402号走访了社区党委书记劳利民。他说，去年社区经联社收入1570万元，往年要给居民分红，这年居民代表会议决定不分红了，集中筹资建幼儿园。幼儿园10000多平方米，12个班，可容纳360余名幼儿，明年9月投入使用。他说经联社的收入主要来自“租金”，2012年土地入股远东宾馆每年租金收入150万元，2015年互联网小镇租金705万元，人民大道沿路店铺招租

300多万元,小区车位出租300多万元,明年幼儿园交付可增加年租金400多万元,经联社收入有望突破2000万元。

河南埭:区内最早的居民委员会

河南埭是城区最早建立居民委员会的社区,建于1951年6月,处上塘河南岸。上塘河是隋唐古运河,为世界遗产重要节点,前身为秦始皇开凿的陵水道,又称秦河。

2022年10月25日上午11时,社区党委书记张国平从街道办事处赶回来接待我们。他说,一早向街道汇报老旧小区改造加装电梯一事。加装电梯去年完成了78台,今年任务多,是好事,也快完成了。但好事也要多磨,有些事不得不向街道请示。

河南埭历史悠久、古迹众多、人才辈出。境内有龙兴桥、桂芳桥、里仁桥、曹泥船、河里河、明因寺等等。曹泥船是曹姓家族所创,曹姓祖上从江西迁入,吴越时,曹信、曹圭、曹仲达祖孙三代深得朝廷重用,镇守一方,曹仲达官至丞相。吴越"保境安民",曹家功劳不小。桂芳桥原名东茆桥,因宋时居住桥堍的徐宣、徐寅、徐垓一门三秀,不畏权贵,弹劾贾似道,流芳千古,后改名为桂芳桥。还有居住在赭山港的姚光烈、姚光晋是国学大师俞樾的舅舅,很有才华,外甥像舅舅嘛。社区党委副书记王宏俊介绍,社区正按区大运河文化公园建设和挖掘宋韵文化的要求,沿上塘河南岸设计建设河南埭历史文化长廊。

翁梅:此村曾与乡同名

翁梅乡撤了,翁梅村在,后改为社区,还分出了新梅、羊头坝、怡景社区。地名是一种情怀,2015年翁梅村紧邻的杭州地铁 1 号线开通，站名取乔司北，村民们不高兴，后更正为翁梅站。

2022 年 11 月 2 日，上午 10 时，社区党委副书记方春华对我们说，社区居民莫德兴是名声远扬“余杭滚灯”的制作者，滚灯去过天安门广场、鸟巢，还曾漂洋过海。现在改名临平滚灯，更确切应该称翁梅滚灯。昨天，乔司境内有新冠肺炎疫情，很多人时空交集健康码变黄。社区服务大厅一早就有人来备案。一位租住在翁梅新苑 2 区的安徽小伙蒋英杰备案时被社区干部告知，须连续 3 天核酸检测阴性，黄码会转绿。

11 时，党委书记金国丰从钱塘社区回来。他是 9 月底被街道派去参加钱塘社区环境整治的，他所在的组负责拆除 78 户违章建筑、不雅建筑，估计 11 月 8 日可完成。

联胜：又一批居民回迁

2022 年 11 月 2 日上午，联胜社区召开居民小组长会议，研究居民住房回迁安置。中午，社区党委书记欧元庆匆匆赶到翁梅社区与我们座谈。

欧元庆 1968 年出生，1992 年 5 月进社区，2002 年当“一把手”，老革命。他说上面千条线，下面一根针，书记是针眼，事多，有时上下不对接，好不容易穿过针眼，线头拉给谁又难了。回迁是大事，街道由此让他留守不参加钱塘环境整治工作组。

宅基地征迁后，农民在外租房过渡，等待村里选址建回迁房。回迁时按农户人口多少分配住房，一户有多套。户型 160、120、80、60 平方米不等，大小户型搭配。联胜社区回迁房分三期建设，2017 年的 1、4、9、10、11 五个组 584 套的 160、120 面积已安置，这次 640 套安置余下的六个组，也是 160、120 的大户型。回迁房建设周期较长，余下的 80、60 的小户型要等三期建成再安置。家庭人口统计截止时间是分大户型的那天，对此，农户有意见，认为三期建成前增添的人口也应该享受。

意见归意见，社区无权变动。小组长会议明确：11 月 28 日以组为单位抽签摇号分 640 套住房。

洋头坝：曾经是小有名气的集市

杭州城里有洋坝头，南苑有洋头坝。上一辈人说，洋头坝小有名声，那里有条河叫洋头坝港，通往乔司，船从外面运来农药、化肥、种子和油盐酱醋，又从这里运出络麻、甘蔗，形成集市码头，有粮站、信用社、供销社、百杂货店等等。现在洋头坝港还在，是条景观河，两岸绿树成荫，河水静静流淌，集市码头早已不见踪迹。

2018 年 4 月翁梅、新梅各划出两个小区组建新社区，社区以洋头坝港得名。2022 年 11 月 10 日上午 10 时，居委会总支副书记张海燕说，土地是过去翁梅村的，人来自五湖四海，当初户籍不到 1000 人，现在已达 6200 多人，常住人口 13000 余人，涉及 26 个省份，大多是“80 后”“90 后”的年轻人。社区是上海金地、南京朗诗开发的楼盘。她说，年轻夫妇多，一年出生小孩 200 多人，教育压力大，昨天区教育局来人调研谋划学校建设。

社区总支书记付闻波去钱塘了，是第二批去帮助环境整治工作的。

新梅：五色党建五梅文化

新梅是 2017 年 4 月从翁梅社区分出来的，所以带个“新”

字。不到一年,它析出一部分,与翁梅社区划出的部分组建了洋头坝社区,2022 年 7 月新梅又析出一部分筹建怡景社区。

翁乔路与翁梅街交叉口西北,2 幢 26 层的风景晨园高高耸立,一楼、二楼是社区居委会办公场所,约 1000 平方米。一楼有居民接待大厅、五色便民站、五色党建工作室、人民调解室、社工办公区,二楼居家养老日照服务中心、亲子影院、军旅之家、新梅港湾、普法廉政角、梅花工作坊,还有阅览、舞蹈、健身、书画、棋牌等场所。

从一楼到二楼,2022 年 11 月 10 日上午 11 时 15 分,社区总支书记郭小英陪着我们边看边介绍。她说,社区居民来自全国各地,还有美国、英国、法国、阿联酋的 100 多位国际友人,0.56 平方千米居住着 22000 多人,人口稠密。社区通过五色党建、五梅文化把人心拢起来,成为区内首家社区五星级文化家园,拿了大大小小 50 多项荣誉。一楼五色党建展示墙:红色党员表率,先锋引领;橙色协商议事,居民自治;金色产业赋能,资源共享;绿色品质生活,和谐宜居;蓝色兼容并蓄,文化包容。去年建党百年,开展了“不忘初心”系列活动,有喜闹元宵党史知识灯谜、学雷锋党员志愿服务、鉴往知来党的知识竞赛、学党史办实事垃圾分类、锲而不舍防诈宣传、永葆本色关爱军人、童心向党少儿趣味运动、方得始终广场公益集市等等活动。

美梅谐音,以梅说美,各美其美,美人之美,美美与共,天下大同。郭书记说,社区通过服务凝聚人心,新梅有个梅字,我们以党建为统领,努力营造融美、和美、智美、韵美、劲美五美社区。

万常:不忘围垦精神

《余杭辞典》载:万常,原名“万丈”,取其音为万常,寓意万年常青。

几年前，东湖南路贯穿万常，如今运河二通道又使它一分为二，西南一半，东北一半。曾经的“乔司十里长街”穿境而过，长长的石板路，老一辈万常人留有深深的印象，而古海塘亘卧田野，展示了先辈们捍海筑塘的斗志。

万常人大多从钱塘江南“移民”而来。2022 年 11 月 24 日上午 10 时，社区党委书记闵鸿说，这里濒临钱塘江，曾是一片滩涂，祖辈们垦荒而居，20 世纪 70 年代“围垦大会战”惊天地，泣鬼神，十年十战，万常青壮年全部参战。

2019 年，社区办公楼专门开辟橱窗图文并茂地介绍当年围垦大会战，不忘以人民为中心、以发展为目的、以拼搏为路径、以创新为崇尚、以团结为生命、以清廉为品格的务实、进取、开拓、协作、奉献的“围垦精神”。后来请来党校老师向社区党员广泛宣讲“围垦精神”。那一年，社区党委邀请 100 多位 85 岁以上的万常老人举办“孝敬宴”。第二年 80 岁以上，后来 75 岁、70 岁都请，闵鸿说，倡导孝敬老一辈，更要传承好他们的创业精神。

天万：居委会又要搬家

天万社区居委会原在三组双庙，2020 年碰到运河二通道红线，迁至五组振兴村，现在又碰到环境整治，准备另行选址搬家。

这一片环境欠佳。2022 年 5 月，区领导现场踏勘，部署 9 月开始的环境整治活动，钱塘社区先行，万常、天万、高地后面跟进。11 月 24 日上午 11 时，社区党委书记吴跃宗在办公室介绍说，天万社区整治方案开始预算 2700 万元，现在参照钱塘的力度，点面结合，全覆盖，远远不够。目前社区干部忙着进一步调查摸底。

2016 年全区“拆违大会战”有过一次彻底的整治，轰轰烈烈。后来拆出来的场地提升跟不上，一些地方违章搭建“回潮”。“关键是资金。”吴书记说，“天万集体经济收入不富裕，一年的支出要 300 多万元。今年筹款建了个加油站，明年可增加租金收入，当年的收支可望平衡。”

联盟：20 世纪 70 年代就是先进

1956 年，运方、裘家、郭和、王家畈等低级社合并建立高级社，取名“联盟”，沿用至今。

联盟社区六个组，330 余户，1730 余原居民，经 2002 年、2005 年、2006 年、2007 年、2009 年多次拆迁，全部迁入“联盟新区”。目前，辖区内流动人员多，仅公寓房有 3000 多套。

2020 年 9 月，联盟新区“城中村”改造，它和西安新苑全部腾空拆除，新建鼎湖未来社区。这是大手笔，投入 90 多亿，拥有商业综合体、住宅商品房和居民回迁安置房三大板块。目前住宅商品房主体封顶，开始预售，居民回迁安置房 6 月 23 日开工，计划 2024 年 8 月建成。

2022 年 12 月 1 日上午 10 时，我们走访了社区党委书记施金林，他说，现在最关心安置房能否按时交付。房屋质量已提请区人大责令有关部门全程监督。建房进度居民似乎每天都有人问，社区也很着急，逾期交付，不仅居民在外过渡费用增加，新增人口一人就要增加安置费用 176 万元，成本大增。

联盟是老先进，在省里是有名的，老一辈村干部施长庆、徐德兴、郭阿法，老百姓至今念念不忘，20 世纪 70 年代国家领导人到过这个村。现在村庄没了，人在外过渡，居委会也借地办公，工作千头万绪，离先进有差距，施书记说，等未来社区建成了，建个“村史馆”，不能忘记老一辈的创业精神。

西安:2018 年社区第一次分红

2022 年冬季的第一场雪比往年来得早，临平的天空时断时续飘着雪花，树梢、屋顶上已是皑皑一片，西安居委会前面三条港的河水静静流淌。三条港原名秀才滨。

2022 年 12 月 1 日上午 11 时，同行的陈坚民从二楼转了一圈，仍回到一楼打听要找的人。一楼办事大厅有四五个人，一边警觉打量着我们，一边说有疫情，大门不开，走边门，怕时空交集，大家隔离。

南苑有东安、西安，寓意平安。西安全村征迁，属拆村建居社区。2008 年村里按 1983 年至 2008 年村户籍、人口量化集体资产，持股到户。人在户籍不在，或户籍在人不在持股视情扣减，人在户籍在，每人持 53.18 股，成立股份制经济合作社。章程规定，有收益分红，当年收入减去支出减去来年预支余额的 40%可分红。2018 年合作社第一次分红。

2021 年又一次分红，每股 60 元，每人 3190.8 元。

社区收入是租金:华元欢乐城尚峰轩 9 幢(联盟与西安两社区联合投资)年租金西安 1285 万元，社区综合楼 800 余万元，翁梅地铁立体魔方 300 余万元，水汀人家小区店铺 160 万元。2021 年总收入实际到账 2100 余万元，可分红 600 余万元。

社区党委书记王洪法说，有个监委会，每月查社区股份制经济合作社的账，项目全过程监管。他说，租金难收，社区这个房东难当。近几年“租客”们日子不好过，不是要求减租就是要求缓缴，还有物业要维护，涉及方面太多。他认为股份制合作社与社区居委会应该分设。

钱塘：又一次环境大整治

郁妙强书记发来微信说，上午他在街道办事处开会，副书记黄小华在居委会等我们。“办事处今天动员会，高地、天万、万常3社区启动环境大整治，会上郁书记作试点工作介绍。”2023年2月7日上午黄小华一见面就说。

2003年，五科、大园、姚家三村合并为钱塘村，后改为社区，以紧依钱塘江堤塘得名。去年3月，毗邻的海宁许村镇前进村连树汇暴发疫情，钱塘成了防疫的前哨，省、市、区专家、领导多次莅临指导，周边环境杂乱、无序，与城市社区的反差给专家、领导留下了不好印象。后来杭州市部署城郊接合部整治，区里把钱塘、高地、天万、万常列入重点区块，钱塘先行试点。

钱塘整治方案六易其稿，9月启动，分两批推进，街道班子成员任推进组组长，成立政策、保障、宣传、维稳多个工作组，其他22个社区书记及街道办事处的中层干部参与。第一批五个组333户，第二批七个组515户，要求拆除违章乱搭的建筑物，畅通道路，规范充电场所，消除安全隐患。一户一方案，主房三面光，即住宅三面清理，留一面合规建附房。

“目前，第一批已经完成拆除，第二批还有一半，节后一上班，街道大组长应书记和林主任召集7个小组长，要求2月底完成拆除任务。”黄小华说，“接下来重点是清运建筑垃圾，以防‘回潮’，及时规划设置停车位、健身点、充电桩以及绿化带，提升改造好腾出的场地，全力打造整洁、有序、安全的社区环境。”

高地:领导都在街道参加会议

2023 年 2 月 7 日上午 10 时,高地社区服务大厅社区干部小戚在值班。她说,社区党委和居委会两副班子的领导都去参加街道办事处会议了,她一人值守。稍后,社区党委书记沈建明来电:街道动员布置工作,今年高地两件大事。一是社区先人的骨灰存放室迁移,二是向钱塘学习开展环境大整治。

据说,前一天国务院参事室研究员叶宽、国务院发展研究中心研究员杨晓东在高地调研富民产业。

长树:曾经开绸机养甲鱼

长树东邻海宁许村双联村,地势低洼,是古临平湖最后消失的地方,至今 1.2 平方千米仍有 70 多个鱼塘、4000 多米河道,河港交叉,农户依水而居,村落分散。

2023 年 3 月 7 日上午,社区总支书记沈国良介绍说,这里以淡水鱼养殖闻名。村民陆雪洪曾随他父亲赴千岛湖传授养鱼技术。

1998 年,长树人开始温室养甲鱼,高峰时大棚有 35 万平方米,几乎家家户户养,全村甲鱼养殖贷款达 7000 多万元。政府是鼓励的,希望农民致富。1 平方米养 30 至 40 只甲鱼,6 个月出售,1 万苗可养 3500 公斤至 5000 公斤。省里专家感到不可思议,理论上 1 平方米最多养 15 只。沈国良 2002 年开始饲养,当年 4 万苗 4 万元利润,第二年赚了 20 多万,后来市场波动加上甲鱼得病,利润就少了,甚至亏损,2008 年就停养了。大多数养殖户先是赚,后是亏的。后来大棚燃烧增温产生的大气污染越来越严重,2014 年被取缔,政府补偿了养殖户的设施投人。养甲鱼,长树没有富起来。

沈国良还说,20 世纪 80 年代末 80%以上的长树人家庭开绸机,搞家庭作坊。被面、布料、装饰布样样做,总是慢市场半拍。2016 年全区大拆违章建筑,房前屋后的作坊厂房拆了,居民们纷纷卖了绸机。现在没有一台绸机,也没有一家企业。

东湖:101 户农民想从河东搬到河西

古临平湖又称东湖,社区以湖命名。临平有东湖街道,南苑有东湖社区,东湖毗邻长树。几年前,临平镇上的午潮庙、龙兴寺迁入东湖。

开挖运河二通道硬生生把东湖七组、十组 101 户隔在了河东边,每天上街赶集、下班回家,从河东到河西,从河西回河东,要上桥绕一大圈,很不方便,他们想搬到河西来。2023 年 3 月 7 日上午,村总支书记骆中美说,建房要用地,土地要调整,个别农户住房刚建还舍不得搬,有些一时没有钱,搬了难建。这是一件大事,也是难事,现在,社区干部在调查摸情况,向街道汇报,请示区规划和自然资源局等部门做些方案。

东安:街道第一个"农村社区"

有人把撤村建居的社区称为"农村社区",就是说社区前身是农村,住的是农民。过去农民与居民是严格区别的,后来城市化,土地征了、村庄撤了,农民就变居民了,再后来有了街道,村都改成了社区居委会。2001 年 4 月,东安村撤销,建立居委会,12 月,居委会更名社区居委会,是南苑街道第一个"农村社区"。另外还有 3 个城市社区,即河南埭、保障桥、新城。

从农村转变为城市,过程还是漫长的。2023 年 3 月 9 日上午社区老书记张国良说,2008 年“大东安”撤迁为这一转变迈出了关键一步。这是一场硬仗,区领导挂帅,从部门镇街抽调 11 名经验丰富的老干部带队,组成多个工作组强势推进。陆家埭、曹泥船、康家埭等 308 户、1000 多东安人离开了祖辈的住地。现在东安环境大变,临近人民广场、临平体育中心,与城市融为一体。

社区党委书记康建忠说,近日正在与新安、文仪、新城联手创建未来社区,招募志愿者护航亚运。

新城:22 个省级、国家级先进称号

新城是南苑街道第一个新建的城市社区,成立于 2001 年 12 月。新建的城市社区,居民来自四面八方。

居民委员会为居民服务,2023 年 3 月 9 日上午社区党委副书记王一阳介绍:居委员会成立以来,获得了 22 个省级、国家级先进称号。有 2002 年省示范社区、2004 年省老龄工作规范化、2005 年省绿色达标、2007 年全国绿色社区创建活动先进、2014 年 2016 年全国暖心工程社区优秀服务站,还有科普、卫生、就业、文化、无邪教等。她说,2021 年省住建厅授予浙江红色物业,2022 获得浙江枫桥式退役军人服务先进。

社区党委书记蒋巍说,获得这些称号离不开上级各部门的支持、广大居民的配合和一任一任社区干部的努力。2019 年底河畔新村进行旧小区改造,历时一年多,8 幢建于 1996 年的住宅共 32 个单元全部加装电梯,屋顶平改坡、道路无障碍、线杆上改下、雨污分流等,投入 5000 余万元,深得居民好评,获得杭州市最美加梯项目、杭州旧改十大优秀案例等荣誉。

临云:与 1336 户居民见个面

2022 年 7 月批准筹备,12 月成立社区党支部,2023 年 1 月 7 日选举产生社区居民委员会,1 月 15 日居民监务委员会成立,2 月 27 日,工会、共青团、妇联及计生、老年协会组织到位,此时,临云社区居委会正式亮相。现临时入住时代广场 1 号楼 A 座办公,下半年迁往新城路 108 号。临云与怡景是南苑街道中最新建立的两个社区。

有人说,辖区内楼宇众多,高耸入云,取名临云,也含楼宇经济、大数据云计算之义。2023 年 3 月 14 日一早,社区班子成员正在商议"大走访",落实区里提出的"认百家门,访百家情,解百家忧"工作部署。书记汪小东说,分五个组,计划两个月,每周一个晚上一个白天,与辖区 1336 户居民见面,这也是社区干部第一次与居民面对面。走访时发放联系单,宣传迎亚运,宣传防诈骗,商议《居民公约》。

时代:"时代 +"服务居民

社区因辖区内时代广场而得名。2023 年 3 月 14 日总支书记陈惠明介绍,社区工作依靠各方力量服务居民,他们推出党建统领,"时代 +"的模式。

"时代 + 管家制"推进垃圾分类。1 个楼道党小组 +1 名管家 +N 名管家助理,组成一支由 10 名管家、20 名管家助理、18 名巡检员的团队,吸引群众参与,小区垃圾分类覆盖率 100%,成为首批杭州市示范社区。"时代 + 五方议事"破解历史遗留难题。短短 300 多米东湖绿道华鼎豪园段,因退让范围、红线区域、施工方案、补偿等未达成共识,从 2010 年起多次提议仍未贯通。2019 年 12 月“时代 +”街道、新城、社区、业委会、居民经 30 余次“五方议事”协商，最后形成“绿道贯通，小区环境提升”共识。2020 年国庆前，绿道贯通，成了居民休闲散步，健身锻炼的好地方。

陈惠明说，社区党建引领，依靠物业、业委会、社会组织、社会工作者、社会志愿者、辖区内各单位等多方力量，有效开展楼道治理、环境整治、停车秩序、消防安全、疫情防控等工作。后来，“时代 +”办实事，解民忧，居民称他是“巧做加法的好书记”。

文仪：金秋驿站与未来社区

文仪社区“邻客”金秋驿站，获得广泛好评。“邻客”网络词汇，寓意充分发挥退休干部的时空、经验、威望等优势，帮助社区链接各类资源，化解各类矛盾纠纷，助力和谐社区建设和社区中心工作。几年来，驿站当好社区“稳压器”，拓展社区“服务包”，滋润社区“邻里情”，获得广泛好评。最近社区正在创建“南兴未来社区”，2023 年 3 月 14 日上午，党委书记盛祖华如是说。

未来社区围绕社区生活链服务需求，正在建设以人性化、生态化、数字化为价值导向，以未来邻里、教育、健康、创业、建筑、交通、能源、物业和管理九大场景创新为引领的新型城市功能单元。未来邻里通过邻里文化、邻里社交设计邻里社群，形成远亲不如近邻的一个邻里氛围。“南兴未来社区”以临平体育中心为核心，由文仪、新城、新安四社区连片创建，居民总户数 16313 户，总受益人数超 35737 人。重点关注“一老一小”，融合亚运、宋韵文化，改造提升小区设施，互补社区场景空间，共建共享公共资源。

“南兴未来社区”尽管四社区联建，文仪任务重。盛祖华说，他们在南兴路 138 号乐慧商场一楼(2000 多平方米)设计建设多场景体验空间。在住宅小区寻找“金边银角”，建设邻里汇、书吧、茶歇、健身、休闲、托幼、助餐、助行等等，不断满足居民对幸福生活的需求。

苏家：城镇发展“第一波”征迁

苏家社区以苏家自然村得名，传说村与南朝齐时才女苏小小有关。唐代诗人张祜留下了“绿杨分影入长堤”“水塍新筑稻秧畦”的诗句。旧时临平十景，苏村桃李是其一。

20 世纪 80 年代及 90 年代初，苏家与丁山、罗庄、横塘、红丰、星火等村迎来临平镇发展外拓的第一波征迁。镇上的玻璃厂、皮件厂、粮油厂、油库，后来新建的天虹集团和原有的浙江美术地毯厂都在苏家，一大批苏家人“农转非”。

苏家征迁起步早，农民自建房须“原宅基、原面积、原高度”，很多人无法改善住房，直至 2012 年全村征迁，才有盼头。2021 年，1300 余户苏家人在外过渡 8 年多，终于回迁安置“苏城名府”。辖区内 250 多户的“春晖花苑”大多是原来工厂宿舍的住户，“绅世郡”668 户是外地人买房入户，“熙德名府”800 多户是临平街道有机更新的拆迁户，“丁山郡府”1000 多户是临平街道丁山社区原居民的安置房。

2023 年 3 月 23 日上午，社区党委副书记羿燕介绍说，近几年社区忙于苏城名府的建设、居民回迁和 45 亩村级留用地“时间名座”的开发。时间名座疫情时期交付，网上招租两次流拍，今年终于找到了“租客”。这几天星桥汤家蛇山上有苏家先人 300 多个墓穴要搬迁，社区干部正忙着组织居民有序搬迁。

叠华:“小哥”暖“新”十条

叠华社区 2020 年 7 月成立,管辖绿城玉园、康城一品。

2023 年 3 月 23 日上午 10 时许,社区党支部书记殷虹说,叠华关心、关爱新业态、新就业群体的做法赢得了各方赞誉。她说,刚成立的居委会想组建志愿者队伍,她们的目光瞄向了网约车司机“小哥”,这也是上级要求关怀就业群体的工作。她们组建驿站,出台暖“新”十条,开始七八位“小哥”参与,现在注册 258 人。2021 年 11 月,成立了网约车党支部、网约车联合工会,下设 7 个小队,有 1 支党员先锋队、1 支女队。

暖“新”十条主要是驿站为“小哥”提供休息场地、免费理发、防疫服务、法律援助、技能培训、政策咨询、文体活动、激励表扬、交友联谊、纾困帮助等,深得大家欢迎。“小哥”们自然成了一支叫得应的志愿者队伍。社区杨烁峰介绍,队伍成立以来组织了多项活动,“争做亚运保障服务精英,打造网约车志愿服务品牌”趣味运动会,“网约行亚运,绽放‘她’风采”、“三八”活动、听党课、学习二十大精神,尤其是疫情防控期间送物资、接人员,贡献突出。志愿活动还援助区外,被评 2021 年度“最美南苑人”、2022 年区最美志愿组织。

水景:城区文明创建迎检

2023 年 3 月 23 日上午 11 时 15 分,我们进入水景居委会大门,上二楼,迎面墙上贴满了社区获得的各种荣誉称号,数了数,省、市级 15 个。总支书记陶自芬办公室背后的书橱里,同样放满了奖牌、奖杯。社区干部田绍春说,今年要创杭州市老人友好社区。

23 日、24 日，杭州市进行“迎亚运，创文明典范城市”检查，社区干部除 1 人在办事大厅留守值班外，其余的分成 7 个组在网格巡查迎检。街道三级调研员姚九鹏带队，一行 5 人也组团联社下沉指导，他说，参与社区检查，发现问题协调部门解决。

陶自芬说，这几年社区各类创建多，已属常态化，不过这次市里检查是全区的大事。一个月前，社区党员、居民，物业、业委会已全员发动，在垃圾分类、消防安全、停车秩序、文明言行、宣传教育上全方位准备迎检，还成立了 1 支 25 人的突击队在辖区不间断巡查，发现问题即整即改。

汀城：网格与基层基础

2023 年 3 月 30 日上午 9 时 30 分，春雨淅淅沥沥，留石高架出口、世纪大道西 955 号汀城社区居委会，社区干部严利平在门口迎接我们。

汀城，2020 年 8 月成立，辖梧桐蓝山、花涧堂两小区，2858 户，常住人口 6000 多人。居委会副主任周奇介绍说，近日社区干部正在组织“迎亚运，基层基础大排查”，重点是房屋大排查：谁的房？谁住？谁家的房空置？依靠网格管理摸清楚。

网格，原本是信息学中一种用于集成或共享地理上分布的各种资源，使之成为有机的整体，共同完成所需任务的机制。这里借指在城乡社区、行政村及其他特定空间区划之内划分的基层服务、管理单元。汀城社区划分 5 个网格，每个网格 500 至 600 户，横向到边，纵向到底全覆盖，实行“1+3+N”网格化管理。“1”是网格长，由社区领导班子成员兼任；“3”是网格员、楼道长、网格指导员，网格员有专职、兼职的，由楼道长业主自荐或推荐，网格指导员由街道驻团联社干部兼任；“N”是党员代表、业主代表、物业代表、社会组织代表、志愿者、专业执法人员。

基层基础大排查，少不了“1+3+N”。

怡景：新社区正在做三件事

怡景于2022年7月筹建，12月成立党支部，2022年1月成立社区居民委员会。2023年3月30日上午，社区党支部副书记李章涛向我们介绍，筹备期间他们以大量的精力走访了居民，了解了辖区情况。现有怡丰城、艺郡府两个住宅区，3000多户，1376套单身公寓，90%是在城里上班的年轻人，来自全国各地，流动性大，每天有近10户搬出或搬入。去年，国内哪里发生疫情，这里必然有人要追踪防控。

李章涛说，社区的工作正有序展开，最近忙三件事：一是延伸完善网格，自荐、推荐44名楼道长。二是组建阵地，党群服务中心、居民服务驿站、退役军人服务站、居民养老服务中心、婴幼儿成长驿站、社区文化站等正在规划实施。辖区3周岁以下的婴幼儿有180多位，小孩要老人照顾，一名婴幼儿少不了一名老人，一老一小是社区关心、关爱的重点。三是挖掘人脉资源，落实共建共享，社区与地铁翁梅站、谋事文化公司建立了联系，请谋事文化为居民免费培训直播技能，同时在小区居民中寻找技术、文艺人才，建立人才库。

艺尚：有个“红色朋友圈”

艺尚，以艺尚小镇而得名。迎宾路南北向穿境而过，1.15平方千米，有3个住宅小区、1家酒店、1个综合体、2所学校、3栋公寓、44幢楼宇和10个工地，楼宇多、产业多、职工多、工地多。

社区成立于2020年8月,以“红色朋友圈”为抓手,聚焦民生福祉,助推产业发展。红色,党建工作;朋友圈,组建辖区共建体系。红色朋友圈有数治圈、产业圈、文化圈、公益圈、幸福圈。数治圈,加强网格治理,强化物业管理,用好数字大脑,创建“平安艺尚”。产业圈,服务商圈活跃度、经济加速度、就业有效度,助推“楼宇经济”发展。幸福圈,着力服务同心、和谐安心、幸福暖心,打造“怡居艺尚”。

2023年3月30日中午,社区党支部书记周群英从街道党工委接受“班子回头看”工作回来。她说,下一步结合“回头看”,把“红色朋友圈”做细做实,与居民为友,共享美好生活;与企业为友,实现共同富裕。

保障桥:说说社区的考核

保障桥社区是街道最早的四个社区之一,人融合型大社区、大单元,临平最大的综合体银泰城落户在辖区,有2200多套单身公寓,6个住宅小区。“保障”两字原应为“宝幢”,上塘河旁原有建于晚唐的陀罗尼经幢。

2023年3月31日上午,我们与社区党委书记沈国梅座谈,聊起街道对社区的考核。考核是“指挥棒”,很复杂。街道分城市社区、拆村建居社区两块考核,综合与分线结合,党建、综治、民政、卫生等线上考核加、扣分不确定性因素多。保障桥属老社区,很多线上创建过去创过,现在创建项目就少。没有创建项目,加分机会就少。老社区基础设施旧,加上银泰城周边流动人口多,矛盾易发,纠纷多。去年受理的信访纠纷70%来自银泰城周边的流动人口,如停车秩序纠纷、单身公寓的情感纠纷等等，一个电话来了，社区干部就要上门，就要回访，容易失分。一些线上考核加分值得商榷，项目明明无法完成，你不上报就要扣分。考核也在发生变化，线上加分在降，转向较为综合。过去推进垃圾分类，分值高，现在普及了，降分值，这是合理的。

近几天的工作，沈国梅说，上周市里对文明城区创建进行了检查，最近社区对反馈问题复查整改，下周将表彰“社区最美人物”。

康城：黄钢锋志愿者服务工作室

我们最后一站是康城社区。2023 年 3 月 31 日上午，社区副主任陈小红介绍社区特色工作时，推荐了黄钢锋志愿者服务工作室。

黄钢锋志愿者服务工作室成立于 2020 年 8 月，是社区引导青年居民参与社区治理、服务居民搭建的平台。黄钢锋是省、区造血干细胞志愿服务队核心成员，曾入选“全国志愿者服务先进典型”，被授予“浙江好人”“榜样的力量”“道德模范”。在他的影响下，9 名青年居民成为工作室成员。他们以“青年需求”为切入点，组建青年公众号，“线上 + 线下”打通青年间互帮、互助、互信渠道；开展“创客讲堂、创客空间、创客教育、创客服务、创客文化”活动，先后 15 次进学校、进企业、进小区进行宣讲，9 次参与楼道整治、垃圾分类、矛盾调解；进行常态化小区“微服务”驻点，启动“家门口少年宫”成立街区“商家联盟”，开展“无偿 + 低偿”便民特色服务等。

南苑三城记

◆曹青青

临平银泰城

临平银泰城位于临平新城核心区位世纪大道与迎宾路交汇处，地铁 9 号线临平站上盖，由酒店写字楼、室外商业街、银泰城、高层住宅、酒店式公寓等构成，地上 1—4 层，局部 5 层，地下 1 层，总建筑面积 68 万平方米。银泰城内汇聚了国际国内知名品牌商家、连锁企业、大型影视娱乐机构、超市、餐饮、文化教育等机构，为人们提供衣食住行、吃喝玩乐一站式的“大商业”体验，并实现物业与地铁的“零距离，无缝化”互动和对接，是集休闲购物、餐饮、文化娱乐、商务办公、住宅等于一体的区域级家庭时尚购物中心，已成为临平新区地标性综合体。

临平银泰城于 2018 年 6 月 23 日开业，当天销售 2208 万元，客流量 26 万。银泰城开业三年半以来，一直坚持创新发展，利用地下空间打造首条以夜经济为亮点的复古商业街区“哈哈市集”、具有云南风情的主题街区“茶马花街”、集齐银泰城各品牌活动和折扣的福券商店等，成为消费者爱去、乐去的休闲娱乐之地。临平银泰城以其时尚精致的商业布局、成熟的运作手段,带来顶尖而全新的商业模式,使临平的商业、居住均朝着更高的目标全速跃进。从这个意义上而言,临平银泰城已不仅仅是一个大型城市综合体,更是一种真正意义上的现代都市生活方式和商业发展模式。临平银泰城,既是对临平传统商业模式的一次全面变革,亦是对自我的一次全新超越,将引领临平消费者的生活方式和消费习惯,促进临平商业的全新发展。

余之城

余之城位于临平区临平新城地铁 9 号线南苑站上盖,是集合文化、旅游、科技、生态、环境等多元素为一体的全新业态生活广场。

11 万平方米的生活广场涵盖了餐饮、零售、文化、娱乐、休闲、教育、科技等行业,汇集国内外潮流设计师零售品牌。在余之城不出国便可体验世界各国风情、文化艺术和科创教育,足不出户便可品尝到寰宇饕餮美食,可全身心沉浸于新型科技零售、娱乐业态。

全球独创的“Hub Novo 余杭·新态”集科技、创意、文化、艺术、环保为一体,为年轻人提供平台,挖掘兴趣,发挥才华,成就梦想;The Aisle 智廊(无人百货商店)汇集无人售货机、扭蛋机、电竞站、3D 巧克力机、唱吧、快闪店等潮玩概念,引领未来智能与生活融合的新潮流;The Stage 艺坊 (多功能厅)突破了传统室内空间使用定义,是一个可高效率使用的多功能演艺厅。其以先进的格局设计、音控系统、灯控系统及多媒体显示系统,满足各种形式会议、学术报告、培训、综合演出、电影放映等商业、学术、休闲性活动的需求。

余之城 ITC 办公楼群，位于余之城生活广场 1—3 号塔楼。面积 6 万平方米，由 3 幢高层建筑组成，并配置 1800 个地下停车位。余之城 ITC 定位为高端技术产业及人才的国际创新中心。其拥有国际化一流物业管理，24 小时安保系统，管家式贴心服务，能全方位满足商务需求。

2020 年，余之城 ITC 1 号写字楼获余杭区 2020 年五星级商务楼宇评定，获美国绿色建筑协会颁发的 LEED V4.1 最高等级的铂金级认证证书及奖牌；2021 年参与 GRESB 评估，并荣获 2021 年度 GRESB 最高等级的五星评定。

华元欢乐城

华元欢乐城位于杭州临平新城，靠近迎宾路和汀城街，与杭州地铁 9 号线南苑站无缝对接，建筑体量约 110 万平方米，总商业面积约 18 万平方米，是集商业、酒店、高档住宅、酒店公寓、写字楼于一体的商业综合体项目。华元欢乐城 1 号楼 1—8 楼为商业部分，汇聚了零售、餐饮、亲子教育及休闲娱乐等行业。地下一层为超市、停车场，地下二层及地下三层为停车场；其将餐饮业态、休闲娱乐作为主力业态，同时组合儿童教育等业态，携众多国内外知名品牌一起，打造了以临平金融、夜经济等为特色主题的商业联合体。

华元欢乐城于 2018 年 6 月 29 日盛大开业，范围辐射周边多个写字楼、大型社区，客源稳定且高频次消费需求旺盛。项目发展商为杭州华元房地产集团有限公司，开发商为杭州华元沃德企业管理有限公司，2012 年拿地开发，2017 年底整体竣工并投入使用。

高地社区的“高地”

◆姚林中

“高地”一词古已有之,《史记·河渠书》:“北载之高地,过降水,至于大陆,播为九河,同为逆河,入于渤海。”明周光镐《黄河赋》:“独不见夫乘四载者之疏导,凿上流而行乎高地。”“高地”在这里意为地势高的地方。小时候看过不少战争题材的影视作品,经常听到台词中有“高地”一词,这里的“高地”特指地势较高能够俯视、控制周围的地方。作战一般在偏僻的地方,一些“高地”连个名字也没有,所以常叫“无名高地”,有些就用海拔数字来为“高地”命名。

这些年,“高地”一词也频频在报刊、电视频道等媒体中出现,比如良渚古城遗址成功申遗后,余杭努力打造“良渚国家级文化高地”,临平新城这些年打造杭州东部产业高地,去年十月《中国经济时报》曾报道杭州余杭是长三角城市群“双创”新高地。这些例子比比皆是,这里的“高地”应该指在某些或某一方面领先于其他地方吧。

在临平区南苑街道有一个行政社区,名字也叫“高地”。据当地老人介绍,“高地”名字的由来,源于一场大水,周边的农田、村庄都淹没了,唯独此地不受影响,到了 20 个世纪 80 年代各个乡镇更名时,就直接用了“高地”这个通俗又好记的名字。这一改名,没想到有四十年左右的历史了,还越叫越感到时髦了。这些年高地社区的发展还真无愧于“高地”这个词。

高地社区的经济发展跑在了周边社区的前面,是一块真真切切的经济“高地”。2002 年起,高地社区就有了自己的村级工业园区,占地 130 亩,集生产、销售于一体。高地社区一半以上的本地居民从事着服装事业,80%以上的收入也来自这个行业。近二十年的风风雨雨,这个服装工业园区不断壮大,入住了数百家大大小小的企业。想当初,高地和其他地方一样,都是些服装的家庭作坊,靠单打独斗,大家都赚着简单、粗糙的加工活的钱。然而,思想敏锐的高地人马上看到了不足,率先建起了自己的村级工业园区,便于企业间互相学习,抱团发展。工业园区在村两委良好的管理下,不少本地企业引进了国外先进的生产设备,产品质量和数量都上了档次。园区还吸引了像“华恩特”“紫曼丽”等不少著名的外来企业。而今据业内人士的估计,仅杭城西湖景区销售的丝绸服装,80%以上来自于高地社区这个服装工业园区的企业。

高地社区本地居民 2800 多人，外来居民高峰时近 1.5 万人,如何进行管理?以一条板凳解码社区基层民主协商,高地社区走出了一个基层群众自治的“高地”。早在 2019 年 10 月 8 日,《人民日报》以《板凳评议团　有事大家谈》为题刊登了社区探索实践党建引领基层民主协商经验的做法,这个经验做法也成了当时余杭深化党建引领基层民主协商的又一典型样本和实践新路子。社区内许多纠纷由邻居评判是非曲直,专业人士再用通俗易懂的语言阐释法律在相关方面的规定,使问题的解决不仅合法合理，也合乎民情民意，还起到了良好普法效果。这些年高地社区通过板凳评议解决矛盾的例子已有上百件了，社区领导也接待了不少外地来取经的基层团队。

高地社区的"高地"又何止在经济发展、社会管理领域呢？这些年，高地人涌现了不少模范人，把慈善做成事业的施红英就是其中一个。她注册了"阳光公益服务社"，志愿者已经从最初的5人发展到了现在的5000多人。为区内2360个盲人建立了联系档案，为75户低保家庭6至16岁孩子装修一间卧室兼书房，为高温下工作人员送凉茶，创办残疾人乐队……还有"爱心姐姐"褚雅英，"有困难，找雅英"已成高地人嘴边使用频率较高的话语。还有年轻的"老娘舅"楼涛，五年来园区的劳资纠纷在他的调解下不出社区；热心志愿者服务的黄子斌；八十多岁挑担投放垃圾的刘亚美奶奶……一个个典型人物后面，又有多少感人的事迹？这些感人事迹又教育和影响了多少人？难怪高地人说，生活在高地是一件幸福的事。

高地人是勤劳的，是热爱生活的。高地人的思维是富有创造性的，高地人在不断地创造着新的"高地"，相信高地的明天会更美好。

一起向“未来”
——龙兴社区见闻

◆姚林中

近几年，随着新农村建设的不断深入，我对农村的印象一直在改变中。以前，泥泞的村道不见了，房前屋后的垃圾堆、茅厕也没有了，河水变清澈了……随处可见的是漂亮的小洋楼，高低错落各有风格，整洁的村道或滨河或穿梭在田野间，健身设备、遮阳挡雨小亭、休息长椅等各种设施在村头、在路边的不经意处……

新农村环境优美、空气清新、交通便捷、居住舒畅……自然让大家羡慕起来。而城市社区的建设受到的局限越来越多，这些年虽有变化但与农村建设相比速度明显有差距。这次到南苑街道的龙兴社区走了一遭后，未曾想改变了我以前对城市社区建设的认知，原来城市社区的建设也有广阔的天地。我知道了让居住的环境更宜居不只是美丽的外部环境，还有贴心、精准的服务，龙兴社区这些年的建设成果让我大开了眼界。

走进龙兴社区党群服务驿站，敞开式的办公区域让我们眼前一亮，这种办公桌椅的摆放确实少见。我们见过太多的柜台式的服务区，在社区这样一个与居民联系最紧密的办公场所，开放式的办公区域显得是那样的温馨。驿站的工作人员与来办事的居民从隔着柜台面对面交流，到同向并排或形成一个自然的角度坐下，当然也可以仍然面对面，但少了隔着的玻璃，办事形式有了选择，体现了一种工作的新态度、新理念。当我从门口一旁摆放宣传资料的架子上取下一本小册子时，看到了首页的几个字，我的想法马上得到验证，小册子上写着“以人为本，服务居民”。一个小的改变，我们看到了龙兴社区人把“以人为本，服务居民”落到了实处。

我们还在打量四周，社区毛书记一眼就认出我们来了，她热情地招呼我们坐下，一会儿热气腾腾的茶就放在了我们眼前。毛书记向我们介绍龙兴社区的情况，她开门见山就说，社区正在建设未来社区，2021 年 5 月入选浙江省第三批(整合提升类)试点社区名单，7 月正式启动建设。我们听得云里雾里，因为不知道什么是未来社区。毛书记接着打开了宽大的电子屏逐一介绍，我们才了解了一点。创建未来社区不像创建绿色社区、文明社区那样单一，它是一个庞大的工程，涉及方方面面。

未来社区办事便捷。举一个例子:现在小区里的外来人口比较多，到警务室进行登记成了一件麻烦事，不熟悉的来来回回要好几趟，而龙兴社区的居民通过手机小程序足不出户就可以搞定。龙兴社区的这个外来人员登记系统与区公安局的登记系统是相通的。

便捷还体现在充分利用现代化科技手段。比如对停车位的监控，停了多少车位，还有多少车位空着，社区电子屏上都能显示。

未来社区服务多样化。社区内有图书室,图书资源来自区图书馆。在图书室,既可以在规定的时间里坐下来翻阅,也有24小时自助借还,满足了居民知识学习的渴求。健身服务,可以在室内打打乒乓球、跑步机上跑跑步、练练瑜伽等,也可以到室外龙兴公园去锻炼。健康服务,社区内可以完成初步的健康检查,常见药物的购买。

未来社区交通便利,未来社区教育方便,未来社区适宜创业……

未来社区的创建是一个全新的领域,龙兴社区走在了最前列。虽然还有很多工作不清楚怎么开展更合理,但明确了总方向就有完美实现的可能。细节是要靠在实践摸索中创新的,不足也是要在实践摸索中改进的。毛书记说这段时间,社区工作人员经常天蒙蒙亮上班,天漆黑下班,希望能做得更好。是啊,创建是一种挑战,挑战一定要付出艰辛,我们真为这样的社区人点赞。

走在龙兴公园里,这里热闹得很,有散步的,有跳扇子舞的,有带娃溜达的,人们个个面带笑容。他们把生活的舒适与快乐都表现在脸上了,也感染了我们。

龙兴社区好样的,站在未来社区建设的潮头,正引领着大家一起向“未来”。

风华南苑

乡贤人物

XIANG XIAN REN WU

立志欲坚不欲锐　成功在久不在速
——记杭州杰丰服装有限公司董事长高礼根

◆汤水根

法国科学家巴斯德曾经说过：立志、工作、成就，是人类活动的三大要素。立志是事业的大门，工作是登堂入室的旅程，这旅程的尽头有个成功在等待着，来庆祝你的努力结果。是的，最有希望获得成功者，并不是才干出众的人，而是那些最善于利用时机去努力开创的人。南苑街道红联社区的杭州杰丰服装有限公司董事长高礼根，就是从一根丝、一匹布到一件衣，在家纺服装产业上，带领一群村民，艰苦创业、默默努力，虽然没有过大红大紫，却成了乡镇企业中一棵历经风云变幻、始终生机勃勃的“常青树”。高礼根的成功，靠的就是坚韧不拔的坚强意志、艰苦卓绝的创业精神、孜孜不倦的勤奋努力。

白手起家走上创业路

高礼根家住南苑街道红联社区（原翁梅乡红联村）。19 岁那年，因为家里穷，他不甘心每天“面朝黄土背朝天”，在生产队里只拿七八个工分的农活，毅然来到当地供销社做上了临时

工。虽然只是一个临时工，但他却对这份活儿倍加珍惜，他踏实勤奋，闷头干活，工作中从没有一丝儿懈怠。

供销社负责人见高礼根工作勤奋努力，认为他是棵好苗子，便想将他招收为正式工，这正合了高礼根的心愿。由于表现不错，成绩有目共睹，转为合同工的高礼根还被当时的余杭县农资公司借调了3年。那时，正是改革开放初期，在农村打破大锅饭，实行联产承包制后，多劳多得让广大农民群众“八仙过海、各显神通”。在乡镇个体户像雨后春笋一样不断涌现之时，吃大锅饭的乡供销社已失去了往日“一家独大”的优势。于是，高礼根又回到翁梅公社红联大队，他决定回到农村这个广阔的天地里闯一番事业。

1984 年,全国各地掀起了“乡村企业”大潮。红联村也要办企业,村领导觉得高礼根去过供销社,对于创办企业肯定要比其他人有经验,这也遂了高礼根的心愿。这年 10 月,高礼根带领一些村民,自带缝纫机,白手起家,办起了红联村绣花厂。

当时村里穷，唯一能给高礼根的只有一个破旧的大会堂。大会堂的窗栏是用土细竹做成的,可要换钢筋又没钱。于是,高礼根靠自己的关系赊账进来了货;地坪前低后高不平整,不利于摆放机器,但如果将它浇筑成水泥地坪又没那个能力,高礼根只能先平整一小块地方放机器。

高礼根深深懂得,办厂光有场地不行,还得买机器设备,请专业师傅。厂子刚刚起步,半年多了还没赚到钱,三位师傅的工资到年底都还没着落,如果再不发工资,总不能让师傅空手回家过年吧?要是师傅明年不来了怎么办?在万般无奈的情况下,高礼根只好再找到村里,预支了 2000 块钱。他把钱全分给了师傅们。可开年后,村里找高礼根还钱,高礼根哪有钱啊,从企业创办到现在,他还没领过一元钱的工资呢?但他并没有灰心丧气,他想,只要自己能坚持下去,克服困难,总有一天会让企业兴旺发达的。

在大潮中寻找着落点

一个真正的企业家,不能只靠胆大妄为东奔西撞,也不可能是在学院的课堂里说教出来的。他必须在市场经济的大潮中摸爬滚打,在风雨的锤炼中长大。“40 多年前改革开放大潮刚刚兴起时,人们的创业精神特别强。我和企业员工们都一心想把企业办起来,办得出色一些。当时,公司做服装加工,由于质量、信誉好,很快赢得了客户的信赖。随后,公司的业务很快发展起来。到 1987 年,我们公司业务已经从省内市场开始走向全国市场。"高礼根高兴地对我说。

是的,改革开放后,在杭州周边及乔司、翁梅一带逐渐形成了一个以家庭作坊、乡镇企业为主的家纺服装产业。当时,高礼根管理了 6 年的红联绣花厂已经改名为余杭县丝绸绣服厂,但缺少启动资金,发不出工资,惨淡经营的状况并没有改善,厂里的主要业务局限在"向省二轻、杭州二轻拿点加工活干干"。

当时,高礼根了解到东北地区服装市场不是很发达,觉得那里或许有商机。于是,他决定到那里去碰碰运气。1985 年的东北之行,让高礼根的创业之路从"跌跌撞撞"慢慢绽放出了绚烂之花。沈阳国营二厂的一位经理拿着高礼根的样衣看了又看,她很满意,说要来杭州工厂看看。这位经理来参观完工厂后,随即订了 2 万多件衬衣,总价值二三十万元,这是高礼根拿到的第一张大订单。

企业要发展就得走出去

选择外贸平台,广招专业人才,对公司的产品进行详细的介绍,运用专业知识说服客户,积极参加各类外贸展销会,与外商面对面交流,展示公司产品、技术与实力以及产品价格,能起到一个直接的效果。企业取得了小小的成绩之后,高礼根并没有盲目冒进,而是冷静沉着,及时分析市场行情。1990 年,高礼根带领红联丝绸服装厂和香港莱特有限公司寻求合作,两方成功联手之后,企业迅速打开了市场。

从此,高礼根开始专注出口服装生产。当时,正是国内市场竞争激烈、短兵相接的时候,高礼根把目标转向出口,无疑是应时顺势的选择。而面对服装出口严苛的要求,高礼根始终坚持

以“一针一线、尽善尽美”作为企业的产品质量原则，最终使企业打开了新的局面。经过几年的不断扩大，市场也逐渐由欧洲发展到了北美、南美、东南亚、日本等地，产值以每年 40%的速度递增。1997 年，企业转制改名为杭州杰丰服装有限公司后，公司进入了快速发展期。

随着企业的快速发展，原有的厂房已经跟不上公司的需要。2007 年，高礼根在联胜社区建造了一座大型现代化厂房，内含办公楼、宿舍楼、后勤保障用房等，新厂区总建筑面积达到了 10 万平方米，新的产品远销美国、英国、法国、德国、意大利、西班牙、芬兰、瑞典、瑞士等十几个发达国家和地区。

克服困难让产品销路宽广

一个成功的创业者须具备三个因素：眼光、胸怀和实力。作为企业负责人应该要有三种心态：归属感、责任感和危机感。要有狼性的三种精神：生存第一、绝对竞争和危机意识。和所有的创业者一样，高礼根的创业之路也并非一帆风顺。

就在他“大兴土木”打造现代工业化新厂区之时，企业受到了金融危机的影响。2008 年,高礼根和他的杰丰公司也开始面临严峻的考验,外销订单减少,汇率降低,尤其是人力成本大幅提升,导致总成本迅猛拉高。

面对突如其来的困难。高礼根并没有失去信心,而是沉着应战。他的化解对策是:一是尽量稳定外销渠道;二是开拓内销业务,开发了自主品牌“first chapter(第一乐章)”“paggy(佩吉)”女装,其产品在创始之初就以典雅的设计、精良的制作广受市场好评;三是从内部管理上挖潜力,使管理机构精兵简政,管理人员精明强干。在高礼根带领下,杰丰公司上下一条心,通过发展新客户、订单来源多样化等手段,有效规避了这场金融危机风险。2015 年,在外贸服装行业总体处于困局的情况下,杰丰公司逆势而上,生产各类服装 360 万余件(套),销售收入达到 3.5 亿元,实现利润总额 6000 余万元。

“困境或许是一个机遇,有利于改进我们服装行业竞相降价的无序状况。所谓的危机其实对改变服装业产能过剩、低水平发展的现状,有着积极意义。要想生存,我们必须转型;要想发展,更要有新对策。”高礼根自豪地对我说。

从当年 1000 多万元年销售额,到如今的 4 亿多元,从德国、美国、法国、英国到加拿大、芬兰、瑞典、瑞士……杰丰公司外贸出口的“朋友圈”越来越大。如今,杰丰公司每年有 500 多万件(套)服装行销海外。

回报社会让更多人沐浴温暖

爱心是一缕阳光,它让贫病交迫者感受到人间的温暖;爱心是一泓甘泉,它滋润着干涸者的心田;爱心是一根拐杖,它给予颓唐者站起来的力量;爱心是一束花朵,它给荒漠跋涉者指明春天的方向；爱心能净化我们周围的空气，能扫除我们心灵的障碍，能把我们的生活装扮得如花似锦，能让我们拥有好心境去踏平征途上的坎坷。高礼根孜孜不倦地努力，让企业得到了长足发展，也获得了诸多的荣誉，包括浙江省守法诚信进出口示范企业、杭州出口名牌、浙江省自营出口优秀生产企业、杭州海关 AA 类管理企业、浙江省检验检疫局一类管理企业等等，还被中国出入境检验检疫协会评为“中国质量诚信企业”。高礼根个人连续二十多年被评为区优秀共产党员、杭州市优秀共产党员、浙江省劳动模范、浙江省优秀乡镇企业家、第四届全国乡镇企业家等荣誉。

在诸多的荣誉面前，高礼根并没有陶醉在一束束的光环之下。企业发展了，他和他的员工们共同富裕了，但他并没有忘记那些因其他原因还在贫困线上挣扎的人。他多次向区慈善总会捐款，向临平三中捐助奖学金，向遭遇某些事故致贫的人捐款，向四川省泸定县红十字会及该县岚安乡学校捐款。光是 2021 年，他的慈善捐款就达到了 152528 元。他多次被评为慈善事业先进个人。

在服装外贸出口喜人业绩的支撑下，高礼根带领“杰丰”实现了多元化布局，产业涉及电商园、金融系统等领域，成为临平传统产业转型升级的一个典型案例。目前，高礼根与他的儿子高余杰已经顺利完成“二代”交接班工作。然而，老骥伏枥、志在千里，作为一个农民企业家，“创业创新”四个字始终萦绕在高礼根的心头，共同富裕的理念始终不渝地贯穿在他的脑海中。

把握时机、果断转型，善待他人、笑对人生，这是高礼根一贯的人生哲学。尽管曾经历经风雨，但岁月沉淀过后，高礼根的事业脚步迈得更加坚定而有力。

施雪龙的高地情怀

◆姚水林

2021 年初，年满 60 周岁的施雪龙退休了，同时卸任高地社区党委书记。施雪龙 1995 年被推选为高地村村委会主任，三年后换届选举，他再次以全票当选，并在之后的党内选举中，当选村党支部书记。施雪龙在村两委会连续工作 26 年，这在村一级领导班子建设越来越年轻化的今天，似乎是一个特例，甚至还有不少党员、群众说，要是延迟退休的政策现在实行的话，我们还会再推选施雪龙书记继续干一届。可光阴落地，本来就无从捡拾。人生太过匆匆，从古朴的村落，到繁华的都市，从青春年华，到浮世沧桑；人生又太过缓慢，仿佛走过无数的春秋冬夏，那些故事，犹如发生在昨天。时光一天天老去，在日色花影里写着冷暖交织的往事。

“蓝袍加身”

“蓝袍加身”这个词，是有人从宋太祖“黄袍加身”的故事中衍生出来的。好事者云：现如今没有皇帝了，尊“黄”已成历史，新社会当主官，应以红、蓝作喻，党内各级书记为红，各级行政主官为蓝。蓝者也有蓝领之意,出力干事者是也。

要说施雪龙被"蓝袍加身"的故事,起因还得从 1978 年高考说起。

那一年,考试成绩名列班级第一梯队,年年被学校评为优等生的施雪龙高中毕业,却在当年的高考中遭遇"滑铁卢"。从教育相对落后的农村一路读到高中的施雪龙名落孙山,按常理也是定数,因为这一年全国高考入学率仅为 7%。

考场失意,已经 19 岁的施雪龙考虑到家庭经济困难的原因,没有选择复读。那段时间里,虽然他自己的情绪很低落,可在别人眼里,他仍然是一个有发展前途的好青年。时任村党支部书记的俞伟民推荐他去翁梅中学当了代课老师,三年后又被选拔到翁梅乡丝绸厂当了厂长助理兼翁梅乡团委副书记。

十年光阴,转瞬即逝。1991 年,翁梅丝绸厂倒闭了,乡团委副书记的兼职,也因超龄不再连任。此时的施雪龙很像徐志摩《再别康桥》所云:"悄悄的我走了 正如我悄悄的来 我挥一挥衣袖 不带走一片云彩……"

施雪龙空手回到了高地村。虽然十三年过去,满怀希望出发又回到了原点,可他是带着满脑子的思想回来的。他想得最多的是:要重新开始。

在家人的支持帮助下,施雪龙于 1992 年办起了自己的家庭工厂:余杭正大制衣厂。得益于在翁梅丝绸厂的十年磨炼,加上"南方谈话"精神的助推,施雪龙的家庭工厂经过短短三年的努力,总资产已经积累到了 150 多万元。

此时的高地村有 120 多个像施雪龙一样,长期在外奔波,一门心思围绕服装订单、制作、销售的小老板,他们中的许多人无心,也没有精力过问村里的事。能人们忙着搞自己的工厂,留下的村干部们过着苦哈哈的日子，软弱涣散的领导班子没有了凝聚力，没有了凝聚力就没有了战斗力，没有了战斗力就没有了各方面工作的体面。村集体负债 40 万元，村干部连续三年没领到工资，时间最长的“白条”6 年没有报销；村里的公益性事业建设常常名列全区倒数，老年人在脏、乱、差的环境中以麻将、扑克和烧香念佛打发寂寥时光。

有一年春节，小老板们利用难得的空闲，三五成群聚聚会，喝喝酒，聊聊天。闲聊中，有时也会说到村里的事情，施雪龙说：“村里有那么多资源，怎么会弄成这个样子？人要脸，树要皮，作为高地人，走出去都会脸红。要是让我来弄，争不到先进也不至于像现在这样。”

说者无心，听者有意，让施雪龙意想不到的是，自己的随口一说，村里不少人当了真。紧接着的 1995 年村委会换届，施雪龙以高过法定票数当选村委会主任。

施雪龙事后说：“当这个村委会主任还真不是我自愿的，虽然村里有许多人是真心看好我，觉得我有思想、有能力，也有过当乡团干和乡镇企业中层干部的经历，做人又比较靠谱，自己的工厂从小到大经营得很不错，他们相信我能把村里的工作做好。当然，也有人是听闻了我的‘大话’，想把我拉出来‘遛遛’，也有自己不想再当村干部的人，乐得手里的烫手山芋有人接走。”

立军令状

施雪龙走马上任了。可也有很多人对他的选择不理解，包括他的家人。一头是红红火火的自家工厂和大把大把可以自由支配的钞票，一头是负债累累的集体经济和众口难调的千头万绪，对个人来说，孰轻孰重，明白人用脚趾头想，也能作出正确选择呀！他爸用人生经验说事："你有自己的工厂，哪还有时间和精力去蹚村里这塘浑水？"妻子说得也在理："我们的生意刚刚起步，眼下正是服装厂红火的时候，你是哪根筋搭牢了，当了这吃力不讨好的村主任，我家这100多工人的厂子怎么办？"

施雪龙是一个好面子的人。自从高考落榜以来，自己每次转身都没有过一个好的结果。当教师半途而废，当乡镇企业中层干部以倒闭收场，当乡团干部也只是过眼云烟，虽说都并非是自己主观的原因和责任，可重回高地村当家庭工厂小老板这样的结局，怎么说都是不够体面。因为他觉得，做个小商小贩式的个体老板，有人比他更有能耐，只要国家政策允许，取得一点成绩都不难。用他自己的话说，在当时的大环境下，人人都可以当一个能赚钱的小老板，我虽然也赚到了钱，富裕了，可总觉得自己的转身动作不够潇洒。

因此，当高地村的父老乡亲把足够当选的有效票投给自己的时候，他已经知道自己以后该干什么了。他知道，即使是那些赞成票里，除了真心拥护的，也肯定不乏看热闹甚至是看笑话的人在。

施雪龙在自家服装厂的办公室召开了第一次村委会班子会议。在会上，他这样说："我向在座的各位保证，一个星期内给村干部补发全部工资。今后，只要我施雪龙当这个村主任，绝不再拖欠！当下村里所需资金暂时从我的厂里无息借用。我唯一的要求是，大家必须齐心协力，干出个样子来给高地村的父老乡亲们看看。"

看着屏住呼吸听他讲话的同仁，施雪龙继续说："在座的可以作证人，一年后，要是大家对我的工作不满意，我就用鞋底打自己的脸，主动辞职，工资一个子不拿，村务开支，包括你们的工资，都由我的服装厂承担。”

1995 年的中国正处于大变革、大发展的进程之中，经济的逐步繁荣，人们对各级干部的要求，已经不满足于纯粹精神层面的“同吃、同住、同劳动”和干部苦哈哈的自我付出。施雪龙深知，自己立下了“军令状”，就必须找到解决高地村所有问题的切入点。

施雪龙说：“村里穷得叮当响，空口说白话，没能力办实事，村民就不会服你。”为了增强村集体的造血功能，他开始带领村委会一班人，在一年时间里接连办了几件事情：利用自己办企业积累的人脉，把已经倒闭闲置的村丝绸厂、电镀厂和两个服装厂的设备、厂房租了出去；村办小学因并校，校舍也已经闲置多年，稍加维修后也出租了；对围垦土地的租金进行了调整，租金翻了一番。施雪龙把上述动作称作“盘活存量资产”。同时，又用收来的租金建成了一个小型农贸市场和配套店面房，出租之后又为村里增加了一笔收入。

1996 年，从高地村村民代表大会上传出消息：高地村已经还清了历年累积的欠债 40 多万元，并且还有了 180 多万元的结余。施雪龙实现了自己的承诺，当然就不用拿自己的鞋底打自己的脸了。如果说施雪龙第一次当选村委会主任是因为说了大话，有点被“蓝袍加身”，而且有人怀疑的话，那么，1998 年那次村委会主任选举的全票通过，就完全是信任了。而对施雪龙自己来说，如果第一次有些许“面子”因素的话，那这一次却完全是心甘情愿的了，因为不久后的党内选举，他又当选为村党支部书记。村民们认可自己，党内同志们认可自己，上级党委也认可了自己，对个人来说，这是莫大的荣幸和崇高的责任！

政者正也

“政者，正也”出自《论语》，那是孔子的学生颜渊、子路做的孔子谈话记录，全文是：季康子问政于孔子。孔子对曰：“政者，正也。子帅以正，孰敢不正？”子曰：“其身正，不令而行；其身不正，虽令不从。”翻译成白话文的意思是：领导者如果自身的行为正当，用不着下命令，人民也会按他的要求去做；如果自身的行为不正当，即使三令五申，人民也不会服从的。

对中国传统优秀文化深信不疑的施雪龙，从执政高地村的第一天起，就把孔夫子的教导铭刻在了心间。早在当选村委会主任伊始，施雪龙不仅使出了一套增强集体经济实力的组合拳，而且未雨绸缪，建章立制给村委会定规矩。

制订村委会议事规则，规定凡涉及村民重大利益的政策，都要反复征求党员、组长、村民代表、个体企业主的意见，并经村民代表大会表决通过方可实施；严格财务制度，规定村里的每笔开支必须由经手人、经联社主任和会计三人签字才能入账，金额5000元以上的项目开支须事先、事后张榜向村民公告；成立村财务工作监督小组，定期审核账目并张榜公布；建立村干部评价制度，每年底由村民代表对村委会成员的“德、才、绩”三方面的表现打分并公示。

1998年6月，高地村围垦在下沙的190多亩土地被杭州经济技术开发区征用，村里因此得到了一笔补偿金，这使得村集体可用资金意外增加了600多万元。有了钱，施雪龙和他的村委会成员，第一时间想到的是为村民办实事。道路硬化，有线电视入户，电网改造，建老年活动中心，改造灌溉机埠，修三面光水渠，翻新农贸市场，建造村民健身苑、篮球场，设置乒乓球室和图书阅览室。

高地村总投资660多万元的十几个项目，从开工到验收，没有一个村民怀疑过村干部们有腐败行为。至于原因，还得归功于施雪龙的防患于未然。为了监督好这几百万资金的运用，施雪龙在原有的村财务制度上加了一条：凡是村集体的基建项目，一律通过公开招标确定施工单位。

二十多年以前，招标在村一级的工程建设中，还是一个新生事物。正因为实行了严格的招投标制度，使得权力不敢不廉洁，也没有机会不廉洁。高地村有史以来场面最大的工程项目建设，干干净净地落地了。施雪龙说，这一场战役下来，我们村委会的干部终于彻底赢得了村民的信任。

就在施雪龙铆足了劲，为高地村的经济社会发展殚精竭力的当口，想不到他的后院起火了。其实，早在施雪龙打算参与村主任连任竞选的时候，他爸和妻子就已经给他透露过家里可能要"着火"的信息："厂里刚刚失去了两份大订单，眼看就要亏损了，你到底想不想把厂子办下去了？"由于施雪龙的再次连任村主任，接着又当选村党支部书记，党政一肩挑，忙煞了施雪龙，而人的时间和精力终究有限，鱼和熊掌不可兼得，顾了这头只能放下那头。

这一年的年底，妻子捧着厂里的账本告诉他："全年亏损近20万！"

施雪龙此时才意识到，既想做高地村合格的领头人，又想自家的工厂赚钱盈利，似乎是他一厢情愿的事情。而且，自己是村里的党政一把手，这样一边掌权，一边经商，难免会被村民误解有可能权力寻租，更难免会让别有用心的人钻空子。苍蝇不叮无缝蛋，一个村干部办厂经商的本身就是一条缝。

他对老爸和妻子说："我决定关了服装厂！"

正大制衣厂关门停业了，施雪龙无疑是自断退路。虽然企业遇到了暂时困难，亏损也是因为自己的分身乏术，凭自身的能力，几年实践的经验，积累的资产和人脉，施雪龙其实是有把握让自己的正大制衣厂重新走上盈利和发展壮大的正轨的。

没有了自家企业的牵绊，施雪龙可以轻装上阵，全身心扑在村里的工作上了。有人说，施雪龙是公而忘私，可他自己却说："公而忘私不敢当，我是怕办厂分心，耽误了村里的事情。对我来说，自己办厂是干事业，一心一意当好村干部也是干事业。而且，我停办了自己的服装厂，没有了公与私的纠缠不清，在村里说话的喉咙可以更响一点了。"

棋高一着

指尖年华，尘埃落定。人生是一串从未停止前行的脚步，寒来暑往，时光老去，施雪龙从 1995 年担任村委会主任起，已经在高地村工作 26 年了。

时光荏苒里不免沧海桑田，现如今，地处城郊接合部的高地村已经撤村建居，高地社区也已经从负债 40 多万元，村干部三年拿不到工资、六年报不了发票，公益性事业建设常常名列全区倒数，发展成为远近闻名的，连续 16 年未发生一件刑事案件的"全国文明村创建先进村""浙江省文明村""浙江省五星级民主法制社区""浙江省村务公开民主管理示范村"，并获得"浙江省十佳村务公开民主管理创新奖""杭州市模范集体""杭州市先进基层党组织"的先进模范村(社区)。

一摞集体荣誉的背后，有施雪龙牺牲小我换取全村辉煌的情怀，也有他不断进取与时俱进的探索，而对一个小小的行政村(社区)来说,这些初看有点异想天开的探索,在施雪龙和他的村级班子的共同努力下,无不成了带领村民奔小康和建设新农村路上成功的范例。

2001 年,虽然施雪龙自己的正大制衣厂关停已经 3 年了,可高地村的个私服装业却有了更大的发展,施雪龙对此既喜也忧。喜的是全村有五分之一的家庭和半数以上的劳动力,靠制衣业或发家致富或有了稳定的工资收入;忧的是这些个私企业毕竟是文化程度不高,视野不宽的种地农民办起来的,虽然生产、销售都有各自的成功之处,不用村里去“指手画脚”了,但是,随着中国加入 WTO,他们观念上、知识上、信息上、管理上的短板,也开始突显,有的已经影响到了企业经营。

之后的三年时间里,施雪龙力排众议,为高地村服装业的健康发展走了三步棋。

第一步,开办业余技术学校。请来浙江大学工程学院服艺分院院长周奉圆教授来村里讲授“杭派女装”的趋势;用了 20 天时间,带领骨干企业老板奔赴北京、上海,向 16 位专家、教授取“真经”。知识、经验和信息的获取,为高地村服装业的健康发展提供了坚实的后劲。

第二步,投资建成了占地 250 亩的高地村服装工业园区。到 2004 年,高地村的服装企业全部入园生产,年产值达 4 亿元,同时带动了整烫、包装、仓储、物流、运输、外贸服务的发展。因此,村民 80%以上的收入来源于工业园区。以后,改名为杭州服饰特色产业园区,仅真丝服饰企业就达 148 家,职工 11000 多人,年产真丝服饰 2000 万件(套),产值过 7 亿元。

第三步,建立全程服务代理制。企业注册、征地拆迁、贷款联保、品牌培育、税务登记、出口通关,甚至是缺人招工,照顾独自在家的老人，只要忙于企业工作无暇或者无力办的事情，村委会都可以安排专职人员提供免费的代理服务。这样一来，既节约了企业经营者的时间，又有利于小老板们专注于企业的经营和发展。

主政高地村(社区)26 年，施雪龙在发展经济方面下过许多这样的好棋，而且往往是棋高一着，比其他同仁站得高、看得远、落子准。同样，在基层治理方面，他也有不少独到的创举。

正如老父亲当初劝他不要当村干部时说的那样："村里的事情烦，吃喝拉撒睡，凡是人需要的，你样样都要管。"对施雪龙来说，老父亲说的这些，他是有思想准备的，却也低估了基层矛盾的复杂性。

清官难断家务事，可总有村民因为婆媳不和、兄弟分家、邻里吵架、子女欠孝之类的家长里短来找他做"老娘舅"。上面千条线，村里一根针，什么违章建筑、拆迁补偿、私占公地、乱丢乱放等利益冲突、大事小事，没有一件不要施雪龙亲自操心的。特别是新农村建设中涉及的村庄环境整治、垃圾定点收集、卫生公厕改造、油面道路拓宽等工作，免不了要部分村民做出一点利益牺牲，比如拆掉不雅建筑、公厕垃圾站选址、占用部分宅基地等等，而这些，往往不是村里一个文件、一个通知就能解决问题的。

施雪龙在实践中发现，仅靠他和村领导班子几个人，纵然有三头六臂，即使是再有能耐和威信，哪怕是把一天当作两天用，这些事关基层治理的方方面面，他们也难于桩桩件件摆平、搞定。

大概是三四年前，善于学习和思考的施雪龙终于又有了一个高招：成立高地村"板凳评议团"。评议团成员由村民公认的老干部、老教师、德高望重的老者、有好口碑的企业家及聘请的片警、司法干部、律师组成，凡是难断的家务事、难缠的烦心事、难辨的法理情，都交给板凳评议团做结论，一旦形成决议，就成了“乡规民约”需要遵守的个案，对村民来说，比上级的红头文件还管用。因为谁都知道，基层社会治理讲究的是“自治、法治、德治”，村民最在意的，是自己在乡里乡亲间的口碑，而乡贤们对他们所作所为的看法，正是一户人家在社会上口碑好坏的关键。

高地村板凳议事团为高地村的基层治理做出了重大贡献，为村两委会啃下了许多难啃的骨头，《人民日报》做了报道，新华社也发了通稿。

不忘初心

早在 1998 年，某一天，施雪龙把村里 70 多位资产超过 500 万的小老板、11 户困难户和全体党员干部召集到村党员活动室。

施雪龙开门见山：“各位乡亲、弟兄，我今天把村里比较富裕的和比较困难的人都请来了，希望高地村能够亲帮亲、邻帮邻、富帮穷，先富带后富。在座的老板、党员、干部，自己报名与在座的 11 户困难户结成帮扶对子，带领他们摆脱贫困，让高地村全体村民走上共同富裕的道路。”

结果很完美。参加会议的老板、党员、干部，根据自身的情况，有的提供工作，有的提供技术，有的捐款捐物。捐款捐物的承诺每年不少于 2000 元，施雪龙自己选了村里最困难的那户人家。就这样，一次会议，11 户困难家庭被踊跃地“分掉”了，因为是多帮少，多人帮一户。因此，高地村竟然一下子“消灭”了贫困户。

主政高地以来，施雪龙年年带领村两委班子给孤寡老人送温暖，2001 年，又提议并用集体资金给全村未参保的成年村民购买了养老保险。在“五水共治”、“三改一拆”、“美丽乡村建设”、城市化建设中，地处城乡接合部的高地村（社区）动迁多，需要临时安置的老人也多。2011 年，建筑面积为 1500 平方米的高地村（社区）三星级标准的“星光老年之家”建成，不方便外出租房过渡的老人在那里可以享受免费理发、免费赠茶、免费洗衣、日托休息室、老年食堂等服务。为了丰富老年人的精神文化生活，中心还经常开展文艺演出、老年课堂等活动。施雪龙说：“老年人是弱势群体，孩子们是我们的未来，在高地村（社区），这是两个优先群体。”

高地村服装工业园区聚集了大量外来务工人员，登记在册人口就有 13000 多人，是本村人口的 4.6 倍。外来员工的困难比本地人要多，排在第一位的是子女就学难，很多孩子成了留守儿童。村（社区）两委会引进了一家民办学校，招收打工人子女 2000 多名，解决了他们的后顾之忧；打工人没有私家车，出行不方便，村里协调交通部门开通了公交专线；打工人业余生活单调，建了和合广场，为他们提供健身场所，创建了“蓝领驿站”和“爱心超市”。“爱心超市”只为经济困难的打工人服务，“买”东西不花钱，只凭“券”，商品是园区 100 多家工厂捐出来的尾货、库存，有各种各样的日用品，也有厂家为此特地采购的大米、食用油等。只要是“企业网格”审查通过的困难员工，人人都可以每月领到 200 元生活券，并到“爱心超市”按需挑选领用。

高地村（社区）针对工业园区小微企业多的实际情况，出面组织了园区工会，通过工会每年对新员工带薪培训一天，内容有法律法规、安全生产和高地村(社区)“居民公约”；每年评选一次“十佳最美职工”，奖金 3000 元；每年暑假，村(社区)出钱组织一次为期一个月的“小候鸟探亲”活动；建立“爱心基金”，对有突发困难的员工，园区工会给予最高 5000 元的补助。

有一段时间，贵州路桥集团在高地村附近施工，480 多民工都是从贵州山区招来的。可能是因为生活困难吧，他们一来，村(社区)里常常发生菜地蔬菜被偷的事情。有一次，有人给施雪龙送来了一个偷大蒜、花菜的人。偷菜人怕被打、被关、被罚，可施雪龙偏偏什么话也没说把他放了，还让人到“爱心超市”领两桶菜油、两袋米让他带回去，并对偷菜人说：“明天让你老婆到我办公室来一趟，她的工作我给她想想办法。”

原来，这个外省大山里来的打工人，老家有老人孩子要供养，跟他一起来杭州的老婆找不到工作，自己的工资除了两个人生活所剩无几，实在是为了省点生活开支，才做了错事。

事后不久，偷菜人的老婆到园区玛菲尔制衣有限公司食堂做了洗菜工，月工资比她老公还多一点。有记者知道了这件事，在年底路桥公司困难员工到“爱心超市”买生活用品时，特意问了偷菜人：“自那以后有没有偷过菜？”他说：“没有，没有，再也不偷菜了。”

施雪龙说：“人心都是肉长的，付出总有回报。我有一次去贵州见到了当时路桥项目的经理，经理告诉我，那个偷菜被抓的员工现在东莞，至今还在说高地人好呢。”

外来人口的安居乐业，他们的认同感和归属感，对高地村(社区)的经济发展和社会治安综合治理意义重大。

高地之上

“君子之学必日新，日新者日进也。不日新者必日退，未有不进而不退者。”施雪龙说：“吃不饱最多瘦一点，学不好不仅做不成事情，还能毁掉一个人，更会毁掉一个干部。”他主政高地的 26 年，是自己不断学习，不断进步的 26 年。

施雪龙的人生是一幅徐徐展开的水墨丹青，从草长莺飞的春，到硕果累累的秋，从喧嚣繁华的绽放，到笑声渐悄的余音。每一帧熟悉的场景里，都蕴藏着旧日时光的温暖。施雪龙生于高地，长于高地，高地是他人生的全部舞台，有人说他情怀高地，又有高地情怀。他终于站在自己人生的高地之上，脚踏实地地演绎了自己平凡却不乏精彩的故事。

施雪龙主政高地村 26 年，得到过许许多多荣誉：2002 年中共中央组织部“三个代表忠实实践者”，2004 年度浙江省劳动模范、浙江省“为民好书记”、2010 年国务院第九届全国创业之星、2014 年度浙江省优秀党务工作者，他还是浙江省十一、十二届人大代表，杭州市十一、十二、十三届人大代表。

站得高，才能看得远，站在高地之上，他看得清经济和社会发展的趋势和潮流。

当别人以为个体经济是完完全全的市场经济、自由经济，基层党组织和村委会可以甩手不管的时候，他动用集体资源办业余技术学校，请专家教授给老板们上课，用知识武装村民的头脑。

当有人沉浸在村里的服装企业小打小闹却红红火火的满足感中的时候，他想到了品牌效应、规模聚集效应，动议并实施了集生产、销售于一体的服装工业园区建设工程，把一群小舢板聚合成为一艘能在国际国内市场汪洋中航行的大船。

当村民的钱袋子鼓起来之后，他意识到，物质文明不会替代精神文明，必须两手抓。村里建起了篮球队，举办“高地杯”军警民篮球赛；组建男子舞龙队，精彩的舞姿上了央视《新闻联播》；建立女子滚灯队，1999 年国庆节应邀参加了天安门广场的演出。

施雪龙的政治敏锐性非常高。2020 年 11 月 11 日，第十三届全国人民代表大会常务委员会第二十三次会议通过了《中华人民共和国退役军人保障法》，他不仅从文件里读到了“维护军人军属合法权益，加强退役军人服务保障体系建设”的重大意义，而且敏锐地意识到，上面对退伍军人工作将有新的动作，高地村（社区）再一次领先一步，他们的退役军人服务站成为全区最早挂牌并投入运行的村级服务站。

作为省、市两级连续多届的人大代表，他曾经撰写多个议案，《关于实行浙江省农业小型机械化的议案》省人大督办，为省农业厅争取到了 4 亿元扶助资金；《关于苕溪水源治理的议案》《关于钱塘江古海塘保护的议案》，钱塘江古海塘目前已经列入申遗目录。

在施雪龙退休的欢送会上，有南苑街道的领导说他是一个“把做村官当作事业的人”！

精耕三十载　非遗“针”功夫

——记临平区非物质文化遗产“沈氏针灸”第三代传人王云松

◆彭丽芬

临平之南，沪杭高铁穿城而过，临平湖藕花无数，开创于1948年的沈氏针灸的故事在这里缓缓流淌着。

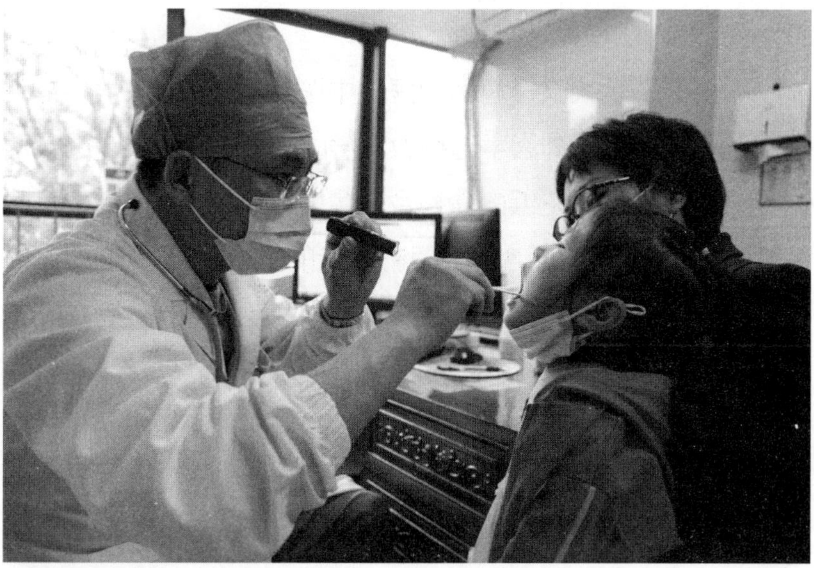

初秋的黄昏，炎夏“冬病夏治”的高峰期刚过，我如愿见到了传说中的“王一针”——临平南苑街道社区卫生服务中心针灸疳积科副主任中医师、沈氏针灸第三代传人、浙江针灸学会会员、杭州市基层名中医、临平区名医王云松。

“王医师，艾绒是不是该添一些了？”“王医师，帮我看看背上留罐的地方是不是变红了？”“王医师，我腿上的留针差不多要拔了吧？”……走进针灸疳积科，一张古朴的办公桌上堆满了就诊过的挂号单，治疗室内烟雾缭绕，艾叶香扑面而来。在此起彼伏的声音里，一位精力充沛的“白大褂”穿梭其间，他一边忙着给患者扎针、艾灸、拔罐，一边和患者亲切交谈，声音和动作都那么的温柔，和谐的氛围让人感觉不到这是个看病的地方。

传承创新，火车浜的“王一针”

中医学是中国的传统医学，具有独特的理论体系。中药内服、针灸疗法、刮痧疗法、拔罐疗法……而所有治疗方法中，唯针灸最考验功力，一针到底，分毫不差扎入穴道，“针”功夫，乃真功夫。

王云松先后就读于塘栖中医院中医班、浙江中医学院针灸学专业和北京中医药大学远程教育学院针灸专业。1990 年，他毕业分配到地处火车浜的翁梅乡卫生院（南苑街道社区卫生服务中心前身），拜当时卫生院颇有名气的“沈氏针灸”第二代传人沈森耽为师，师承习医八年之久。后师父因病离世，勤奋好学的他毅然扛起了“沈氏针灸”的大旗，熟练掌握了“沈氏针灸”的整套医术，特别是“挑四缝”医治小儿疳积和“咽三针”治疗“喉风”两手独门绝学。

他说，从师父那儿自己学到的是手法，而实际施针的位置以及轻重缓急都需要靠自己慢慢摸索和反复实践。行医多年，他练就了不少针灸绝技，比如“扬刺法”治疗痛风、“点刺法”治疗慢性咽炎、“排刺法”治疗小儿咳嗽等。治疗的病种也扩展到了颈肩腰腿痛、小儿偏瘫和小儿惊厥、多动症，以及运用打针治疗网球肘、关节炎等。

“这是我师父的师父，也就是沈厚芳老先生传下来宝贝！”结束一整天的忙碌，他捧出了一袋东西给我看，我仔细端详，袋子里面有两个印着蓝色花纹的搪瓷碗、一根光滑的捣药棒和一个老旧的药筛子。“我的师父当兵回来后一直做乡村医生，为人正直，做事认真，他一丝不苟的行医风格对我影响很大。师父很爱学习，在世时因一本民间版的古书《经外奇玄》不慎遗失而懊悔不已！”

我望向诊室墙角边那个古朴的书柜说道：“想必你也是个爱书之人吧！”论及读书，仿佛一下子激活了他内心的能量。书柜里放满了各式各样的书，我被书柜里那本老旧的《本草纲目》所吸引，取出来翻阅，一张泛黄的药方掉了出来。“沙参、桔梗、柴胡、半夏……”清秀的字迹镌刻着中医人对医学的执着。熟悉他的人都知道他是个非常爱读书的人，他说自己书读得很杂，医书古籍、经典名著、诗歌散文均有涉猎，读得最多的便是那本《针灸大成》。确实，唯有长期不断地汲取养分，付诸实践，方能成长为一名优秀的医生，真正为患者解除病痛。

他说，对“喉风”的治疗，师父没有选择标准穴位，而自己经过不断的实践，终于在患者下颌角和颈部两侧筛选出了三个“颈外奇穴”针刺，他把它取名为“咽三针”，用此针法并加中药内服治疗“喉风”，包括急慢性咽炎、喉炎、扁桃体炎、会厌炎等，其疗效有独到之处。同时，他还将牛黄、青黛、冰片等自制成中药粉，疗效更为明显。

"你瞧，这个就是治疗喉风用的，一个是我师父传给我的，另一个是从网上买的，现在很少见。"他从抽屉里拿出两个形状类似放大镜的铜质器物，说："这个叫铜鼓风，老底子专门给患者喉部上药用的。"他轻轻掀开一块圆形的小铜片，铜片下是装药的，将铜片合上，用手按铜片，药粉就从另一端的管口吹出来。我笑说着："其实，这不就跟西瓜霜的原理是一致么！"

爱学习，爱钻研，爱创新。正是如此，他治疗小儿疳积和"喉风"远近闻名，被大家亲切地称为"王一针"。在他的带领下，科室年门诊量逾三万，并已发展成为具有鲜明中医特色的临床专科，大批患者经他诊治后恢复良好，重新回归社会和家庭。

医德高尚，患者身边的"贴心人"

王云松的针灸技艺在区内和周边地区，已经享有较高的知名度和美誉度。除本地患者外，还有不少慕名而来的海宁、桐乡、德清等周边其他地市的患者。在他心中，患者的事无小事，为了减少病人候诊时间，他坚持一年四季天天提前上班，每次坐诊，他都细心询问患者病史，抓住病情突出重点，找准病因进行治疗。

有位萧山的患者，预约了下午的治疗，但患者迟迟不见身影，他主动电话联系后才得知其仍赶在路上，尽管已经到了下班时间，他还是决定独自守候，等到治疗结束已近七点。这种事情他已经习以为常了，他淡然地说："患者这么远赶过来治疗，是对我的一种信任，我只不过下班晚一些而已。"

有位良渚的退休老师，因其妻子常年被咽喉不适所困扰，跑遍省、市大大小小的医院，吃遍中药、西药都未见好转，转而求医于他。刚开始这位老师也是抱着试试看的心态来就医,没想到在他的耐心治疗下,其妻子的咳嗽声逐渐减少,晨起的呕吐也有所改善,老人对妻子的病变得有信心了,同时也对这神奇的银针充满好奇,每次看病都会跟来。王云松总是边施针边不厌其烦地解释给他听,时时鼓励他们,不可思议的是在打完十五次针灸后,其妻子的慢性咽炎竟基本痊愈了。老人为了感谢他,还特地写了幅字画送来,赞其医术高超,耐心对待病人。

还有一位来自海宁许村的一岁半的患儿,因婴幼儿腹泻辗转于省儿保,看了三个月依然没有起色,他们在同村人的推荐下来到王云松的诊室,他耐心诊治,经过三四次的施针治疗,患儿竟然神奇般地病愈了。从此以后,他们大家族里的人但凡有点小病小痛,就直奔火车浜而来,他们说:"我们谁也不信,就认准王医师!"

读王云松的朋友圈,就像是在读一部优美的散文集,他常常会分享他的心得:"二十余年弹指一挥间,那时我是一个懵懂的少年,姜老师经常拿着自己的习作在讲台上自我陶醉,我在台下也听不出所以然,只知道姜老师真的了不起。二十余年后姜老师找到我是苦于面瘫,说话也略带结巴,对我说真的能治好么我……"这是一条我记忆犹新的朋友圈,记录的是他在余高念书时曾教过他的老师姜桂芳。这位老师经过他一个月的精心治疗病情好转,每次总夸奖他能干,老师常常介绍熟人过来请他看诊,并会写一张小纸条带给他,而他常常毫不客气地收下小纸条,并说:"这只不过是一件微不足道的小事。"

像这样的温暖的小故事就如他施过的银针数不胜数。任何时候,只要有需要,他的心里都留着患者的位置,正如他给患者下针时的那份细腻与温情。

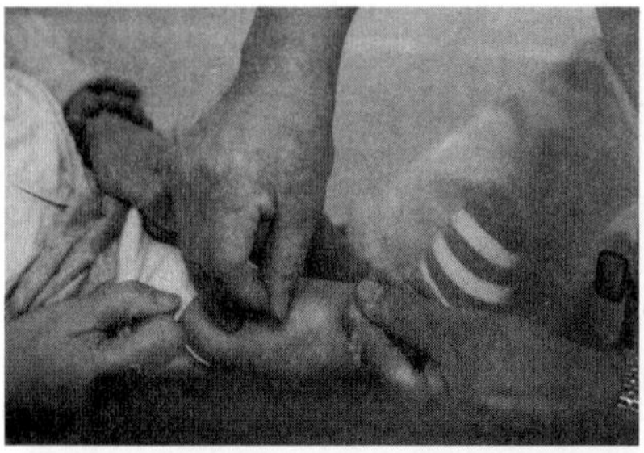
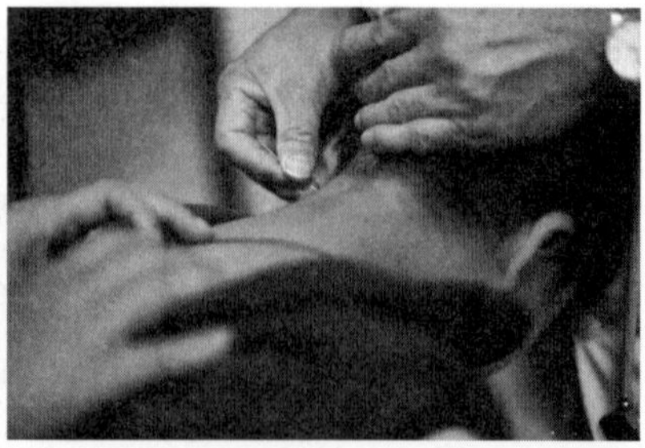

矢志不渝，科室传承的“领航人”

“一花独放不是春，百花齐放春满园。”自从担任针灸疳积科室主任以来，他一直在思考、摸索如何将科室发扬光大，打造成为品牌科室。

三十几年来，他传承师艺，勤求古训，时刻提醒自己要注重人才培养和科室梯队的建设，尤其是对年轻后备人才的培养。虽然平时有繁忙的临床、科研等工作要处理，但是他还是会千方百计抽出时间组织科室人员进行学术探讨和交流，传授多年的临床经验和科研思路。他不间断地开展带教工作，培养和带过的硕士研究生、实习学生已有150余人，每当谈及年轻人才的成长和进步，他都倍感欣慰。

作为医院的特色专科，如今这支经过他严格“锻造”的团队，在“创名科、达规模、重技术”的指引下，成了一支医德高尚、技术精湛、作风过硬的专科队伍，科室成员积极结合临床实践，利用业余时间开展科研课题，"疏风清热针刺法治疗小儿疱疹性咽峡炎技术"成功申报浙江省中医药适宜技术培育项目。2009年，"翁梅沈氏针灸"入选区第三批非物质文化遗产名录。此外，先后有《针刺口腔溃疡206例》《针刺治疗喉风1500例》《针灸治疗痛风性关节炎75例》《针刺治疗新生儿黄疸267例》《排刺法治疗小儿咳嗽413例》《针刺治疗小儿疱疹性咽峡炎：随机对照研究》《针刺治疗脾虚性慢性咽炎72例》等30余篇专业论文在国家、省、市级医学刊物上发表。

他常对自己的团队说："师父传下来的这些针灸文化，是临平得天独厚、独一无二的宝贵资源，我们必须加以挖掘弘扬，用好'沈氏针灸'这一文化金名片，拓宽中医药服务领域，为当地百姓造福。"

"医学不老，行医不懈，鞠躬一生，不求闻达，但求利人。"这是王云松多年从医经历的真实写照，更是他的责任感使然。一根小小的银针，正在从他的手中传到一批又一批更年轻的人手中，"沈氏针灸"的精神也将得到更好的传承和发扬。

寸草之心三春晖
——记区阳光公益服务社负责人施红英

◆汤水根

社会需要爱心，人类需要帮助。一根小小的木桩，可救活一个溺水的人；薄薄的一条毯子，可以温暖一个冻僵的人；一句话，一双温暖的手，可以唤回失望者的希望，所以需要我们一起来奉献自己的爱心。南苑街道施红英带领她的团队，在公益事业上做得风生水起，受到人们赞扬。

初见施红英，让我眼前一亮，这位中等身材，四十多岁的女人让我误以为才三十刚刚出头呢？说话中流露出她那活泼好动的性格，用她自己的话说，美容并不在养而在于勤奋，勤奋是最好的美容，因为人充实了就会阳光……

人有份事做做　就会充满阳光

爱心是一盏灯，黑暗中照亮前行的远方；爱心是一首诗，冰冷中温暖渴求的心房；爱心是夏日的风，是冬日的阳，是春日的雨，是秋日的果。2014 年 11 月 13 日经区民政局批准，高地社区居民施红英创办了杭州市余杭区阳光公益服务社（简称阳光

公益)。阳光公益的宗旨是"快乐行善,人人公益"。七年多来,这支致力于开展"六助三服"——助学、助困、助医、助残、助老、紧急救助、社区服务、志愿者服务和慈善交流服务的非营利性社会组织,风雨兼程,茁壮成长。她们从5个人的小组织,发展到现在4000多人的大团队。队伍不仅我们临平有,还在上海、南京、成都、苏州、温州、海宁等建立了分支团队。施红英的社会公益组织,已经累计举行各类公益行动、志愿者服务数万次,服务对象早已超百万人次……

其实,施红英与普通人一样,有一个幸福美满的家庭,那时她还是一个全职太太,过着无忧无虑的日子。她说,做全职太太,人是舒服了点,但总感觉无聊,每天除了去做做头发、做做美容外,也就是跟一些同样无所事事的小姐妹们一起打打麻将、逛逛街,纯粹是一位消费型的女人。而老公给她唯一的工作就是把两个孩子教育好。有一次,她带着还没有上学的小儿子去逛街,刚转过一条街拐角处时,忽见路边有两个乞丐在向路人乞讨。施红英的儿子见状，忙拉着她的手说："妈妈，你以后可要去赚很多的钱来噢，这样可以去帮助这些可怜的人了。"儿子一句无意间的话，深深地触动了施红英的神经。那天晚上，施红英翻来覆去久久难以入睡……

是啊！现在我们不少人通过努力走上了富裕路，但还有不少人由于生病等各种原因仍然生活在贫困线以下，改革开放的最终目的是要让大家共同走上富裕的道路。儿子随便说的这一句普普通通的话启发了施红英，她感觉到儿子的话有道理，要把孩子教育好，并不是让他吃得好、穿得好，更应该身体力行地给孩子们做个好榜样，做个对社会有用的人，做一个有责任心、有爱心的人。

从那以后，施红英就想着把去美容院、逛大街的时间全用在做公益、为民服务上。可公益怎么做，怎么样才能做得好？对于她来说一窍不通。所以，刚开始的时候，她是每个星期就三天两头地往敬老院和福利院里跑，买东西送给他们吃，为他们洗洗衣服、袜子等。她以为这样就是做公益了。可做了一段时间后，她才发现，做公益并不是只为敬老院、养老院里的老年人服务，而是要为所有需要帮助的人服务。

有一天，她约了几个志同道合的姐妹一起聊天，她把自己想成立一个专门为民服务的业余组织之事告诉了大家，为了引起大家的重视，她还把前段时间为敬老院、养老院服务的经历向大家作了介绍。这几个小姐妹其实与施红英差不多，都是家庭妇女，也都想利用自己的业余时间为需要帮助的人服务。所以，听了施红英的想法后大家一拍即合，说干就干，姐妹们立即行动起来，迅速成立了阳光公益服务社。

阳光公益社成立不久，有一户特困家庭前来求助。施红英了解到，这户家庭里面有两个人得了癌症，还有一个人得了重病，家里为了看病已经负债累累。施红英立马就带着几个小姐妹为他们家挑起了大梁，大家有钱的出钱，家庭条件一般的出力，将这户人家主动承包了起来。病人去医院时她们用自己的车给来回接送；病人住院的时候她们就到医院里轮流陪护。通过大家的坚持和努力，这户家庭中那位病重的人后来身体慢慢好了起来。于是，施红英她们就帮着他找工作创业，以此补贴家用。

发展壮大公益团队　让更多人加入进来

一人是人，二人为从，三人成众，一人难挑千斤担，众人拾柴火焰高。任何组织群体都需要一种凝聚力，传统的管理方法是通过组织系统自上而下的行政指令，淡化了个人感情和社会心理等方面的需求，团队精神则通过对群体意识的培训、培养，通过队员在长期的实践中形成的习惯、信仰、动机、兴趣等文化心理，来沟通人们的思想，引导人们产生共同的使命感、归属感和认同感，逐渐强化团队精神，产生一种强大的凝聚力。施红英与几个小姐妹在做了一阵子公益服务后，让她深深地体会到“一花独放不是春，百花齐放春满园”这句名诗的内涵，她在发展公益人员中体会到了团队精神和凝聚力的重要性。是啊！要做好公益事业，光靠她们几个女人是远远不够，只有动员更多的人加入进来，才能将这项事业发扬光大。

为了能帮助更多人，将爱心扩散至南苑、临平、余杭甚至更远、更多的地方，施红英会同那几位与她一起创办公益事业的小姐妹，利用各自的熟人、亲朋好友等关系，去动员她们加入自己的团队中来。在爱与被爱的帮扶活动中，让更多的人一起成长。经过七年的动员与发展,目前,施红英的阳光公益志愿者队伍从最初的 5 人,已经发展到了 4000 多人的大团队。她们先后组织了临平队、瓶窑队、闲林队、良渚队、径山队、老余杭队、塘栖队等公益团队。还在海宁、萧山等附近地区,甚至在上海、苏州等周边区域和成都、温州等全国各地都有了她的公益团队。

队伍扩大了,参加公益组织的人员越来越多,如果服务质量跟不上去那就形同虚设。于是,施红英便从全国各地请来了做公益事业的专家,举办了各类服务培训班,帮助这些热心公益事业的人提高服务水平和服务质量,更好地为民服务。

施红英说:“助残公益是一项崇高的事业,残疾人作为社会重要的一员,他们需要社会各界人士格外关心和关爱,把温暖和爱给予他们,让他们重新拾起对美好生活的向往。”助盲活动相对于其他志愿活动有其自身的特殊性,因为服务对象的特殊性原因,就要求志愿者们具有较强的专业素养。为此,施红英托人去请来了专业对口的专家,对志愿者进行助盲知识的专业培训。如对“盲人出行、就医陪护”的培训,这比其他各类培训显得尤为重要。通过有针对性的培训,使公益志愿者们明确并及时掌握了服务盲人的一些基本要领。自培训后,盲人有出行和就医需求时,只要他们一个热线电话,施红英团队的义工们便会义无反顾地为他们进行一对一的引路和陪护。施红英知道,对于盲人来说,尤其是身患疾病需要就医的盲人,医院犹如一个迷宫,所以一定要有人陪同,帮助排队挂号等。

爱心能净化我们周围的空气, 能扫除我们心灵的障碍,能把我们的生活装扮得如花似锦,能让我们拥有好心境去踏平征途上的坎坷。在培训志愿者的同时,施红英也不忘给残疾人进

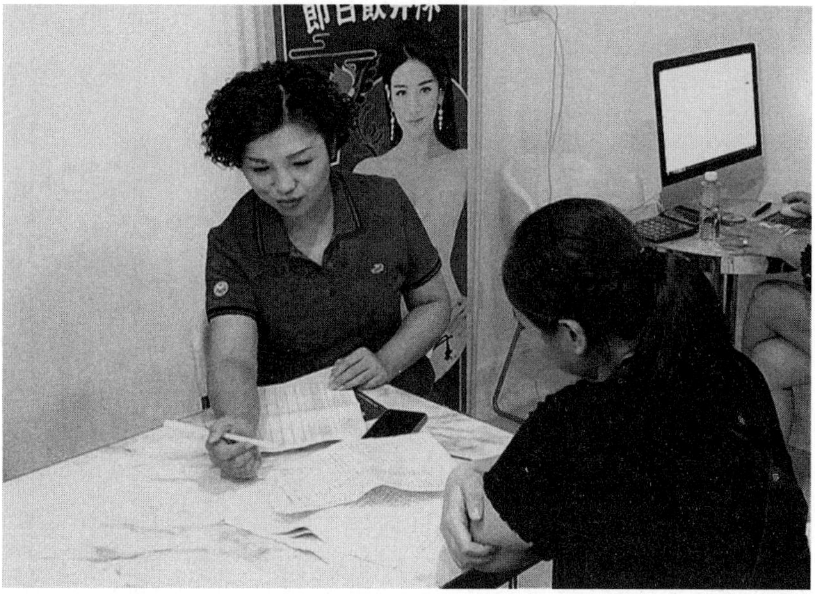

行培训，让他们逐步掌握生活技巧，学会自食其力。为了帮助广大弱势群体及时掌握自理技能，施红英邀请了有关专家对他们进行了针对性的培训。施红英明白，对导盲随行技巧的培训比其他各类培训显得尤其重要。让盲人掌握基本的导盲随行技巧，对于提高盲人在户外活动区域的安全系数具有重要的意义和作用。于是，在培训中，她让专家们从导盲随行视障人士的重要性入手，通过接触、抓握、站位、随行以及换边导盲、过窄道、进出门、上下楼梯、落座等动作要领进行详细的讲解，让导盲过程更具安全性，使盲人更灵巧、更自如地行走。在对"盲杖的使用方法培训"中，施红英为了让盲人充分发挥出盲杖对他们行走的辅助效果，配合专家耐心细致地给他们从起初的树枝、藤条或竹竿等简单的棍棒，逐步演变成更具应用效能的弯把式盲杖、直段式盲杖、折叠式盲杖、红白相间的盲杖等进行讲解。通过培训，使盲人根据盲杖的颜色、规格、结构不同，能灵活掌握盲杖的技巧性。在对“盲人户外拓展活动”培训中,她让志愿者带领盲人到户外、到大自然中,由专业教官带队,进行拓展活动。帮助盲人走出家门,获得新的生活体验,丰富他们的精神文化生活。施红英了解到,盲人在生活中经常会遇到不便甚至可能受到歧视,因此哀伤的情绪较之常人更加深入,需要及时进行心理疏导,学会缓解负面情绪。于是,在对“盲人情绪管理培训”中,施红英还邀请了部分心理专家,为盲人开讲如何管理情绪等课程。在对“盲人进行沟通与人际交往培训”中,施红英采取了引导盲人朋友与人际交往中学会技巧,让他们适当地表达心理诉求,以此达到良好的沟通效果。在其他各类培训中,施红英因势利导,让各类需要帮助的人能掌握一定的自强、自力、自食能力。

送出一份爱心　让人阳光明媚

爱心是一片冬日的阳光，使饥寒交迫的人感到人间的温暖;爱心是沙漠中的一泓清泉,使身处绝境的人重新看到生活的希望;爱心是一首飘荡在夜空里的歌谣,使孤苦无依的人得到心灵的慰藉;爱心是一片洒落在久旱的土地上的甘霖,使心灵枯萎的人感到情感的滋润。

一次偶然的机会让她了解到南苑街道翁梅社区有个叫潘星雨的残疾少女。那年,小星雨刚 15 岁,和施红英的大儿子同岁。可小星雨因为双目失明,没能与同龄人一样读书、识字、看电视、玩手机,没能与他们一样欢蹦乱跳地玩耍,在她的心里也就没有了些许欢乐,也许正是这些原因吧,导致了她患有严重的自闭症。施红英第一次去见她的时候,她却浑身发抖地蜷缩在奶奶身后不敢见人。当施红英看着这个可怜的孩子时,泪水像断了线似的。她暗暗地下定决心，一定要帮助小星雨，让她和自己的儿子一样快乐地成长。

那时的小星雨还不会自己走路，家里人也没空去照料她。施红英先花了近两年时间陪她一点一点地练习走路，还带小星雨去进行康复训练，开始因为不会走路，出去必须带着轮椅，在有台阶的地方，施红英只能背她过去，每一次都让她累得满头大汗。但她从来不叫一声苦和累，每当她看到小星雨笑了时，心里就暖暖的。

为了让小星雨更有信心走出自闭症，今后能自力更生地生活，施红英经过考虑再三后决定，在智障残疾人中寻找有音乐天赋的人，根据他们特长和兴趣专门成立了一个由架子鼓、吉他、钢琴等乐器组成的残疾人乐队。在这个乐队中，施红英让小星雨当钢琴手，并为她专门请了钢琴老师辅导，施红英每天都会抽点空隙去陪伴着她，给她买一大堆好吃的东西。小星雨有时候会发脾气，施红英总是耐心地安慰她。乐队通过每周两次的练习磨合，一年半后，区内唯一的一支由残疾人组成的乐队开始表演，她们能去各个学校和社区表演了。在区政府组织的大型公益活动上成功演出！受到了大家的好评。施红英与潘星雨的故事，还被余杭区宣传部推荐拍成了《星雨如歌》的微电影，并在各媒体播放，向社会传播她助人为乐的正能量。

要知道，当时施红英的公益事业才刚有起色，每天她都要四处奔走，但她依然每周会抽出三到四天的时间来陪伴小星雨。有时小儿子见施红英把爱心转移到了小星雨的身上，时不时的会抱怨自己的妈妈："为什么妈妈有时间陪别的孩子，却没有时间来关心一下我呢？"每每听到儿子这样的话，施红英心里不是不泛酸："妈妈为什么会那么努力，因为妈妈肩上有这个责任，像小星雨这样的孩子需要大家更多的爱，才能像你这样健健康康地成长呀……”

自从有了小星雨后，施红英的工作更加忙碌，但她总是会忙里偷闲，只要有空余的时间，她就会带着小星雨去吃好吃的，陪她一起玩，还会时常逗她乐。比如用“快点叫阿姨，不然不给你吃好东西了哦”等语言来引导她。就这样，施红英陪伴了小星雨 6 年。六年，在历史的长河中只是一瞬间，可就是这六年时间里，施红英用上了无数个日日夜夜来陪伴着小星雨，像对待自己的亲生女儿一样，硬是让小星雨的精神状态越来越好。目前，她已经能自己走路了，通过两年风雨无阻的坚持，小星雨从开始只能走两三米到后来能走一千多米。通过不断的沟通，她的内心也开朗起来了，在施红英和公益社义工们的陪伴下，从未出过远门的小星雨去了很多想去的地方，脸上也开始挂着微笑。她见到人也不像以前这般害怕，笑容也渐渐地多了起来，小星雨的亲人常对旁边的人说，施红英不是他们的亲人，却似自己的亲人。

用爱心的沃土，助希望的青苗茁壮成长。为了能照顾更多的残疾人，施红英还主动对接了智障工疗站和智障特殊学校。施红英知道这是一个特殊群体，因此，她除了经常给他们送去慰问品外，还自掏腰包为特殊学校的孩子置办校服，并组织残障儿童每个月开展各类公益活动，每年她都要组织他们进行春游和秋游，让他们多见见世面，多感受人生的快乐，让他们的生活变得更加丰富多彩。

用青春的力量，扬起希望的风帆；用真诚的爱心，托起明天的太阳。施红英希望身体残疾的小朋友也能找到自己的人生方向，实现自我价值。通过两年的摸索，施红英感觉到盲人这个残疾人群体是最不容易、十分需要帮助的，她去区残联了解到整个区有 2360 个盲人，于是她根据资料亲自挨家挨户走访、登记，并留下自己的电话号码，为他们解决困难，盲人朋友需要就医，她会安排公益社义工上门接送。住院了，就为他们提供 24 小时陪护，她和她的同伴，平均每年为盲人朋友提供 6300 人次的陪护。每年出资给盲人轮流去西溪湿地游玩，一对一的陪伴，用手触摸花朵、动物，让他们也能和正常人一样亲近大自然，每当看见盲人们开怀的笑容时，施红英感觉自己所做的一切努力都是那么的值得！

她还经常性地组织义工们走进敬老院，对接孤寡老人和空巢老人。光是 2019 年，她就对接了 200 多位老人，她和公益组织的义工们一起，定期给老人们理发、义诊、送上慰问品，她用阳光般的温暖去关爱这些孤寡老人。

奉献一份关爱　收获一份惊喜

爱心是什么？爱心是能鼓起你生命风帆的激励；爱心是什么？爱心是雪中送炭式的资助；爱心是什么？爱心是抚慰你受伤心灵的微笑。帮助贫困家庭和贫困学生成了施红英公益组织的一项任务。经有关部门介绍，她结识了当时余杭区西部山区的 30 户贫困家庭，经过她仔细的了解后，她发动义工们对这些贫困户进行了针对性的帮困活动。她邀请了手工艺人，专程去教这些人手工艺品制作技术，并将他们做好的产品进行包销，让他们逐步学会自我生存、自食其力和致富的技能。

为了扶贫帮困，施红英还跑到我国西部贫困地区进行扶贫帮困助学活动。通过介绍，她对接上了四川某县上杜柯乡中心小学，定期给他们寄衣服和学习用品，为孩子们助学圆梦。她还对接了贵州省思南县大坝场镇青杠园小学，给他们送去了羽绒衣、学习用品、慰问金等，还为他们定制了营养午餐。这些年来，施红英光是以个人名义就资助了汶川地震灾区的25个孩子，对接了青海玉树、四川壤塘、山西原平的三所学校，资助孩子500余人次，每年资助资金达32万余元。有一次，施红英去西部贫困山区送温暖，冒着高原反应带来的不适，一边吸氧一边爬山，为学生们送去了衣物、学习用品和慰问金，鼓励学生们努力学习，长大后为家乡发展做贡献。

为了让困难家庭的孩子能有更好的学习环境，2019年施红英她们为低保家庭的孩子房间进行了改造，让他们有一个优良的学习环境，让他们的心灵得到关爱。给45户6—16岁贫困家庭儿童房间进行了改造，使用资金达50万余元。让这些学生真正感受到了冬天的温暖和夏天的清凉。看见学生们、孩子们认真地学习，看见孩子们收到那份快乐，施红英内心感到自己为公益慈善的路走对了，也坚定了要继续走下去的决心！

热心奉献社会　真情温暖人间

提升城市文明指数和形象，将文明理念和社会的温暖播撒到社会之中，这是施红英心中早就想到的一件事。随着施红英她们的公益组织日益兴旺发达，她决定把单项性的服务项目扩展到整个社会之中去。她组织志愿者，每个节假日和周末，带着大家去高铁站、临平地区各地铁站、马路上的红绿灯下等公共场所做志愿服务，每年参与的志愿者达600多名，服务时数达4800多个小时。

在高铁站服务时，施红英发现广大旅客都缺乏自救方面的知识。于是，她就自己掏钱给高铁站捐赠了一台AED。为了让旅客及时掌握自救知识，每天都会安排有一定技术的义工为旅客做心肺复苏演示，让旅客关键时刻能自救。每周六她都安排一两名有专业技术的老师教旅客紧急救护、心肺复苏、使用AED的技能，在旅游中大力倡导“我为人人，人人为我”的理念。光这项活动，平均每年参加培训和观看的旅客就达10000多人。到目前为止，她们已经服务旅客达211700多人次。

每年夏天高温期间，施红英首先会想到在红绿灯下指挥的交警，顶着烈日骑车过路口的人们。于是，她便组成了一支支的送凉茶小队伍，给过路群众和交警们送去一杯杯清凉可口的茶水。送凉茶活动每年都要在20天以上，参与的志愿者一般都有四五十人。在国庆70周年期间，施红英她们每天出动148人次，服务时间每天达到13个小时。她的这项活动，受到了交警与过路群众的一致好评。

人人都献出一点爱，世界将变成美好的明天。每年春运都是一年之中的高峰期，在临平打工的人和新临平人都会回老家或探亲访友。为了让这些新临平人感受到临平人的温暖，施红英组成了一支志愿者服务小分队，在高铁站帮助引路，解答有关交通知识，给候车的旅客送上一杯杯热腾腾的姜茶，为让旅游路上不受凉，施红英还买来不少围巾、手套发给大家。不少旅客激动地说：“你们临平人真好，在这里工作、生活是我们前世修来的福分啊！”

关心、宽恕和体谅都是爱，让我们一起把爱贡献出来，给社会，给世界，给人间，使人间处处有温暖，处处有温情，处处都有爱。为环卫工人和交警送温暖，也是施红英每年必做的一件事。施红英每年还要组织几次给环卫工人、交警送温暖活动。施红英考虑到环卫人员每天起早落夜在马路上打扫卫生，风吹雨打、日晒夜露。于是，她与义工们一起，自己掏钱买来了手套、围巾、肥皂、洗手液等日用品，给这些常年劳作在马路上的环卫工，用自己的实际行动温暖他们的心。此外，她还积极参与区里、街道的禁毒宣传工作，她带着志愿者去车站、广场、公园，尤其是组织志愿者到社区居民家上门服务。他们挨家挨户地宣传禁毒知识，让人们懂得禁毒的重要性。

用温暖的力量　照耀他人心房

爱的力量是无比大的，爱的色彩是无比美的，它可使心中有爱的人幸福，贡献出爱的人快乐，得到爱的人欢笑。可使家庭美满，使社会安定，使世界和平。前不久，浙江省慈善联合总会和浙江省社会工作师协会公布了百个“战疫典型”优秀案例和千名“战疫群英”优秀个人的表彰名单。其中就有我们南苑街道高地社区的施红英。

有人，不是生来就勇敢，正因为被需要，他们才勇敢选择逆风前行。在疫情的阴霾下，他们用各种方式尽绵薄之力，隔离病毒但并不隔离爱，爱就如热浪涌动在他们身上，他们就是最美公益人！高地社区的施红英和她背后的阳光公益就给了我们一个个感人的故事……

疫情发生后，作为阳光公益服务社理事长的施红英，第一时间想到的是组织大家做一些人民需要的事。她和志愿者一起，每天起早落夜，烧制好600多份夜宵，分别送到防控指挥中心、高速卡点、小区卡点、交警卡点等一线抗疫岗位，用自己的行动温暖一线人员的心。当得知不少社区抗疫力量不足时，她马上组织动员起一支近百人参加的社区志愿者巡逻队，穿梭于各个小区，全方位宣传防控知识，劝返外出居民，同时为有需要的居民提供帮助。新冠疫情突如其来时，天气正是全年最寒冷的时候，施红英和她的志愿者队友们一直坚持驻扎在高速出口处和各社区卡口处。他们顶着寒风从早上 9 点直到晚上 6 点，每天持续 9 个小时，什么暖和就穿什么，臃肿的大棉袄、笨重的雪地靴，寒风吹得她脸上红肿、生疼，但她却笑得还是那么的娇艳。

有一天，施红英在街道了解到，瓶窑镇和不少镇街眼下防疫物资都比较紧张，她得知后马上辗转到德清、建德等地去采购了 2 万多只口罩捐赠给瓶窑镇红十字会。为了多采购一些防疫物质，施红英又联系国外的一些朋友，通过他们的关系采购了一批口罩，捐给社区抗疫一线的工作人员和志愿者。但她还是觉得不够，就又独自一人连夜驱车赶到金华，为一线人员买回了 5000 多只口罩。长途跋涉存在风险，可施红英自己却舍不得穿隔离服，她就穿件雨衣作为防护。

南苑街道目前有近 40 万人口，其中绝大多数都是新临平人，尤其是重点灾区的人也比一般的镇街要多得多。因此，不少社区工作人员明显不足，街道急需新增一支由社会力量组成的送医服务队，帮助社区里出现身体不适状况的居民及时就医。施红英得知这个消息后，马上主动请缨，她连夜召集并组建了一支由 22 人组成的 24 小时值勤的送医服务队，肩负起南苑街道 26 个社区所有病患的送医服务。那些天，她穿的最多的就是防护服，不合身也看不到脸，但是这身“丑丑的”衣服，她却省着多穿几天，不舍得轻易丢弃。

连轴转的工作，终于让她体力不支病倒了。2 月的一天，持续工作十几个小时的施红英，刚刚回到家中差点昏死过去。感冒，头痛欲裂。她知道，这个时候自己应该要休息一下了。但这时又有电话打进来:“红英吗?这两天在家里割了点蔬菜想出去卖，但社区里管得很严不让我们进出，你能不能帮忙想想办法?”这是高地社区的街坊邻居打给她的求助电话。原来疫情期间,菜农地上的菜长老了不好吃却又卖不出去,加上最近天天下雨,不少蔬菜已经开始霉烂。施红英得知消息后心想,现在城里部分隔离的居民正急需这些蔬菜啊!于是,她二话不说,自掏腰包悄悄的从这些菜农手中买下了这些蔬菜,她叫了一些志愿者,一起将这些蔬菜分类、打包、称重。看数量还不够,她又自己下地采摘。每天凌晨 5 点起床,割菜、洗菜整整弄了 3 天。她的双手被冻得干裂,原本白皙的皮肤粗糙生痛,每天涂抹防冻油还是没有用,她只能用手套包裹住才能减缓一些疼痛。就这样,她们终于整理出了 4000 多斤蔬菜，她和志愿者一起将它们全部无偿捐赠给了临平各地隔离人员的家中。居家隔离的王大妈听说这些蔬菜都是公益组织负责人施红英捐赠给他们的,激动得说不出话来。

全心全意做公益　天大困难不言败

爱心是一缕阳光，它让贫病交迫者感受到人间的温暖;爱心是一泓甘泉,它滋润着干涸者的心田;爱心是一根拐杖,它给予颓唐者站起来的力量;爱心是一束花朵,它指明荒漠跋涉者春天的方向。我在收集民间传说故事中,曾写过好几个过去人们做公益的故事,比如造桥筑路,那时人民做这些公益就是有钱的出钱,没钱的出力。其实现在做公益也是一样的,有钱的出钱,没钱的出力,去为一些需要帮助的人解决困难,或脱贫致富。既然知道了做公益是花钱出力的,尤其是有的公益纯粹是以出钱为主的,既然要花钱那必须有钱才行啊!像有些地方受灾了，一方有难八方支持，这是中国人民的优良传统。像前几年四川汶川大地震时，一些人出手就捐出几十或上百万元。但对于一个长期做公益事业的人来说，这一下子要拿出这么多钱显然是不可能的事。于是乎，有人好奇地问，施红英做公益要花那么多钱，这个以前大家认为“不务正业”的女人难道家里在开矿啊！是的，做公益没有钱只能做点服务工作，如果你想做大就必须花钱，而且不是花上几元、几十元钱的事，施红英创办的阳光公益可不是小打小闹的，整个团队已经有 4000 多人，发展到全国各地，像这样大的公益事业，没有一定的经济实力做后盾是很难做得到的。

其实，施红英与普通人一样，没有办厂更没有开矿，做公益前只是一个普普通通的家庭妇女。刚做公益时，她有丈夫给他的零花钱和原来做生意时赚下的一些钱，做起来还是有点得心应手的。2014 年 11 月到 2015 年 5 月，半年时间，施红英花去了 35 万元私房钱。丈夫见状，有些意见，一气之下，施红英便把丈夫给她零花钱的银行卡还给了他。

施红英遇到了第一个难题，那是她做了一段时间的公益活动后发现，她的私房钱渐渐地少了起来，口袋也渐渐地瘪了，她已明显感到入不敷出，如果再这样下去，公益事业肯定会半途而废的。那年 5 月，因为她没有了资金来源，银行里欠了几万块钱整天电话不断地催，她的心情非常糟。那天晚上，施红英又是一个难眠之夜。的确，经过这段时间的公益活动，施红英已经深深地体会到，要做好公益事业，不仅要有热心公益事业的一帮人，还要有做公益事业的资本来源，更要有“只有付出没有回报”的思想准备。第二天，她把家里请来做保姆的阿姨给辞退了，开始自己学煮饭，学搞卫生，学洗衣服。两个儿子原来上学都是豪华车接送,现在车也没有了,只能坐公交车接送。有一天下着大雨,她接小儿子放学回家,等公交车又一时等不到,打的也叫不到,她只好背着儿子冒着倾盆大雨,一脚深一脚浅地背回了家。让这个娇小的女人到家后一下子瘫倒在地。儿子有点不理解:"妈妈原来都是用豪华轿车接送我的,现在怎么下这么大的雨还要背着我走啊!"这反差实在有点太大了。可施红英说,她要把每一分钱省下来去做公益服务,去帮助那些需要帮助的人……

有一天,施红英带着公益志愿者们去亭趾敬老院做公益,有一位老奶奶拉着她的手不肯放,说施红英好久没有去看她们了,老奶奶硬是把她拉进了自己的房间里,她从被窝里摸出一只小苹果来递给施红英,说是放了好几天了一直舍不得吃,就是要留给施红英吃的。当施红英拿着这只小苹果时,泪水再也止不住了。是啊!虽然我现在没有钱了,但那些老弱病残的人都还想着我啊!我怎么能离开他们呢?我现在还年轻,没有钱可以去赚。

对别人一份善心,自己将有一片蓝天,身心好强的施红英并没有放弃这份公益事业。她想,现在有那么多的人跟着她做公益,自己帮助了那么多的人解决了困难,又有那么多的人对她的公益事业支持和赞扬,自己好不容易创建起来的公益事业决不能半途而废,决不能让这座众人垒积起来的大厦在遇到困难时顷刻之间倒下。于是,她就想着重新走上赚钱的路。

好多年没有做过生意了,对于市场需求的预测就不那么灵了。怎么办呢,她只好从小打小闹做起,什么可以赚钱的就做什么。她根据小姐妹们的爱好与需求,先去进来一批女人用的口红,卖给一些熟悉的小姐妹,再从小姐妹那里逐渐扩展出去。她了解女人都喜欢美容，于是又做起了卖面膜的生意。她还做过卖红酒的生意。总之只要能赚到钱，只要能让她的公益事业能继续维持下去，再苦再累她说也心甘情愿。

施红英说，她做的公益活动最开心的事就是得到了家人的理解与支持。现在，施红英年迈的父母都加入了她的阳光公益组织。疫情期间，两个七十多岁的老人比谁都积极，最让施红英感动的是她的老母亲，把平时省吃俭用下来的 1 万多块钱都交给了她，妈妈对女儿说："这是我平时省吃俭用积蓄下来的钱，你拿去帮助更多有需要的人吧。"小儿子也悄悄掏出了以前藏得最好的压岁钱，一共 8 千多块钱全部交给了她。施红英看着这些角角分分的压岁钱，眼泪再也止不住夺眶而出。是啊！施红英做公益事业最希望的是家人的理解与支持，现在她可以放开手脚做公益了。

施红英工作一直很拼，一方面她要去做一些生意赚钱！为了支撑自己的公益事业的投入，从 2015 年开始，她把赚来的钱 80%的营收都用于公益，自己却不舍得多花钱。以前花钱大手大脚，每年暑假还要带孩子到国外去旅游，现在都不舍得了。施红英希望自己可以成为两个儿子的榜样。告诉他们要做一个善良、正直的人，靠自己的双手去赚取财富，帮助更多的弱势人群。

这个只读过 5 年书的女人，用自己的行动向自己和大家证明了当初自己的选择没有错。施红英说："虽然我没什么文化，但我的身后有一支强大的队伍。我不是一个人在战斗，我是一个团队在共同战斗。"多么朴实的语言啊！其实做公益事业并不是好做的，施红英的公益事业中为什么会有那么多的人来参与，那么多人相信她呢？关键一点就是她能大公无私。用她的一句话来说就是:人是要有信誉的,有了信誉,别人就会信你,就会跟你,就会为你出力。

共同幸福的社会需要我们每一个人内心的慈善,需要爱心,需要我们的责任感。公益是一种沃土,它孕育生命的力量,公益是一条纽带,它引领大爱的方向;公益是一座灯塔,它汇集着心灵的脉动。公益是美的表现,是温馨的体验,送人玫瑰,手留余香。公益不是口号,在于行动,志愿在我,志愿靠大家。施红英是靠着善良和勇气,将团队逐步壮大起来。慈善是长征,而且永远没有终点;但慈善不是苦难的长征,而是快乐的长征。我相信,如果世界上有比军队和核弹更强的力量,这就是慈善和人道的力量。施红英她们正用青春的力量,扬起希望的风帆;用真诚的爱心,托起明天的太阳。

律师项坚民

◆姚林中

前些日子的一个下午，在事务所里，主任项坚民带我来到一个小会议室。会议室东面和南面都是落地的大窗，透过玻璃向东望去，迎宾路和世纪大道的十字路口全部展现在眼底，车来车往，一派繁忙的景象，远处高楼林立，更是显出了现代化的都市景象。

在窗前，项主任打开了他的话匣子："这一片区域的开发是临平最早的，当时还是余杭县呢，房子看上去很新，外墙已经翻新过了。"他指着近处的那几幢楼宇。"那里的房子，造得要稍晚些，当时开发的土地价格就要高出许多了。"项主任指向了稍远一点的地方，我的目光也移向了远处。"那一片要更晚一些。"项主任指向另一个方向时，我有点好奇了，说："你怎么这么清楚？"他笑了，说："这里的土地征迁工作，有不少是我们律师事务所直接参与的。"我突然想起来了，来之前我也看到了他在南苑街道处理法律事件、法律宣传教育等方面的不少报道。

最近的一次报道是 2021 年 6 月 25 日，南苑街道举办了为期一天的临平区第一届人大代表培训会，他受到邀请出席了会议，并给与会人员讲授了相关的法律知识。会上，他详细解读了《组织法》《代表法》以及《浙江省街道人大工作条例》。他强调人大代表是人民代表大会的主体，是人民利益的代表者。人大代表作为地方国家权力机关的组成人员，不仅是一种荣誉，更是一种职务和责任，只有不断提高履职能力，密切与选民联系，充分发挥代表作用，把"人民选我当代表，我当代表为人民"体现到为民办实事、办好事的行动中，才能得到选民的拥护和信任，才能称得上是合格的人大代表，从而为推动全区经济社会发展、助力临平建设贡献人大智慧和力量。通过他的讲解，既深入贯彻了临平区第一届党代会精神，又更好地推进南苑街道人大工作，提升南苑街道新当选区第一届人大代表的履职能力。会后，领导和学员们纷纷表示受益匪浅。项主任高兴地对他们说："只要还有机会，你们愿意听，我还愿意来讲的。"他就是这样一位热心普法的人，无论自己的工作有多忙，总是想着别人。在南苑街道，由他主讲的法律知识培训会不知有多少场。

城市的发展往往伴随着土地的征迁，项主任带领的浙江诺力亚律师事务所这些年一直关注着这方面的问题，努力为政府、为百姓提供法律服务。2021 年 7 月 10 日，事务所政府业务团队参与了南苑街道苏家社区 1—6 组共计 277 户拆迁户安置回迁分房现场摇号工作。事务所律师自南苑街道开始实施苏家社区回迁安置时，就全程参与其中，在分房摇号办法、公示公告内容、签回迁安置协议等环节中严格把关。在分房前发现了矛盾问题，事务所第一时间介入，及时提供相关的法律意见，让矛盾得到了化解。分房当天，277 户拆迁户分房摇号工作全部顺利完成。许多安置户表示，对摇到的新房和即将入住的新小区住房和环境质量均表示非常满意。正是老百姓的满意，8 月 12

日至 8 月 14 日事务所政府业务团队又受邀为南苑街道“苏城名府”安置房项目交付工作提供专项法律服务。“苏城名府”安置房项目交付工作涉及 270 余户家庭，房屋 1200 余套，总建筑面积约 20 万平方米，此外还设有停车位 1100 余个，项目情况更复杂，时间更紧，工作量更大。项主任带领整个业务团队攻坚克难，夜以继日地参与“苏城名府”交房工作，为交房工作保驾护航。从相关法律咨询、安置协议的拟定、纠纷的解决到最终成功结算交付完成，事务所层层严格把关，确保了整个交付工作的有序推进，最终为交付工作画上了圆满的句号。

项主任的目光不仅停留在处理有关法律问题上，还努力参与立法建设。2021 年 8 月 31 日下午，作为省、市人大常委会浙江诺力亚律师事务所立法联系点负责人的项主任在南苑街道工作站听取人大代表意见。他也传达了省、市人大常委会立法联系点工作推进会议的有关会议精神，以及《省人大常委会 2022 年立法计划建议项目征求意见的通知》。这些年，项主任带领的浙江诺力亚律师事务所自开展立法联系点工作后，一直致力于推进立法科学化、民主化，提高立法质量。立法质量的提高，需要公众的广泛参与。诺力亚律师事务所将发挥法律工作者的中枢纽带作用，广泛收集社会公众的合理化建议，引导基层群众参与到立法意见中，帮助基层群众对建议意见进行有效立法语言转换，发挥了基层立法联系点桥梁作用。

城市的温暖往往体现在细节上，项主任关注到了在南苑艰苦创业的外来人员。2021 年 10 月 29 日上午 9 时，由临平区南苑街道办事处、临平区交通运输局、南苑街道艺尚社区主办，由浙江诺力亚律师事务所协办的“南苑驿家·艺尚站”启动仪式在余之城中心广场举行。浙江诺力亚律师事务所副主任吴莉琴接受主任项坚民委托,参加本次活动,艺尚社区辖区内的 40 余名快递员、外卖员和网约车司机代表共同参加了本次启动仪式。各协办单位用实际行动践行着“我为群众办实事”的社会主义价值观,为快递员、外卖员和的哥们打造了一个可以歇歇脚、聊聊天、喝喝水、充充电的温馨港湾。南苑驿站的设立,能够让户外工作者们在这座城市更有融入感、归属感。浙江诺力亚律师事务所将为“南苑驿家·艺尚站”提供免费的法律咨询服务,为户外工作者们保驾护航,提升他们的幸福指数。

2022 年 1 月 12 日,项主任受邀参加在“弘贤馆”举行的由临平区南苑街道乡贤联谊会“综合治理工作小组”组织的,乡贤联谊会“综合治理工作小组”现场交流座谈会。在这个五十多人参加的会上,项主任表示作为乡贤联谊会“综合治理工作小组”的成员,一定会充分发挥法律智慧,调动团队力量,依托“民情诊所”为社区基层治理提供专业化、精准化的服务。

这样一位从南苑成长起来的律师,在这方面努力地工作了三四十年,他在南苑这块热土上所做的事是讲不完的。他带领的诺力亚律师事务所从 2004 年 11 月成立,经过十多年的努力,到现在已发展成为拥有 12 个专业法律业务部、70 多名执业律师、100 多名工作人员的规模化综合性律师事务所,事务所的综合实力在浙江位于前列。近几年,还获得了浙江省律所的三项最高荣誉——“浙江著名律师事务所”“浙江省优秀律师事务所”“浙江省律师行业先进党组织”。正是团队的齐心努力,事务所的业务也不断地扩大了,也明确了主攻方向,以基层政府和市场经济主体为主要服务对象,致力于基层政府的法治建设、中小企业的风险控制和危机化解。业务范围从传统的诉讼业务不断扩展到各种新型的非诉业务,尤其关注城市更新、三改一拆、维稳处置等法律服务领域。此外还积极拓展企业破产管理、银行金融担保业务、建筑房地产业务、婚姻家庭财富传承业务等法律服务新领域。

团队的成长，也给他带来了一系列的荣誉，他曾获得全国第三届“关爱明天、普法先行”——青少年普法教育活动先进个人、浙江省“万名好党员”、浙江省司法行政系统“第四届百名优秀人物”之“优秀律师”、杭州市优秀共产党员等数十项荣誉。而今他还担任着中华全国律师协会农业农村法律事务专业委员会副主任、浙江省律师协会常务理事、浙江省委政法委特邀督查员、浙江省行政复议咨询委员会委员、杭州市人大常委会立法咨询委员会委员等职。

在事务所不断壮大的同时，我们也看到了一大批律师的成长。张纬明获得省律协通报表扬，王敏、杨慧丽获得“杭州市律师行业《民法典》宣讲先进个人”，陈芳获得南苑街道总工会“2020 年度工资集体协商提质增效先进个人”，吴莉琴被浙江省企业法律顾问协会授予“协会工作积极分子”的荣誉，沈晓斐被评为“浙江省律师行业优秀共产党员”……这里列举的只是 2021 年上半年的部分荣誉，我们可以看出项主任在培养事务所新人上所花的心血，也能体会到他的长远思考。

一位关心家乡，努力要为家乡建设出力的人总是忙碌的，然而在项主任的言谈中，并没有觉察出他累，我想一定是有一种力量支撑着他。这种力量，或许一半来自那份热爱——热爱南苑这块土地，热爱法律这项事业；一半来自成功的喜悦——有团队的，也有自己的。

千淘万漉始到金

——访联盟社区丝绸达人朱水兴

◆汤水根

九月的天空，团团白云像弹好的羊毛，慢慢地飘浮着。连续一个多月的高温天还没有完全过去，让人不知道秋在哪里？也许就藏在金灿灿的稻穗上，藏在红彤彤的柿子里，藏在绿油油的菜地间吧。在这个还有点热，却已经是秋高气爽的日子里，有幸采访了南苑街道联盟社区的丝绸达人朱水兴。

朱水兴中等身材，戴一副金丝眼镜，一副学者风度，说话还有些慢声细语的感觉，让人怎么看也不像一个做生意的人。可事实上他却是一位从小就有经商头脑的人。

穷人的孩子早当家

“穷人的孩子早当家”是社会写照。通过辩证法去理解“穷”，穷是极地，穷是前进的动力。穷人的孩子应该很懂事，从小目睹父母的辛劳，体验过生活的困苦，得知“热爱生活”的道理，有着奋斗与吃苦的自觉。

朱水兴出生在南苑街道联盟社区（原来翁梅公社联盟大

队）。这里曾土地肥沃，逃荒的人们从四面八方来此定居。朱水兴小时候，大多数人家都还住茅草房。朱水兴上有一个姐姐，下有一个妹妹，作为独子，父母把朱家的希望都寄托在他的身上。

朱水兴8岁那年，村里好多人感觉靠这一亩三分地很难富裕起来。所以，朱水兴的父辈们都跑出去卖棒冰、进销农副产品了。于是，从小就有经商头脑的朱水兴也跃跃欲试，在征得父母同意后，他决定先帮父母出售地里种植的蔬菜。上午他与小伙伴一起到学校里读书，下午他就去集市上出售自家地里的农产品。如果是星期天，他就跟着父亲去临平、乔司街上销售。就这样，在朱水兴幼小的心灵里根植下了生意经。直到朱水兴上初中时，仍然没有改变做生意的念头，他仍然一边在学校读书，一边利用星期天等休息时间，做一些农副产品的生意，自家地里的蔬菜卖完了，他会向其他人家买进一些去卖，赚点零头。朱水兴说，那时，他的口袋里常常放着好几元钞票，其他同学非常羡慕他，把他当成了“大老板”。

14岁那年，朱水兴感觉自己已经长大成人，要多为父母承担养家糊口的责任。他得知乔司农场的西瓜水分多又甜，特受人们喜欢，就利用放暑假的时间，去乔司农场进销西瓜。因为西瓜不能在太阳最猛的时候采摘，不然容易变坏，他只好每天傍晚去进货。乔司农场的土质比较软，他每天推着那辆父亲平时用来做生意的半新不旧的永久牌自行车，两个大麻袋一边一个挂在车架上。晚上九点多没有路灯，麻袋拖到地上带不动，他只能下来推，高一脚、低一脚地把西瓜带回来，不由得流下眼泪，家人一直在马路上等呢。每次回到家里，都要到晚上十点以后，有时回到家里，连饭都不想吃便倒头睡觉了。第二天天刚蒙蒙亮，妈妈给他早早地做好早餐，他便用自行车带着一两百斤重的西瓜到临平、翁梅、双林等集镇上去销售。待西瓜卖完，急匆匆吃一点点心后，又再赶到乔司农场进西瓜。这样周而复始地循环着，一个暑假下来，他能赚上两三百块钱。这点钱，如果是现在，那只能买几包香烟，可这在当时，可算是一笔大钱了。

就这样，朱水兴越做越有劲，邻居们都对朱水兴的父母说，你们水兴将来肯定是个做生意的大老板。每次父亲听到这样的话，打心眼里高兴，但也心痛儿子。有一次，朱水兴的父母想去海宁拘两只小猪，但身边钱不够，他母亲就问水兴身边有没有钱，朱水兴马上拿出了 80 元钱给父母。母亲拿着这笔钱，看着每天累得满头大汗的儿子，眼泪已止不住流了下来，因为他们知道，这些钱是儿子风里来雨里去、一分一厘地赚来的。父母是既心痛，又高兴，因为儿子没有辜负他们的期望。

改革开放让他大显身手

在机遇面前，我们很多人的毛病是，当机会朝我们冲奔而来时，却兀自闭着眼睛，很少能够去追寻自己的机会，甚至在绊倒时,还不能见着它。前途并不属于这些面对机遇却犹豫不决的人,而是属于那些善于抓住机遇的人。这些人一旦设定了某个目标之后,就会不屈不挠、不达目的誓不罢休。朱水兴就是那种善于紧抓机遇,不达目的誓不罢休的人。

改革开放的春风吹到了临平,也吹到了朱水兴的家乡联盟大队。1980 年,社队企业在临平一带也像雨后春笋一样涌现。这一年, 朱水兴所在的大队先后办起了针织厂等轻纺企业,主要生产手套等针织产品。但由于当时农民群众都没有办厂经验,产品出来了,销路打不开,厂子像个无底洞一样只进不出,企业形势十分严峻。要知道,创办企业的成本都是大队里东凑西借而来的。

那一年,朱水兴刚满 16 岁。16 岁,花一般的年龄,梦一样的岁月。16 岁正是长身体的青春期。青春是美妙的,青春是热烈的,青春是创新的,青春意味着活力、豪情、积极、无所畏惧。没有困难,没有阻碍,只有奋斗向上和热血闯荡。因为青春里有我们的任性,有我们的叛逆,有我们的倔强,也有我们的荒唐、我们的单纯、我们的善良,青春是我们最美好的年华,青春期也是种下我们最初最伟大的梦想。

16 岁的年龄, 现在都还在学校里读书, 也许还是饭来张口、衣来伸手的时候。但已有八九年生意经的朱水兴,却已经是生意场上的"老革命"了。那一年,他干脆离开学校,放弃继续深造的机会,全身心投入到经济发展的大潮中。

大队企业产品销路打不开,眼看着刚从面朝黄土背朝天的田头走进工厂的赤脚农民,当工人还没几个月又要脱下袜子重新回到田头,朱水兴与大队里其他人一样,看在眼里,痛在心上。他想,自己虽然不是企业员工,但大队里的事就是我们每个社员群众的事。于是,他抱着试试看的想法,找到了大队和企业的领导,向他们阐述了自己对销售方面的想法与建议,得到了大队领导的重视,他也成了企业领导关注的对象。

朱水兴认为,要打开产品销路,一定要采取“走出去、请进来”的方法。经济全面放开后,全国各地的公社大队都在大办企业,企业多了,竞争性肯定大,如果还是用固步自封、姜太公钓鱼愿者上钩的经销方式,企业要发展是完全不可能的事。于是,经得大队与企业的同意,他带着产品,先后跑到东北的沈阳、哈尔滨、大连等地推销。刚开始时,对方看他年纪小,又是一副书生相,都不认可他,不少百货公司不要说接待他,连看他一眼都是奢侈的事。但朱水兴从不气馁,他用走遍千山万水、说尽千言万语的方法,向商家不厌其烦地介绍产品的质量与用途。他认为,要让商家喜欢自己的产品,首先必须让他们认识和认可它。

有一次,朱水兴背了二三百斤丝绸产品去东北推销,因为要去上海坐火车,他凌晨三点就起床,先是从杭州坐火车到上海。可一到上海北站,那里却是人山人海,朱水兴好不容易买到了一张要两天后才能上车的票。因为随带的货多,他只能托别人买几个面包充饥,渴了,就去洗手间里喝自来水。好不容易熬到了第三天,待他走进站台时,发现站台上的人多得连走路都是人挨着人,因为背的东西太多又太重,朱水兴被挤到了另外一个站台上,可一看,来的那辆火车不是他要坐的,这才让他想起可能被挤晕了头,他马上背着这些产品,拼命跑向自己要坐车的站台,踉踉跄跄中接连被他撞倒了五六个人,可他来不及说一声抱歉,终于在火车即将启动前挤上了车。

那时候的绿皮火车,因为速度慢,坐车的人多,想要有一个座位确实很困难。朱水兴每次去东北和回来,基本上都是站着。

为了能有个座位休息一下，朱水兴会不厌其烦地一个个座位去问，看看哪个旅客会在附近的站下车。有时运气好，站上几公里就有人下车了；可有时运气差点的话，他要站上一两千公里。但为了生意，朱水兴从来没有说过一声苦和累，每每想起把产品销售出去的胜利情景时，再苦再累他也心甘情愿了。

1982 年，联盟大队根据轻纺企业多等实际情况，成立了丝绸经营部，协助轻纺企业经销产品。大队领导看到朱水兴这人能吃苦耐劳，也会做生意，就把他招收到了经营部工作。那时，联盟大队已经有 16 家队办企业，在全县的队办企业中名列前茅。而朱水兴去的经营部，就是以帮助大队企业推销产品为主的。在经营部期间，朱水兴任劳任怨，按时并能超额完成领导交给的各项任务，受到大队与企业领导的肯定。

在大队企业生产的产品与质量、经营部经销的思路与方法上，朱水兴这个人有自己独特的见解，也有他的生产与经营理念。而他的想法诸如企业产品、经营部经销制度、经销理念等，难免会与领导或其他人意见相左。由于工作不愉快，自尊心极强的他只能走出经营部，重新走上自己跑单帮的路子。

个人跑单帮与单位就不同了，有什么门路、有什么可以赚钱的地方，他就会去做什么生意。那时，他了解到象山县这个地方种的甘蔗长得特别高，也比较甜，但他们不善于自己留种，每年都要到外地去买甘蔗种。而朱水兴所在的联盟大队及附近一带种植的甘蔗虽然没有象山那边长得高，但家家户户都留有种甘蔗，但销路却不怎么好，不少人家在地窖里隔年的种甘蔗卖不出去。于是，他就跑去与象山那边联系，答应为他们供应种甘蔗，这对象山蔗农来说当然乐意。由于产品对路，双方一拍即合。就这样，朱水兴每年都要向自己村及附近村民收购几十车种甘蔗去象山销售。既解决了本地的种甘蔗销路难的问题，也解决了象山那边种甘蔗需求难的问题，受到了两边蔗农的一致好评。

走出南苑到杭州城区发展

一个人有了远大的理想，就是在最艰苦困难的时候，也会感到幸福。而伟大的理想，出以坚定的信心，施以努力的奋斗，才有惊人的成就。志高山峰矮，路从脚下伸。

1983 年，改革开放进入了快速发展期，此时的余杭县实行了体制改革，在全县开展了撤社建乡活动，翁梅公社也成了翁梅乡。也正在这时，不少国家和集体企业逐渐开始承包给个人经营。朱水兴做了一会农副产品的生意后，感觉自己没有一个固定的单位也不是个事。于是，他决定去杭州城区承包一个商店，朱水兴的这个想法不要说家里，就连他的亲戚朋友们起先都感觉有点不可思议。后来，经他再三解释，家人和亲戚朋友开始支持他。朱水兴通过多方了解，得知杭州清泰街 396 号有一个算得上是中型的百货商店要承包出去。他去实地调查后，经过自己反复测算、评估，感觉这个百货商店只要经营得好，是有发展前途的。于是，朱水兴决定接手承包这家商场，这可是当时杭州市第二家承包出去的国有企业啊！

朱水兴接手以后，对原有商场的经营方式方法与经销思路进行了大刀阔斧的改革，将原来进货后摆在柜台上零售的经营方式改成进货、销售与批发同时进行。这样一来，销售量一下子扩大了好几倍，销售利润也翻了好几倍，店员的工资也得到了成倍增长，受到了该百货商店全体员工的赞赏。

其实，朱水兴刚承包该百货商店时，不少员工对他这个“乡巴佬”确实持有怀疑态度的，毕竟人家是一家经营了几十年的国营中型商场，在杭州市内也可以算得上有一定规模了，他一个乡下人能有多大见识，敢来承包省城的大商店？是否有点不自量力啊！跟着他将来不要连工资都拿不到噢。所以，有的人干脆托关系、想办法调到其他单位去了。但让他们万万没有想到的是，这个其貌不扬的乡巴佬，硬生生地把这家濒临倒闭的商店做得风生水起，年底让店里的利润翻上好几倍。于是，坚持跟他在一起的员工们说：“跟着朱水兴干，我们没有看错。”

有一次，四川有一个部队在经营丝绸产品，他们得知朱水兴的公司信誉比较好，便主动找到了他。而且是这个部队的首长亲自来的，他们向朱水兴的商场里要了两万条丝绸被面。货要去后，那个首长听别的人说朱水兴他们店里的产品都是假货。于是，他回来找到朱水兴退货，朱水兴向他保证，自己商店从没销售过假货，如果是假的愿意假一赔十，可那位领导就是不信。朱水兴想，这些产品是货真价实的，价格也比别人的要便宜，只要自己真理在手，不怕那个首长。首长见吓不倒朱水兴，只好回到了四川。谁知，当他回到单位里，店里的人告诉他，货到后不到十天就销售一空。那个首长知道自己听了谗言，非常惭愧，过了没多久，他又来杭州向朱水兴要货，还与朱水兴交上了朋友。

还有一件让朱水兴记忆犹新的事，那是 1985 年底。有一天，千岛湖有个叫里阳乡工业公司的经理特地找到朱水兴，说是他们乡有好多家丝绸被面厂，但由于交通不便，销路打不开，企业已经有面临倒闭的现象，要求朱水兴帮帮忙。看到那个经理一脸的诚恳相，朱水兴决定利用自己的销售门路帮他们一把。于是，两人约好第二天去他们乡里看看。第二天一大早，他与那个经理约好在武林门汽车站等，因为时间没有说清楚，待朱水兴赶到武林门汽车站时，那辆汽车要开了，他连忙跑步追过去，一不小心，眼镜掉了，慌乱中，他摸到了眼镜，可少了一块镜片。这时，他已经顾不得另一块镜片了，连忙戴上缺少一块镜片的眼镜，追上了汽车，六个小时后到达了排岭镇。随后，他跟着那个经理又坐了三个多小时的轮船，到傍晚时分才到达里阳乡，在一家一个房间有三张木板床的招待所里住了下来。第二天一早，他来不及配镜片就跟着经理去了几家丝绸被面厂里看货。朱水兴发现，这是一个不是很富裕的乡，乡村企业也就靠这几家丝绸被面厂，如果他们的货销售不出去，不仅厂里没钱进原料，那些农民工都要回去种田。朱水兴看了货后感觉还是可以销售的，就答应他们把这些厂家库存的六万多条被面全包了下来，价格上也比他原来进的货要稍微贵一点，每条为 12 元。可价格谈好后，他却发现这里的企业生产的被面都要比杭州市场上的被面短 15 公分，这可是个大问题啊！怎么办呢？如果货不要了，这些厂说不定马上就要停工，那些好不容易进厂工作的农民马上要回去重操农活。厂家得知这个实际情况后，愿意每条以 10.5 元卖给他。看到这些厂家都那么诚心诚意的，朱水兴的心也软了，他想，哪怕亏本也要帮他们一把。为了让这些厂家能及时拿到钱，让厂里的机器能再次转动起来，朱水兴还是决定用现钱将这六万条被面全部吃进，可他当时拿去的支票只有十几万元。于是，他马上去乡里打电话到公司，可山里面打电话难，一时接不通，从上午十点钟一直打到了下午三点多才接通。他的做法让里阳乡工业公司的人十分感动，为了感谢朱水兴，特地让他带回了五十多斤千岛湖里的新鲜鳜鱼。

协助创办了杭州丝绸城

荷花虽好，也要绿叶扶持。心中充满爱的人，更能吸引幸福。这样的人，往往都会有一种自然而然的吸引力，让人不自觉地想靠近。赠人玫瑰，手有余香，你付出去的爱，或早或晚都会有所回馈，有的时候帮别人就是帮自己。一个篱笆三个桩，一个好汉三个帮。为别人点一盏灯，照亮别人，也照亮了自己。

1986 年，杭州市下城区根据当时杭州市丝绸行业比较发达这一特点，决定创办一个丝绸城。于是，下城区工商局与长庆街道经过协商，决定联合在西健康路上办一个丝绸市场，让杭州周边的丝绸产品集中到这里来销售，既可以打出杭州丝绸之名，又可以解决周边不少企业有产品而没有销路的问题。然而，说说容易做做就难。创办一个丝绸城，对丝绸行业都不是很熟悉，让外行人做内行事，赶鸭子上架，弄得不好会适得其反。正在他们为难之时，承办方长庆街道商业公司总经理的妹妹刚好在朱水兴的丝绸批发公司工作，她对朱水兴这个人比较了解。于是，总经理找到了朱水兴，要朱水兴帮助他们一起开办这个丝绸市场。而朱水兴又是一个只要他喜欢做的事，他一定会答应的人。于是，他在不进入丝绸市场组委会班子的情况下，业余帮助他们策划、筹备、指导等。他放弃了自己公司里的业务，全心全意地帮助开办这个市场，因为在朱水兴看来，如果杭州有了一个丝绸市场，可以更好地为附近丝绸企业打开销路，让全国各地那些原来不知道杭州有那么多丝绸企业的人都知道杭州有个丝绸市场。在朱水兴他们全身心投入后，1987 年，杭州丝绸市场正式对外开放。当时，朱水兴他们对这个市场的开发有一句名言，就是“办厂不用找市长，只要找市场，而办市场我们就要找市长”。市长可以给他们好的政策，给他们引导正确的方向。

杭州丝绸市场正式开业后，朱水兴不仅谢绝了进入市场管理班子的好意，还率先在市场上租用了五个门市部。在他的带动下，杭州周边各厂家和丝绸经营公司纷纷前来租用。不到一年工夫，杭州丝绸市场已经租赁得差不多了，也就是从那以后，在杭州丝绸市场的带动下，杭州丝绸真正走向了全球。

朱水兴虽然没有进入杭州丝绸市场管理班子内，但市场有什么事，都会找朱水兴一起商量。朱水兴每次都是有求必应，和大家一起想方设法把市场办兴旺，发现什么问题，他会与管委会一起协助解决。有人开玩笑地说，朱水兴成了杭州丝绸市场管委会班子的影子成员。其实，各级领导都没有忘了朱水兴帮助开办杭州丝绸城的事，杭州市成立中国丝绸城商会时，经大家推荐，他当之无愧地当选了杭州中国丝绸城商会会长。

积极帮助家乡丝绸企业

有一种美酒，一小滴就叫人回味；有一种音乐，一小段就叫人陶醉；有一种人，一认识就叫人感到温馨可爱。人们常说帮助别人就是在帮助自己，其实在生活中，只要你留心就会发现，帮助别人搬开对方脚下的绊脚石，恰恰是在为自己铺路；而有时当你去帮助与自己业务竞争者，反而使自己相交了一群朋友。

杭州丝绸市场开业后，朱水兴首先想到的是家乡的丝绸企业。当时，朱水兴所在的联盟村，以及附近的翁梅、亭趾、双林、乾元、小林一带丝绸企业比较多，这些企业主要生产丝绸被面、织锦缎、花富纺、美丽绸等丝绸产品。于是，他一方面帮助大家销售产品，一方面鼓励大家到杭州丝绸市场开辟自己的销售渠道。

当时，在亭趾有不少丝绸企业生产的重绉销路不好，厂家产品大量积压，有的企业已经到了无钱继续生产的地步。后来，这些厂家得知朱水兴在丝绸销路上有一定的门道，就主动上门来找他。朱水兴了解后，一方面帮他们提高产品质量，一方面帮助他们销售库存产品，让这些企业起死回生，使企业非常感动。有一段时间，博陆丝绸公司生产的交织双波缎销路不好，产品积压严重，已经到了生产不下去的地步。他们找到朱水兴后，朱水兴就根据他们的产品质量问题，一方面给他们指出了问题的所在，同时还为他们打开了销售渠道。该企业销售掉了积压的库存产品，回笼了资金，重新活了过来。

亭趾润达丝绸公司，因为库存产品积压严重，断了资金链，面临停产。他们找到朱水兴后，朱水兴去看了他们的产品，感觉他们销路不好的主要原因是产品质量上存在问题。朱水兴想，既然答应把他们的这批产品吃进来，但总不能用这些产品去做善事吧。于是，他利用自己多年来做丝绸产品的技术及经验，决定将这批产品再进行深加工，把其中的瑕疵品染整、加工，成为合格品后再销售，既解决了该企业的困难，也为自己公司赚了一些钱。

1991 年，朱水兴的丝绸产品在杭州市场上独创了一条畅销的渠道后，决定在全国各地建立一个流动市场。他先后在北京、沈阳、哈尔滨等地建立了销售点，销售与批发杭州的丝绸产品，取得了一定的成效。

让杭州丝绸统领国际市场

企业，要有创新，走出去，才能增强自己的竞争力；产品，要有品质保证，走出去才能打造世界品牌；商人要走出去，才能推展贸易；产品要走出去，才有行销之路。走出去，或许会有风浪；

走出去,或许会有灾殃。但是蚕要破茧而出,才能成为美丽的蛹蝶;人也要有险难,才能茁壮成长。把丝绸生意做到外国去,让杭州丝绸真正走出国门,一直是朱水兴梦寐以求的事。

几年来在与外国人打交道中,朱水兴明白了一点,我们辛辛苦苦生产、经销等,只是赚了一个小头。而外国客商来我们店里拿去的货,回到他们自己的国家却能赚一个大头。这样我们不是成了代加工生产型企业了吗？要想不成为代加工,只有自己的企业走出国门,这样才能与外国人一样赚到大头。

但到外国去,语言不通走路也难,何况还要去做生意。高中只读了一个学期,只会几个常用单词的朱水兴,决定去啃这块硬骨头。因为他始终认为,我们没日没夜地劳动,不能让外国人白白赚了我们的辛苦钱。于是,他利用晚上回家休息的时间,自习英语,不懂的地方就问会的人,经过两个多月的学习,朱水兴学会了一些简单的常用语,他认为自己完全可以去一些英语国家见识一下世面了。

朱水兴首先选择了美国,在美国一下子住了 40 多天,他跑遍了美国的东南西北,听不懂就问,也经常问一些在美国的中国人。他到美国去不是去游览尼亚加拉大瀑布,去游览好莱坞环球影城什么的。他是去了解美国的丝绸行情,他将美国的丝绸行情了解得清清楚楚, 他要将自己的丝绸生意做到美国去。因为他要赚大头,他也是当时余杭人中第一个独自去美国做生意的人。在美国做了几年生意后,他真正尝到了甜头,他想,自己的丝绸生意既然在美国可以做,那么在其他的国家肯定也可以做,他要将丝绸产品销售到其他国家去。

朱水兴是这样想的,也是这样做的。从 1995 年开始,直到 2018 年, 他先后去了阿拉伯联合酋长国里中东最繁华的城市迪拜，印度的新德里、孟买，意大利的罗马、米兰，法国的巴黎、里昂，荷兰的阿姆斯特丹、海牙，波兰的华沙、克拉科夫，南非的约翰内斯堡，以及邻国日本、越南等国家的一些大城市。朱水兴的努力没有白费，他的企业真正走出了国门，走向了世界，朱水兴也当之无愧地当选为国际丝绸联盟的理事。

2005年，杭州市政府有关领导到杭州丝绸市场调研丝绸行业时，朱水兴向市政府提出了一个大胆的计划，就是联合在杭州丝绸市场上做丝绸经销生意的五六百家企业，组成一个联合集团公司，目的是让丝绸产业走到终端消费市场。当时市政府领导认为这个主意不错，表达了口头支持。于是，朱水兴竭尽全力进行筹备、策划，将集团公司的组成人员都已经物色好了。可真要实施时，这五六百家企业的意见不尽相同，有支持的，也有反对的。而此时上级有关领导也在频繁地调动，政府没有人来帮他挑这副担子和帮忙引导。朱水兴一个人单枪独马去搞，要挑起这副担子确实是比较困难的，以至于后来朱水兴“劳民伤财”了一阵子后，此事就不了了之。

朱水兴没有被这一件事打消信心，因为他心里明白，随着我国改革开放的进一步深入，人民的生活条件越来越好，丝绸行业也同样会紧跟形势走。我们现在老是做低端产品，肯定是没有发展前途可言的，也势必会被经济发展的浪潮所淘汰。怎么办呢？朱水兴的想法很多，他的目标也远大，丝绸行业要打出去，必须有一个强有力的龙头企业来承担。他知道，自己的企业虽然还不算大，但在丝绸行业中也算是门类齐全的大企业了。这些年他生产与经营着丝绸旗袍、睡衣、时装、连衣裙、体恤、床上用品、丝巾、围巾等丝绸产品。如果将这些产品统一在全球销售，这样一来，势必会逐步解决原先我们的生产企业只赚小头，让外国的经销商赚去了大头的不对称经营方式。把国内丝绸企业的“代工厂”帽子摘掉，生产和销售都有自主权，利润率也将会大幅度提高。

他经过深思熟虑，决定以自己的企业出面，组成一个在全世界有一万家丝绸企业、商店组成的“万家丝绸有限公司”。朱水兴去过好多国家，不少发达国家一件丝绸产品一般都要卖8000—10000美元。如果我们的全球连锁店开起来后，一件丝绸产品只要80—100美元，价格相差十倍。外国人，尤其是西方人都很精明，相差十倍左右的价格，他们怎么会要他们自己国家出售的中国产品呢？于是，说干就干，朱水兴立马行动，但在申批企业名称时，“万家”这个公司名称已被登记了，所以，他只好申批了一个叫“万稼”的丝绸有限公司。因为他有自己的目标与目的，也就是让全世界人民都穿得起丝绸。

2020年春天，朱水兴决定把万稼丝绸公司的地点放在经济开发区，经过层层审核，最后，杭州市万稼丝绸有限公司在经济开发区东湖北路648号正式创办。当时他准备好的公司与店面总共有一万多平方米。但当他把营业执照批出，一切手续全部齐全，再过一两个星期就要营业时，一个意想不到的事摆在了他的面前，当地政府告诉他，他征用的这块地，开发区要拆迁另派用场了。这对于朱水兴来说，确实是个晴天霹雳，他投了那么多的精力、物力、财力，政府说不能开就不能开了。如果此时再更换地址就比较困难了。朱水兴知道，这样一来，自己下面的人会怎么看他呢？也许有人会说他已经不正规了。后来，由于疫情的原因，朱水兴决定干脆暂停开发，原打算投入的几个亿也没有投入进去。事后，朱水兴仔仔细细地算了一笔账，这个疫情还真的“救”了他呢。他知道，如果自己这几个亿投入了进去，由于疫情的原因,款子一旦收不回来,那可是自己这几十年来的全部家当啊!

许多人做事都是有始无终,开始满怀热情,但到了中途,往往会废弃而返,因为他们没有充分的坚忍力,足以使他们达到最终的目的。而朱水兴却相反,一旦让他认定了的事,纵然前面是刀山火海,他也无所畏惧。

今年春天,政府告诉朱水兴,那块土地暂时不征用了,朱水兴可以放心地搞建设了。但胸有成竹的朱水兴先不急于投入,他先细细分析了当前国内外的形势，认为疫情基本得到控制，才决定继续开始建设。

现在,朱水兴创办的万稼丝绸公司汇集了几乎国内所有的丝绸产品。他自豪地对我们说,他的丝绸目前在全球轻纺行业中,完全能够稳拿三个第一:现货全球第一、品种全球第一、技术及经营时间全球第一。

采访完朱水兴,忽然间让我想起日本作家德田虎雄说过的那段话:对准一个目标,毫不动摇,豁出命来全力以赴,只有这样才能逐渐扩大自己成功的可能性，甚至实现意想不到的事业。真心希望朱水兴万稼丝绸公司做成全球一万家连锁店的目标早日实现。

周美珍：最是红联合村亲

◆赵焕明

1964年，21岁的江苏江阴姑娘周美珍来到了余杭县翁梅公社红联大队的木梳庄老俞家。木梳庄是个四十几户人家的江南小村，闻讯老俞家来了位瘦削纤巧、斯文秀气的江阴美女，并且是给俞家29岁的老三俞掌仁做老婆，村邻们都羡慕且高兴。

乡村人心好，谁都不忍心让这么一位弱女子做田庄，才几个月，就推荐她当了民办教师，纤弱美女周美珍成了周老师。到她55岁退休的2000年，三十五年的教师生涯，让周老师成了“学生满村乡”的红联公众人物。

这是一位善良的女性

大户人家的女儿周美珍，本是为谋生而离开父母与大家庭，来到几百公里外的陌生乡间。当上一名乡村女教师是意料之外的，她满心感激红联父老乡亲的知遇之恩。她的教师生涯还算顺利，学校与教室破旧也罢，两个年级一起上课的复式班也罢，语算音体美全包也罢，从没当过老师的周老师用心去做，事情便总是做得十分出色。公社中心学校的校长、老师们来村小听课，评价是一致的："你们去听听红联村小周美珍的课，人家一个民办教师，比你们公办教师要出色得多呢！"

农村学校的特点，七八岁的学生回家也是要派用场的。这样，做家庭作业就没有时间保障了。周老师了解这个，总是安排学生在学校完成家庭作业。一次，周老师发现有两位学生老是迟到、脱课，一了解，一位要喂妹妹的饭，一位要给在工地的父亲送午饭。周老师就每天早上抽出时间给他们补课，一补就是一学期。

1977年，周老师得了场大病，胃切除了四分之三。出院才19天就正逢开学。周老师不请病假坚持上课，由于生病住院时插胃管插坏了，没说几句话就嗓子干，发不出音来，非得喝几口水润一下才能继续。领导也破例允许周老师上课时，可以放一把椅子，放一只茶杯，就这样撑到身体基本恢复。但时不时要喝点水，成了她的"后遗症"，至今如此。

教了没几年书，碰上"文革"。那时只要当个大队干部甚至生产队干部，都成了当权派；无中生有、小题大做的一丁点事，都要上纲上线关牛棚。周老师也不断知悉"学生谁谁的父母关进去了"等消息，她总是一个个地对学生关照提醒："你要去看看你爸爸的！"她的这一番提醒对学生的亲人是多么有力与温暖的支撑——在最困难的时候，"周老师知道我不是坏人"！也感受到家庭与子女的温情，挺了过来。

周老师班里设置的"干部"职位特别多，她用尽量多的岗位来表达老师对学生的信任，来锻炼学生，培养学生的荣誉感和责任心，让学生学会自律。这里面其实渗透着做人的道理。她一直本能地以做人的规范来感染学生，这也许是她书香之家的家风家训的熏陶，也许是她的悟性吧！周老师也信奉有教无类，不管学生的家长是什么身份,不管富裕贫穷,在她眼里,都是自己的学生,都一视同仁。

1974年,周老师在杭州机床厂工作的丈夫俞掌仁被炼钢炉铁水严重浇伤,开始一段时间病情危重,周老师在杭州市红十字会医院日夜陪护。当时正值学期末,代课老师说学生的品德评语由她来写吧。周老师却不放心,认为这个东西不了解情况不好写,而且关系到学生下一学期的进步与为人治学和做人的目标。她就在病榻旁一边思考一边写,完成了61个学生的学期品德评语,让代课老师抄上成绩单,周老师这才长吁了一口气,向学校请了几天事假的愧疚心情也得到了稍许的缓解。

1992年,周老师在江阴的母亲身体状况很不好,周老师趁暑假回老家探望,虽然母亲病况仍然严重,因为要开学了,周老师还是回到了学校。开学伊始,传来母亲病危的消息,因为刚开学却实在脱身不开。过几日母亲病逝,这也成为周老师心头永远的痛。当初只身到杭州,父母亲是何等无奈与牵挂。如今,他们牵挂的女儿却不能送母亲最后一程。自古忠孝难两全,周老师此刻是有了最深切的体会。因为自责过重,有好长一段时间缓不过劲来,落下整夜睡不着的失眠毛病,而要服用安眠药的习惯,也一直持续到今天。

三十五年的教师生涯,使红联村二十七八岁到六十左右的村民,几乎都是周老师的学生。在他们成长的过程中,周老师就是用她润物细雨般的无私之博爱,在他们的人生道路上树起努力、友爱、正直向上的榜样。

这是一位坚强的女性

周美珍夫家俞家,有四兄弟、两姐妹,丈夫掌仁15岁时作为家庭顶梁柱的父亲就去世了；美珍过门那年，婆婆已经 64 岁了；这是一家吃口颇重、生计艰难的大家庭。兄弟姐妹们挤住在三间祖屋里，新婚的掌仁夫妇也就是在中间那间房的后角安了一张床。

抱着感恩之心，美珍学着当好农家的媳妇。虽身单力薄，却有着吃苦耐劳的韧性；虽在教书，但农活也得学着做。当时鸡生了蛋都攒着，代销店里收一斤蛋 7 角 2 分，而买一斤油要 7 角 3 分，这 1 分钱让美珍悟懂了"一文钱逼煞英雄汉"的道理。为了多得几个肥料工分，小家庭也得养羊、养猪，要办猪草、羊草，就够忙活了。暑假老师们支援"双抢"去插秧，美珍不会也得跟着学。1985 年的蚕忙时节，美珍因过度劳累得了肝炎。这是个富贵病，要营养，要休息，但按当时的条件，两样都难，周美珍硬是挺了过来。

人生的灾难接连不断，1977 年周美珍的胃切除四分之三，1985 年患肝炎，1989 年右手骨折，一直到 2019 年腰椎间盘突出手术治疗，一场场伤病，对美珍来说都是一个个难关。如右手骨折，上了一个月的石膏，医师却发现骨头没怎么长，因为她吃伤药伤了胃，影响食欲，营养不够，长不了骨骼、肌肉。这样敷石膏要延长两个月，邻床笑她"买的还是添的多"，她也只好停了伤药来恢复食欲，增进吸收。

1982 年，婆婆病逝，之前婆婆得病无法梳头，婆婆梳的是后面一个发髻的老式头，家里妯娌都梳不好，周老师说"我试试"，一试成功，大家都叫好，却能者多劳，后来的几年里日日由她来做了。俞家妯娌相处也不错，婆婆病了，美珍负责贴身洗擦换，二嫂管洗衣服，大家都说得来，合得来。婆婆去世时，儿子宏标远在上海读大学，家中长辈商量后就没通知他奔丧；小儿子洪巍在临平念高中，学习最紧张时，也想不通知他。美珍却说：“这怎么行，这么疼他们的奶奶，他们能不送送吗？”于是，硬设法让洪巍回家，洪巍一到家抱着奶奶哭了个天愁地惨，真是祖孙情深啊，周围的亲邻都深深被感动了。

丈夫的工伤，钢炉铁水烫伤面积30%、深度70%，由于深入骨头，掌仁在63岁时骨髓病变去世，这让美珍一时怎么也接受不了。她想起丈夫55岁时提前退休到去世这8年中，对美珍的照顾真是无微不至。因为手伤，美珍晚餐要喝一盅黄酒，丈夫就替她微微温好；她胃切除后要少吃多餐，每晚睡前要吃点面条，丈夫总是按时做好。那种关切，似乎要用自己的贴心和行动来回报妻子这么多年来受的苦和对家庭的付出。这也让美珍在丈夫去世后越觉牵怀，从这个阴影中走不出来。校门口见到来校学生的家长，只要有一个穿蓝色中山装的，她眼中就出现了丈夫的身影，这种执念让亲人们都担心了，反复劝解，让她明白“自己好好活着就是对丈夫最好的悼念”。

教师是教书育人的典范和标杆，让周老师觉得争气和欣慰的是她的两个儿子都有出息，有作为，都考上名校，学习和品德优良，都走上了重要岗位，两房媳妇也都孝顺贤惠。如今住在一起，两代人对婆婆都是尊重照顾有加。美珍每天早餐的杂粮粥是大儿子亲自定的配方，儿子和媳妇亲自熬制，全家对美珍要求的是同一句话：“妈妈(奶奶)你辛苦了一辈子，如今该好好歇歇了……”自胃切除四分之三后，美珍硬、生、冷不能吃，大儿子和大儿媳给她什么都微波炉里热好。

在翁梅公社中心小学当过校长的李友法老师，对周老师是赞许有加。他说周老师当过多年红联村小的负责老师，他印象最深的有两点，一是爱校如家，一是带病工作。周老师在村里也是颇结人缘，2019 年 5 月，她因腰椎间盘突出在区五院开刀，同村的老姐妹们闻讯，隔三差五来看望和陪伴。周老师觉得过意不去，老姐妹们几乎异口同声："周老师啊，你是为我们村的几代人辛苦半世、劳累半世啊，他们的出息都有你的功劳、苦劳啊，我们来看看你算得了什么呢……"周老师露出了欣慰的笑容，看得出来，这应该是周老师最开心的时候！

最是红联合村亲。人生之路有各种走法，周美珍，这位善良和坚强的纤弱女性，一年又一年，一步又一步，走出了自己平凡却不平常的成功之路。

莫道桑榆晚　晚霞亦灿烂

——记“铁艺画”传承人厉柏海

◆汤水根

前苏联作家阿·利哈诺夫在他《我的将军》一文中说道：老年就是人生的秋天，即使是秋天也有它迷人的地方，有它的优越性。2009年5月退休的南苑街道保障桥社区居民厉柏海，也像秋天的叶子一样光彩夺目。虽然退休已经十三个年头了，但这十几年中，他的业绩却像晚霞一样更加灿烂，更加艳丽夺目。

厉柏海，一位与共和国同龄的人，长得人高马大，虽然红红的脸庞上布满了皱纹，但一身结实的肌肉，不愧为在部队当过教练的人。他说话像大个子姚明一样，声音粗犷、洪亮，让人怎么也想象不出他竟然是一位做精细工艺的。认识厉柏海，就是那天我编辑的《南苑》向他约稿。看了他送给我的那本作品集，让我对他刮目相看。这个看上去有些儿粗犷的大汉，原来他的名头是中国民间文艺家协会会员、中国民俗摄影协会会员、杭州市民间工艺大师、余杭区级非遗“铁艺画”传承人、2008年北京奥运会火炬手……

厉柏海，男，1949年4月出生，祖籍浙江萧山。1969年2

月应征入伍，在上海警备区守备九团服役。历任班长、排长、副连长。1977 年 7 月调南京军区步兵学校任军事教员、参谋。(在部队时荣获过“南京军区先进科技工作者”“南京军区科枝成果四等奖”，荣立三次三等功)1986 年 6 月副营转业到原余杭县人武部，1993 年 3 月到余杭区财税局工作，2009 年 4 月从国税局退休。去年，他还被临平区南苑街道评为首届乡贤联谊会成员。

一部电视剧让他爱上了铁画这门手艺

早在 20 世纪 80 年代初，厉柏海在南京陆军学院担任军事教员时，偶尔看到了一部电视剧《铁画传奇》，他感觉自己特别喜欢这项民间艺术。有一次，他的一位战友来看望他，闲谈中他得知这位战友擅长制作铁画。于是，他缠着战友，要学铁画，并当场拜他为师。后来，他又了解到，在安徽芜湖有“芜湖铁画”这一民间工艺，但现在已很少有人会做了。厉柏海认为这项民间工艺失传非常可惜，要是把这项即将失传的民间艺术之宝传承下来多好啊！年轻好学、喜爱民间艺术的他萌生了一个念头，就是要把此项铁艺传承下去。他只身来到芜湖,拜访了几位知晓铁画的老人，从他们那里初步了解到了铁画的基本制作工艺。回来后,厉柏海开始利用业余时间,潜心钻研铁艺画的制作工艺。他找来了一些铁丝、铁皮等材料,借鉴铁画的制作工艺先尝试着。每天晚上下班回到部队宿舍,他就叮叮当当敲打起来。这一敲打,就是三十多年。

1986 年 5 月，厉柏从部队转到了余杭区人民武装部军事科任参谋,并在余杭安了家。1993 年 3 月,他又从人武部转到余杭区国家税务局工作。这期间,他的“铁画”制作一直没有停歇过。功夫不负有心人,经过多年来的努力,厉柏海在原“芜湖铁画”这一民间工艺基础上,通过描图、剪裁、敲打、上漆、组装等十几种制作程序,摸索出了一套独特的制作方法,并独创了“铁艺画”这一特殊的工艺画种。2005 年奥运会吉祥物公布后,厉柏海就下决心要制作“福娃”铁艺画。为了寻找创作灵感,他就特别留意收集各类图片资料,把那些可爱的“福娃”当成创作素材,利用现成的铁制材料,打印图片、描绘花纹。每天 5 点多就起床,下了班就匆匆往家赶,一头钻进工作室。那段时间他简直像着魔一般,废寝忘食。历时四个月,终于让“福娃兵团”横空出世。他制作的“奥运福娃”在中国农民艺术展中荣获精品奖,为此,他还成为奥运火炬手!

退休了他全身心投入到了铁画这门艺术上

2009 年 5 月,厉柏海从余杭区国家税务局退休回到家里。按理说,他可以安度晚年,在家好好享受天伦之乐。然而,勤劳朴素、生性好动的厉柏海对“铁艺画”的追求已经一发而不可收拾。这期间,他的多幅作品又先后在中国农民艺术展,第二届、第三届、第六届中国民间艺人节亮展，参加了首届、第二届浙江工艺美术双年展，还多次参加杭州市民间工艺精品展、“西湖六月中”大型造型艺术展等展览，还多次获了奖。有十件展品被中国农业博物馆收藏，多件作品被中国江南水乡文化博物馆、萧山博物馆等收藏。2011 年，荣获杭州市总工会杭州市职工“绝技绝活”称号；2012 年，浙江省百位工艺大师绝技展中荣获“铁艺画制作”金奖；2013 年，被国家知识产权局授予铁艺画制作方法发明专利；2014 年，先后在中国江南水乡文化博物馆和萧山博物馆举办个人作品展，并出版了《厉柏海铁艺画集》，杭州市人大主任王金财和著名画家蒋水荣亲自为他作序；2016 年 8 月，浙江卫视特别策划浙江匠人—厉柏海——用铁皮敲打出神奇作品的专题片“中国铁艺画第一人”，在央视、省、市电视台相继播出；2016 年，被评为浙江省“百姓学习之星”；2016 年，两件铁艺画作品毛泽东诗词，入选“五四”宪法历史资料陈列馆展示。

厉柏海的独门“铁艺画”技艺，深受人们的喜爱和有关部门的看好，被业内人士誉为“民间铁艺画”第一人。“柏海铁艺”已经被列入杭州市余杭区非物质文化遗产保护项目，厉柏海被认定为余杭区的非物质文化遗产（铁艺画）代表性传承人。前不久，厉柏海告诉我，他要为在杭州举行的亚运会创作历届会徽。

发愤忘食，乐以忘忧，不知老之将至。老有所为、老有所乐，就是厉柏海人生的座右铭。以前，厉柏海只知道在家里“闭门造车”，不知道将“宝贝”展示出来。在 2005 年的一次余杭区南苑街道艺术普查中，老伴的一句“我家老头也有自己的艺术工作室”将众人的目光聚集到厉柏海的铁艺画上。之后，厉柏海一发不可收拾，来邀请厉柏海参加作品展示的蜂拥而至，短短一年时间，老厉的铁艺画就参加了十多次展示。“创作铁艺画不仅是我个人的业余爱好，更是我以绵薄之力弘扬民间艺术的尝试之举。”厉柏海说得很实在。

让铁艺画这门民间艺术之宝传承下去

厉柏海还积极关心下一代的教育。2012 年 2 月，南苑街道文体中心设立厉柏海铁艺画展厅，为弘扬社会主义核心价值观，传承展示余杭优秀传统文化，进一步发挥非物质文化遗产的社会教育功能，借南苑街道非物质文化遗产展示馆这一载体，对青少年进行爱国主义教育，厉柏海坚持义务讲解至今。

“今后，希望你们能择一事终一生，胸怀匠心，把铁艺画发扬光大。”日前，在余杭区社区学院柏海铁艺工作室内，余杭商贸职高旅服 192 班的两位学生包家棋、陈泽奇正式拜区非物质文化遗产传承人、铁艺画大师厉柏海为师，学习铁艺画技艺。

区社区学院于 2018 年成立“柏海铁艺工作室”，并开设了

铁艺选修课。在这里,包家棋、陈泽奇深感到铁艺画的魅力,萌生了拜师念头。“刚接触铁艺画的时候,进展并不顺利。”包家棋说,“制作过程繁杂,还经常伤到手。时间一长,我慢慢产生了兴趣,了解了铁艺画背后的故事后,我越发觉得这是件有意义的事。”

看着新收的徒弟,厉柏海十分高兴,将两套制作工具赠予两位徒弟,并嘱咐两人要勤学苦练。“只要学生肯学,我一定会毫无保留地传授技艺,希望他们能够将铁艺画传承下去。”厉柏海说。

为了宣传亚运他几乎没有休息的时间

体育题材的铁艺画也是厉柏海比较喜欢的。老厉是土生土长的杭州人,于是,他将目光放在了跟杭州有关的体育赛事上。2015 年 9 月 16 日,杭州成功获得 2022 年亚运会主办权,厉柏海与杭州同欢喜、共庆祝。为了给的家乡助力,厉柏海尝试用自己的方式表达心意。

“当时最大的难点是跟杭州亚运会有关的材料非常少。我不停地在网上找资料,直到看到三潭印月的图片时,我想到了可以把杭州三潭印月这一地标化为卡通人物的形象。”有了这个思路,厉柏海开始创作:先在硫酸纸上把轮廓描出来,再用铁片复描并剪出外形,紧接着敲出凹凸形状,让其显现出立体效果,随后喷漆上色,最后便是固定打孔安装和装裱。

和铁艺画复杂的工序一样,厉柏海在助力杭州亚运会申办的铁艺画图案上也花了不少心思。“胸前戴着的是杭州的城标,帽子上是亚奥理事会的标志,手上拿着的是奥运五环。而且它身上所有的颜色,都是跟五环颜色一致的。”

生冷的铁片在厉柏海的巧手下变成精美绝伦的艺术品，这除了有对铁艺画的热爱，也有他对杭州亚运会的赤诚。厉柏海把这幅作品称作《梦》，寓意杭州申办亚运会梦想成真。

为向杭州亚运会献礼，厉柏海挑战更具难度的作品——绘制从 1951 年至 2018 年共 18 届亚运会会徽。“虽然尺寸不大，但其中不仅涉及英文字母、阿拉伯数字，还有曲线和渐变色，我第一时间把图案打印出来仔细研究。这里面耗时最久的就是上色，铁艺画都是油漆上色，单一颜色的作品相对容易，但像亚运会会徽这样的作品，不仅有多重颜色，而且是渐变色，油漆涂抹不理想就要擦掉重做，非常耗时耗力。”为了尽早完成这些作品，厉柏海每天凌晨 5 点便起床制作，一坐就是十几个小时，历时 18 天，终于完成了这组作品。

为了筹备共享小康·喜迎亚运——厉柏海铁艺画展，厉柏海这位 71 岁的老人像个“铁人”一样四处奔波、日夜操劳。厉柏海在保障桥社区的工作室里，一张小矮凳、一个小矮柜、一台小磨轮，外加数十件自制小工具。很难想象，年过七旬、身材高大的老爷子枯坐于局促的斗室中潜心创作，需要多大毅力。他说，要把自己最好的作品呈现给观众，表达对全面建成小康社会、实现第一个百年奋斗目标的自豪与喜悦之情，表达杭州人对举办亚运会的兴奋与期盼之情。

多才多艺让厉柏海的生活更加丰富多彩

厉柏海不仅热爱民间艺术铁艺画，他还致力于社区各项环境治理，积极为居民服务。2014 年经过居民选举，厉柏海被推选为安盛家园业委会委员，任职至今。他一直热心服务居民，协调小区内的各项事务，协助管理小区。他还是保障桥社区议事协商会成员，积极参与社区内的治理和服务，并且参与社区志愿者队伍，长期从事社区志愿者服务。

摄影也是厉柏海的爱好，早在十几年前，他就已经花了三万多块钱买来了全套摄影器材。目前，他还是南苑街道钱塘摄影协会的会长，临平区老兵志愿者摄影队的负责人。担任会长 7 年来，他年年组织会员为南苑街道 85 周岁以上老人拍摄全家福和老人照。从 2014 年高地村开始，他已经组织摄影协会的会员们为高地、万常、钱塘、新丰、联盟、东湖、长树、天万等社区的 462 户 80 岁以上的老人拍摄全家福。摄影师们所到之处，这些刚从农村转型过来的新型居民兴高采烈地说："现在人民政府真好，共产党好，你们年纪也这么大了，还冒着严寒来上门为我们服务，为我们老夫妻拍张纪念照及全家福，圆了几十年来的一个梦想！"常言道金杯、银杯，不如老百姓的口碑，厉柏海说："老百姓真诚的语言感动着我们每一个人，我们能为社会做这么有意义的事而自豪。"

老牛亦解韶光贵，不待扬鞭自奋蹄。厉柏海的铁艺人生，用真情感染人心，用艺术点亮生命，有苦也有乐，潇洒也精彩！

风华南苑

桑梓风情

SANG ZI FENG QING

万常罱鱼盛如“节”

◆沈妙忠

我老家南苑万常村，有呈“井”字形的四条河港。南面是古石塘外与乔司农场分界的海塘河，东面叫东河头，西面叫西塘河，北面是洋头坝港。我 20 岁参军离乡背“井”前的青葱岁月，都流淌在这四条河港中，记忆里最多的乐事、趣事是罱鱼。

万常村水面不多，没有专门的水产队，也没有专业渔民。除了几口鱼塘，外塘即“井”字形的四条河港是不放养鱼苗的，放养鱼苗谓之家鱼，其他即使是外地逃过来的家鱼也谓之野鱼、杂鱼，任何人都可以随便去罱鱼。每年春汛期间，村庄里随处可见罱鱼人，当地人说法叫罱大水鱼。

三日桃花雨，鲤鱼来上滩，这是一年中罱大水鱼的开始。鱼儿在水底“猫”了一冬，地气转暖后随即生儿育女，需要补充能量。柔软温香的桃花水，带着丰富的营养，从地上流到沟浜，从沟浜流到鱼塘，从鱼塘流到河港，鱼儿们争先恐后游到流水中来觅食。沟浜流水浅时，鱼儿会侧着身子拍打着尾巴从鱼塘河港“啪啪啪”抢上滩来，鱼身半露出水面，徒手也可以罱起来。等到塘溢河满的时候，连接鱼塘与鱼塘、鱼塘与河港的沟浜中，游动着许多鱼儿。这时候才是名副其实的罱大水鱼。我至今清晰地记得当年罱大水鱼的情景:头戴笠帽,身披蓑衣,手里提着四角网,腰里系着竹鱼篓,赤脚草鞋,来回奔跑在沟浜边堤岸上。罱大水鱼要识得鱼纹头,尖尖长长快快前行的,是枪条鱼;平平稳稳慢慢移动的,是鲫鱼;翻起浪头,走走停停的,一定是鲢鱼、鳙鱼、草鱼、青鱼、乌鳢等大家伙了。看到鱼纹头,快步追上去,追到鱼纹头前,一跺脚,手中网向沟浜拦腰扫过,溅起一身水花的同时,一条甚至几条鲜蹦活跳的鱼儿进入鱼篓了。也可以打阵地战,把网横插在沟浜里,守网待鱼。但这样会阻碍水流,迟滞排涝,所以,罱大水鱼绝大多数是打运动战。

罱大水鱼的后续,是"干鱼塘"。不是真的鱼塘,而是连接鱼塘与鱼塘,鱼塘与河港的沟浜。汛期已过,大水退去,有一些鱼儿被关在沟浜中了。此时,沟浜中的水清清凉凉,清清的沟水中,晃动着青青的水草,青青的水草下面,躲藏着各种鱼儿。星期天不上学,约起几个小伙伴,在沟浜两头筑上总坝,中间分段筑子坝,用提桶、脸盆等工具把水舀出去。干了一段子坝罱完鱼后,上一段子坝的水顺着落差放流而下,省却一半时间、一半力气,越到后面越省时省力。日落西山,个个"泥浆博士",人人满载而归。

最难以忘怀是一年一度的海塘河罱鱼。海塘河其实不止"井"字上面的那一横,还有一条直河道向南经下沙连通钱塘江。这条河常年活水,两边都是肥沃的农田,十分利于鱼儿生长,被钱塘江大潮裹挟进来的鱼也不少。但平时河面宽阔水深,不好罱鱼。出梅后少雨,钱塘江也进入低潮期,潮水漫不进来了,海塘河的水日渐枯下来,到大伏天,裸露出大片河床,最深处只及人的胸部。水浅气温高,正是下河罱鱼的好时机。轰动全村带动周边村民的“万常扣鱼节”，即将隆重登场了。

“万常扣鱼节”，没有固定的日期，没有“专班”机构，甚至于没有具体的发起人。大伏天海塘河扣鱼，是老辈人年复一年做过来的事情，就像元宵观灯、中秋赏月一样，早已成为万常村的传统，深深印刻在村民的心田。进入伏天后，去海塘河扣鱼的心思就自然萌出芽来，日渐成长为充满全身跃跃欲试的动力，家家户户修整好渔具期盼着、等待着。没有文告，没人发令，大家都知道快要扣鱼了，但事前毫无征兆。突然有一天，扣鱼的消息，如风起于青萍之末，迅速吹遍整个村子，吹进所有村民的心头。到了口耳相传的扣鱼日期，午时一过，各条村道上，络绎不绝的人潮，齐齐向海塘河涌去。

海塘河扣鱼，从乔司农场的五一桥开始，由南向北到石塘，然后折向东到南龙头（河港尽头）结束，走出一个反向的 L 形路线，长度三公里许。扣鱼全程没有人指挥，但阵势严整，次序井然。开路先锋是旋网，从两岸接二连三抛撒进河道，交替前行，大部队紧紧跟进，河道中间深水区是罩笼（毛竹条编扎成圆筒形的渔具），近岸两边是四脚网，最后压阵是扳兜网。仅此四种渔具，扣鱼人不下二三百，人手一副渔具，前后呼应，相辅相成，在河道中摆下堂堂正正严丝合缝的一字长蛇阵。虽然渔具简单近乎原始，但胜在人多势大，河中鱼猝不及防，不啻于面临天罗地网了。岸上看热闹兼接应渔获的人，更是几倍于扣鱼人，摩肩接踵，人声鼎沸，场面蔚为壮观。

前半程直河道扣鱼，带有赶鱼性质，鱼获不多，队伍行进较快，声势不彰。折向横河道后，渔获渐渐多起来，原先在石塘上观望等待的人全都下水了，迟到的人又不断加入进来，扣鱼队伍越来越长，行进速度越来越慢，声势越来越大。接近南龙头了，被赶逼到穷途末路的鱼儿，身陷绝境，惊恐地跃出水面，有些自己跳到岸上来，更多的是慌不择路，在罱鱼人腿脚间乱冲瞎撞，自投罗网。一时间大量鱼儿被罱起来，这场面最为壮观、最激动人心。罱到大鱼的，兴高采烈急匆匆连网带鱼走上岸来，斤把大小及其以下的鱼儿，罱鱼人一把抓起抛扔给岸上接应的家人、亲友，鱼肚白像银片一样纷纷飘向两岸。水中、岸上，惊呼声、助威声、喝彩声此起彼伏，高潮迭起。

海塘河罱鱼，无须技术但凭运气，完全是鱼来网凑。当然主观因素也有。一是力气要大，网到大鱼如果力气不够罱不稳，就可能被鱼儿一个翻身逃回水中或者直接跳进别人的网里去。二是懂得取舍，取鱼需要时间，机会稍纵即逝，小鱼不取不停下网，说不定第二网就有大鱼。但无论如何，罱多罱少而已，罱鱼人都不会空手而归。罱鱼回来，家家户户煮鱼吃。吃不完的做咸鱼，不少人家道地上支起架子晒出一串串鱼干来。持续多日，村子里充满着欢乐的笑声和浓浓的鱼香味。

我参军走出万常村已经五十年了。如今的万常村早已改称万常社区，正大步快速地奔向城市化。新开挖的运河二通道从"井"字形河港框架的中间横穿而过，两座气势雄伟的跨运河大桥，像两条彩虹，悬挂在鳞次栉比的高楼华屋之间，又像一对翅膀，翱翔在万常这一方日新月异的土地上。因应开发，鱼塘和沟浜不复存在，再没有罱大水鱼的情景了，海塘河"罱鱼节"也早已经成为陈年往事。但不管世事地貌如何变迁，也不管我身在何处，五十年来，万常村（社区）的这口"井"和满是乡愁的罱鱼之乐，始终扎根于我最深刻、最亲切、最珍贵的记忆中，须臾不曾离去，今后也一定会永远留在我的心里、梦里。

回到翁梅

◆周　锋

这些年来，我总是习惯称自己是翁梅人。

翁梅曾经是一个乡，位于临平城的东南一隅。20 世纪 90 年代一轮撤乡并镇中，翁梅乡并入临平镇，一度把翁梅叫作临平“城南”。后来，临平镇也没有了，又分成几个街道，以翁梅为主体的区域，又改叫了南苑街道。

我倒是十分怀念“翁梅”这个地名。“翁梅”这个地名，出现在民国。中华人民共和国成立前，翁埠乡、乐梅乡合并，两地各抽一字，有了翁梅乡。翁埠现在属于嘉兴的海宁市，地名仍在沿用。

乐梅的“梅”，应该是出自“梅墅”这个古地名。咸淳《临安志》有记载：“宝林庵，在临平镇梅墅，开庆元年（1259），邑人闵道心建。”这么说来，这个地名至少在宋时就有了。

翁梅旧时有梅墅庙，庙的围沿超过 16 亩，香火也旺。现在依旧还有东西梅墅庙，只能算是民间的信仰点了。

“乐梅”这么好听的地名，如今也已经丢了。

丢的自然不止一个老地名。翁梅当年的络麻地、甘蔗林、水稻田等也是在城市一轮又一轮的向上生长中,渐渐丢失。

人生嘛,就是一个丢与拾、舍和得的过程。世事的发展,大抵也是如此。

有舍就有得。这些年,翁梅得到的也很多。当年县里的第一条高速公路,口子开在翁梅。后来通了高铁,站头还是建在翁梅。再后来,翁梅的头顶有了高架,脚下有了地铁,门口又新通了一条运河。“要想富,先通路”,条条新路向翁梅,条条大路通罗马,翁梅就有了新“出路”。

当年翁梅乡政府所在地叫红联。这个“红”字当头的地名,带着浓郁的时代彩色。现在,红联又开始“走红”。几年间,起了楼、挖了湖,来了一批又一批搞服装设计、搞艺术创新、搞文化创意的企业与人才。他们步履匆匆或缓缓,搞出这样或那样的动静。入夜的东湖,映出的灯光,不仅只有一种红色,还有橙、黄、青、蓝、紫以及许多更炫、更酷、更“IN”的色彩。这一束又一束的光,打亮了翁梅的夜空,照进了平头百姓的日子。

“村口”有个高级的“地标”——临平大剧院。在这座总建筑面积 5 万平方米的大剧院里，演过捷克爱乐乐团交响音乐会、维塔斯个人演唱会“20”、史诗级歌剧《阿依达》、赖声川执导的舞台明星剧《如梦之梦》……有人讲,这个大剧院是当地的精神生活地标。浙江最大牌的党报,在某一天的头版头条称赞:一座大剧院正点亮一座城。

我大概也是因为看到一束光,才回到翁梅。2019 年初夏的一天,我路过临平时代广场,无意间发现,原先一家商业银行的大招牌不见了,取而代之的,是“临平区南苑街道综合文化站”几个大字。

这个文化站所在位置,是临平新城“CBD”的“C”位,东边是临平区市民中心，西边是临平新城管委会，它的对面和隔壁，是很会赚钱的国字头的烟草公司和移动公司。在租金最贵的地段，不开银行，改开文化站，这件事办得有魄力。

我顿时动了一个念头：美丽洲文化基金会能不能参与运营这个文化空间的公益文化事务？彼此，我正受临平区一位很有文化情怀的老领导的委托，打理这个全省首家成立的县级非公募文化公益基金会。基金会想做的事，是致力于在地文化的保护、挖掘、展示，培育扶持民间文化文艺人才。

我把想法告诉了街道“一把手”。凡是重视文化建设的领导，总是很开明。履行完正常的手续和程序后，我们的基金会就扎根在了南苑文化站。随后，南苑文化公益课开课，南苑合唱团开唱，南苑读书会开张……翁坚民、钱莉莉、袁明华、丰国需、许晓明、连婴、李渐明等一批临平的文化名人纷纷前来捧场。大名鼎鼎的翁仁康来了三四次。来得最多的还是“民星”，南苑街道本土十来支文艺社团的骨干们，在这里想唱就唱，想跳就跳。有一位“80后”(80岁)老太太，一头清爽的白发，打理得神采飞扬，几乎天天来这里报到。我们还给一个叫江南的小伙子，办了一场钢琴演奏会，舞台在自己生长的地方，观众是父老乡亲，这件事就显得别有意义。

文化站二楼的乒乓球运动区，人气一直很旺，需要提前预约才能上场。打一场球，不仅是比出水平、比出风格，还要比一比手气。有一天，有人给文化站写来一封感谢信，说在“疫情”期间，许多公家单位的乒乓球场地都“一刀切”地关了门，倒是南苑文化站的这片场地，充满人情味，给有需要的人开着门。

政府出钱，社会组织出力，老百姓开心地出汗，南苑文化站每天都挺热闹。中国作家协会前副主席陈崎嵘先生，还郑重其事地来采访,说是要把这个现象写进他的一部新书里。他还很客气地表扬,这是探索公共文化的社会化之路。

其实哪能有这么高的调门呢?于我而言,参与这个文化站的事物,是走上回乡的路。幸运的是,路上有同行人,有欢声笑语,路的前头,有照亮长路的光。

草所、麻布和踏挤菜

◆阿　良

余之城，临平标志性建筑之一，盖在我老家土地上。老家南苑街道红联社区南竹管井，有我难忘的童年经历和无数欢乐的笑声。

那些年，南竹管井村落23户老家人住的是清一色草所。老家人上辈或上上辈大多从钱塘江南迁徙过来，他们拾草结庐，开荒而居。

草所，又称草舍、草棚、茅屋、草堂。杜甫说："八月秋高风怒号，卷我屋上三重茅。"南竹管井的草所盖的不是茅草，是稻草。

草所用几根木头或毛竹搭成屋架，三面垒起泥墙，坐北朝南，有横式和直式两种。直式的没有窗，叫直头草所，横式的宽敞些，一般三四间，中间是大门，两边有窗，叫横所。横所中间是厅堂，摆放八仙桌，左边是灶间，右边是卧室。现在只能在老照片上看到草所，像良渚古城遗址公园的茅草屋是高级别的。我家是四间，两对大门。

有人自嘲草所冬暖夏凉，其实它怕雨雪天。夏天台风来，大人忙着支撑加固，屋内摆放着盆盆罐罐接漏，小孩躲在桌子底

下。冬季下大雪，大人不停地清除屋顶的积雪，怕压坏。我家的草所被台风吹歪过，墙也被雨水浸塌过。

草所每年要翻修。翻修时用新扎的草片替换那些渗漏的旧草片，一层层像鱼鳞样码齐更换。扎草片用的稻草是秋季晚稻的秸秆。早稻秸秆容易霉烂，不能用。扎草片要两个人，小孩当帮手，坐在小椅子上，腿上放着一捆稻草，一小把一小把递给大人扎编。几十片草片一般扎两三天。白天大人地里干活，晚上扎草片。我讨厌扎草片，连续几天，小椅子上一坐就是几个小时，单调乏味、睡意不断，稻草上的尘土扑面袭来，鼻孔熏得黑黑的，脖子上也是泥。

翻修是在秋末冬初，左邻右舍帮忙，四五个大人忙活半天。

1978 年，我家盖了三间瓦房，告别了草所。

老家盛产络麻，4 月播种，9 月收割。每年八九月份，乔司、翁梅一带绵延不断的络麻地像青纱帐。络麻用途广，其皮是制作麻布、麻袋、麻绳的原料。经浸洗加工制成白麻，可织地毯、窗帘、帆布、电缆、导火索和编织帽子、袋子等工艺品。收络麻是辛苦活，七八月份大热天钻入络麻地又闷又热，清理删除地里小的、细的、枯死的络麻株。收割时一株一株用双手从地里拔起，然后又一株一株剥络麻皮，前后一个多月。络麻收完，很多人手掌开裂。如果浸制白麻，人要泡在水里洗麻，更累。当地人说“双抢出个名，络麻剥煞人”。络麻皮晒干，捆扎后卖给供销社，留下一部分自织麻布。

嫁接，是植物人工繁殖的方法之一。接嫁，是织麻布一道工序。织麻布有任务，生产队按农户的劳动工分分任务，3 斤 2 两络麻皮织 1 匹麻布。有一年，我家分了 1600 多斤，要织 500 多匹麻布。

织麻布是当年家庭重要的副业收入。一匹正品卖给供销社一元六角，可赚一角五分加工费，次品一元四角五分，保本。麻布长宽，经线、纬线密度，重量是有规定的，32 斤络麻皮可织 10 匹，一些家庭操作精细织 11 匹，多的 1 匹，卖议价，全赚。勤快的完成自己的任务就帮别人，赚加工费。织麻布一般经过梳麻皮、接嫁、经布、织布几道工序。家家户户有麻布织机，一个妇女一天上机可织六七匹。梳麻皮，就是用铁梳子把络麻皮梳成细条。一根根细条连接起

来称接嫁。经线要求接头匀，由大人结，叫结精嫁。纬线要求低一些，称结余嫁，多数是小孩完成的。精嫁放在篰里，按麻布经线数要求的牵引上布机，叫经布，经一次布，10匹。余嫁绕成预子，塞进梭子当纬线。冬季农闲，白天、晚上一家人各司其职，忙着接嫁做布。有时大人在麻布机上织，小孩在边上结余嫁，立等可取，供应梭子。织10匹麻布，两三个人从织精嫁、织余嫁，再上机织，总要一个星期。有句俗语“前世不修，嫁在乔司前后”，说的是姑娘嫁在乔司、翁梅，不仅白天地里做农活，晚上也要接嫁做布，辛苦。

说了童年住的草所和织麻布，想起了吃的年糕和踏挤菜。

打年糕，现在农家乐经常能看到，不说了。

踏挤菜，又称冬腌菜、腌缸白菜，尽管现在餐桌上也经常吃到，可我总难以抹去童年记忆中父辈们制作踏挤菜的情景。做踏挤菜的菜梗特别长，俗称长梗白菜。每年初冬家家户户房前屋后晒满着长梗白菜。晒成七八成干，放入缸内铺一层菜洒一层盐，父亲用双脚踩踏结实，踏出菜汁，压上石头，十多天后可捞来做菜吃。那年头没有自来水，每家总有一口缸用来储水做饭，另一只用来踏菜。母亲说，我家总要做一二百斤踏挤菜。大人在缸内踩踏，小孩在缸外递菜，有时也爬入缸踩几脚。现在偶尔在农居也能看到有人晒长梗白菜，是老人在外面“垦荒”种的，不过他们腌制不再用缸，而是钵头。

如今农家菜馆“炒双冬”用上踏挤菜，吃上去清脆、鲜美。那时，一大缸踏挤菜吃一个冬季，吃得没胃口。我住校读书，最怕母亲给我准备一茶缸油炒踏挤菜。

捕“狼”少年

◆范建荣

翁梅，一个地图上找不到的地方，却是生我养育我的地方。我的祖祖辈辈也一直生活在这里，它留给我太多的思念和眷恋。而少年时的那些趣事，时至今日都磨之不去，尤其与“狼”（黄鼠狼）的故事，深深地印在我的记忆里。

我家在原新谊大队第七生产队，地名小桥头，有30多户人家，百来口人。村坊后面是田地，一半络麻一半水稻，水稻三四十亩。东边有一条放水沟，与天万大队交界，西边邻八队，南边是妙忠他们六队，北面靠羊头坝河与翁梅大队交界。我家老宅后面，是一大片农田，种水稻、络麻等作物。

我家老房是瓦房，是爷爷辈造的。大部分村民住草舍，草舍有横舍、直舍两种。1977年，15岁的我比同龄人聪慧一些（自夸的），长辈们捣鼓的一些好玩的东西，我都会去学习尝试。黄鼠狼偷鸡、偷蛋，在鸡窠搭外面的鸡头颈处吸血，将小鸡拖走，大鸡好像拖不动，鸡仍在，留下一地鸡毛。它还挖坑打洞，找冬眠的癞蛤蟆吃。田塍地埂上洞多是麻烦事，要渗水、漏水，队里每年开春要组织劳力修理沟渠。

记得那年冬天，我大伯正在编一个三脚架，用三根长约一米的竹子，捆绑成一个三角形，中间用络麻秆编排整齐。我觉得好奇，问大伯这是干嘛用的呀？大伯说，这个叫“压煞弶”，是“弶”（一种捕捉动物的器械，陷阱的意思）“黄仙子”（翁梅土话把黄鼠狼叫为“黄仙子”）用的。第二天，我也照样做了一个。

初冬时节，黄灿灿的水稻在阳光下闪着金光，水田已放干了水，等着稻谷成熟。走在田埂上，我先观察一下地形，准备晚上摆放“压煞弶”。吃罢晚饭，乘着暮色，我拿一把铁耙，背起“压煞弶”，去往白天看好的位置。先用铁钯将田埂上的泥土扒平 1 米见方，放平“压煞弶”，再在上面压上四五十斤的泥土，随后将“压煞弶”的正面支撑起来，用一根有弹性的竹竿搁在一根立柱上，竹竿梢上的一根绳子套在下面的一个环扣上，与里面放着的诱饵蛤蟆绑在一起，陷阱算是设好了。黄鼠狼最喜欢吃蛤蟆了，只要钻进去咬住蛤蟆往后一拉，“弶”就倒了，它就会被压在了里面。

次日，天刚蒙蒙亮，家里的红毛公鸡开始叫了，我就起床赶往设陷阱的地方。田埂上铺满了白花花的冬霜，一路沾满了我的鞋，也全然不顾了。走近一看，“弶”倒了，有戏！我赶紧站到“弶”上面蹦踩几下，生怕黄鼠狼没死跑掉，掀起“弶”来一看，好家伙，里面正躺着一只黄乎乎、毛松松的黄鼠狼，把我高兴坏了，赶紧拿回家给父母“献宝”。

那时，父亲在羊头坝供销社边上开了一个自行车修车铺，早上去的时候，带上黄鼠狼卖给供销社。工作人员检看黄鼠狼的毛色和大小，给了父亲 5 块钱。扒了毛皮后，黄鼠狼的肉可以拿回家来，母亲将黄鼠狼肉洗干净，切成一小块一小块的，在油锅里一爆炒，那香味引来了左邻右舍的小伙伴们。开晚饭时，我家桌边围着一群大人和小孩。那个年代,大家都很穷,没有什么好吃的东西,见到香喷喷的野味,馋得走不开!于是,母亲用筷子一块一块分给大家吃,把大伙乐的。

有了初战成果,我打算多做几个“压煞弶”,如果能多“弶”到几只黄鼠狼,一来可以换更多的钱补贴家用。在当时 ,一只黄鼠狼能卖五块钱,也是一笔不小的收入;二来可以多炒几盘黄鼠狼肉,让我的小伙伴们多吃几块。

接下来的日子里,我每一次摆放五六个“压煞弶”,总有收获,最多一次收获了三只,最大一只卖了十三块钱。一个冬天下来,可以说撑过了全家一季的开销。

见我天天能“弶”到黄鼠狼,小伙伴们也开始跟我学了,但他们大多无功而返,总是来问我怎么“弶”到的?这里面有一个秘密,我一直不愿透露,生怕被他们掌握了,我就“弶”不到了。其实,任何事物都有它的规律,所谓“鱼有鱼路,虾有虾路”。黄鼠狼这种食肉小动物,也有它生存的法则,它喜欢吃蛤蟆,但并不是所有的蛤蟆都吃,它最喜欢从泥土里挖出冬眠中的蛤蟆,躲在水里的蛤蟆它不吃。

另外,黄鼠狼有它出洞后的行进路线,我白天都要去稻田里侦察一番,看看它留下的脚印多不多。黄鼠狼的脚印前指是尖的,而猫的脚印像梅花掌。掌握了这些就不怕没收获了,这一些秘密直到我参加生产队劳动后,才告诉了小伙伴们。

少年时期,与黄鼠狼的故事,充满着童趣与挑战,至今四十多年过去了,回味起来还挺有意思的。时光荏苒,当年的少年已不再年少,昔日的农家茅房后来改成了平瓦房,如今又变成了小洋楼,原先弶黄鼠狼的稻田上横跨起了一条东湖路高架,直通杭州国际机场,车程只需 20 分钟。随着城市化加快推进,一幢幢摩天高楼拔地而起，水稻、络麻、甘蔗等作物已不再种植。我再也没有见到过黄鼠狼了，它留给我的只是少年时的记忆。

当兵退伍后，我又回到了翁梅，依然深爱着这片土地，一直到退休也没有离开翁梅的家，因为翁梅留给我的是乡愁，是情怀！

后　记

南苑街道新乡贤联谊会成立后，会员中汇聚了众多的“朝阳、午阳和夕阳”人才，本着“商量做事”的原则，会员们集聚力量、献计谋策、为所能为，为南苑经济社会发展推波助澜。心动、言动、行动，亮点纷呈；协会有组织架构，有地点场所，有服务小组，有便民规章，崇尚务实，远近赞赏。

创新是永恒的主题，协会成立的第二年，便有了一个新的动议，出一本书——目的是让新老南苑人更深入全面地了解南苑的悠远历史、行政变革、文化积淀、风土人情、沧桑巨变，了解南苑今日之辉煌及辉煌之由来。对于书名颇费踌躇，有过“话说南苑”“今古南苑”“南苑今昔”“南苑探秘”“南苑谱”等种种。最后确定为“风华南苑”，希望能与主旨贴近一些。同时确定了南苑溯源、文化根脉、世纪承接、时代高标、乡贤人物、桑梓风情等六个专辑，分别反映南苑的历史渊源，南苑的文化史脉，在世纪之交南苑的变革，新时代的新成就、新面貌，乡贤中的杰出人物，南苑的乡土人情，等等。也有一种建议，新乡贤会出的书是否扣紧新乡贤会这个主题。建议不无道理，但再三权衡，觉得出的第一本书，还是融入南苑、反映南苑为好，新乡贤联谊会仅是南苑万象中一个不起眼的机构，南苑大树上一根不起眼的枝条，无论吸收阳光雨露还是养分，都是为了大树的根深叶茂和欣欣向荣。联谊协会于2022年6月启动项目，确定主旨、内容纲目、写作人员、联系人员等，进入编撰流程。

但说到底，南苑是一个新区域，单独设立为街道仅二十余年时间，行政建制内的档案等资料工作相对薄弱一些。好在记忆是最真切宝贵的财富，老同志的热忱解决了史实的难题。像张承模先生，闻讯而动，说“中华人民共和国成立初我就在那儿任过职做过事，记得那段历史哦”，主动参与，写了办初级社等文章，信息丰富实在，十分可贵。新乡贤联谊会名誉会长王金财先生是翁梅人，他热情支持新乡贤联谊会的各项工作，怀着桑梓深情为本书作序；街道党工委书记应世明也通览全书，写了内容翔实的序言。在确定“乡贤人物”的撰写对象时，考虑较多。选了一些代表性人物，但行业众多，可选的也实在太多，只能挂一漏万、一斑窥豹了。在全书初样编就后，我们又召开了看稿会，请相关方面人士审阅样书，提出修正意见建议，终于2023年5月初交付出版社，进入出版程序。

无可讳言，由于资料的欠缺，编撰时间的仓促，全书中错误、失漏肯定很多，望广大读者如实提出为谢。最后，向所有对此书写作编纂提供方便、提供支持者，表示我们由衷的谢忱！

编 者

2023年4月18日

图书在版编目（CIP）数据

风华南苑 / 杭州临平南苑街道，新乡贤联谊会编
. -- 杭州 : 西泠印社出版社，2023.11
ISBN 978-7-5508-4330-1

Ⅰ. ①风… Ⅱ. ①杭… ②新… Ⅲ. ①街道办事处—概况—杭州 Ⅳ. ①K295.55

中国国家版本馆 CIP 数据核字(2023)第 209038 号

风华南苑

杭州临平南苑街道
新 乡 贤 联 谊 会 编

责任编辑　张月好　徐挺屹
责任出版　冯斌强
责任校对　曹　卓
出版发行　西泠印社出版社
（杭州市西湖文化广场 32 号 5 楼　邮政编码：310014）
电　　话　0571-87240395
经　　销　全国新华书店
制　　版　杭州供销印刷有限公司
印　　刷　杭州供销印刷有限公司
开　　本　710×1000 毫米　1/16
字　　数　210 千
印　　张　19.5
印　　数　0001—2000
书　　号　ISBN 978-7-5508-4330-1
版　　次　2023 年 11 月第 1 版　第 1 次印刷
定　　价　86.00 元

西泠印社出版社发行部联系方式：0571-87243079